문 박사의
발랄한 지성으로
세상을 향해
던지는 물음!

변화와 개혁

문 박사의
발랄한 지성으로
세상을 향해
던지는 물음!

변화와
개혁

문호준(文濠俊)지음

지우출판

저자서문

이 책에서 말해주는 것처럼 모든 것을 바꿔야 한다. 대한민국 정부조직도 바꾸고 행정조직도 바꾸고 법원조직도 바꾸어야 한다. 조직체계만 바꾼다고 해서 해결 될 문제도 아니다. 잘못된 관습법에 의존하지 말고 과감히 개혁해야 한다. 구시대적인 산물에서 이제 과감히 벗어나야 한다. 벗어나지 않으면 변화도 개혁도 이룰 수가 없기 때문이다.

우리는 IMF사태를 겪었고, 이어서 세계적 금융위기를 겪었다. 금융위기 이후 지금 우리가 겪고 있는 코로나 19 역시 우리에게 엄청난 위협이 되고 있다. 본문에서 우리의 아픈 과거를 자세히 상기시켜 보았다. 우리사회가 어떻게 변화해야 할지 이 책의 본문에 모두 언급해 두었다. 비록 미흡하지만 당장 반성하고 깨닫고 바꿔야 할 분야를 정성껏 기록해 놓았다.

우리는 아주 오랫동안 위에서 지시하는 수직적 명령체계에 익숙해 있다. 이제는 수평적인 명령방식이 되어야 한다. 아래에서 위로 올리는 상향식 소통체계로 바꿔나가야 한다. 필자는 오랫동안 기업인들, 소상공인들과 동고동락 해온 사람이다. 기업이 살아야 나라가 산다. 나라가 살아야 소상공인들도 산다. 그래야 모든 국민이 잘 살 수가 있는 법이다. 법도 과감하게 고칠 것은 고쳐야 하고, 특히 법을 집행하는 사람들의 의식도 과감히 바뀌어야 한다.

이 책에서 이들의 고통스런 삶에 대해 기록하게 된 것은 오랜 기간 동안 그들의 삶을 목격해오면서 자연스럽게 일어난 감정이다. 일종의 책임의식 같은 것이라 할 수 있을 것이다. 대한민국에서 산업화시대를 살아온 사람이라면 그들이 걸어온 삶이라는 것이 결코 순탄하지만은 않았을 것이다. 전쟁을 치르고 급속한 산업화의 과정에서 발생한 IMF사태와 세계 금융위기 그리고 저간에 발생한 코로나19팬데믹 사태까지 굴곡진 삶을 걸어온 셈이다.

필자는 비록 활자를 빌려서 사자후(獅子吼)를 하고 있지만 이 책에서 언급한 사항은 반드시 되새겨야 할 대목이라 생각하는 까닭은 당장 우리 앞에 닥칠 재난에서 벗어나자는 간절함 때문이다. 재난이란 반드시 건물이 무너지고 배가 가라앉고 홍수가 나서 사람이 죽는 것만을 의미하지 않는다는 점이다.

부조리하고 부당하며 공정하지 않은 세상은 이미 많은 사람들에게 엄청난 재앙을 안겼다는 점을 잊어서는 안 될 것이다. 21세기를 맞은 지 벌써 20년이 흘렀지만 우리 사회는 여전히 바꾸어야 할 많은 문제점을 안고 있다.

나의 친구 겸(謙)이와 담(潭)이가 살아가는 시대는 지금 우리가 사는 시대보다는 좀 더 나은 시대가 되기를 간절히 바라면서 서문을 마친다.

2021년 8월의 폭염(暴炎)중에
문호준 올림

차 례

제1장

외환위기와 금융위기 그리고 코로나19

어느 누구도 IMF사태에 대한 책임을 지지 않았다. 외국에서 돈을 빌릴 생각만

을 하였지 빚이 늘어나 발생하게 될 문제를 생각하지 못했던 것이다. 빚을 내서

투자를 하면 모두 이익으로 보상을 받을 줄로만 알았던 것이다.

1. 외환위기의 발생

문민정부의 경제정책

1997년 대한민국은 유례없는 국민적 고통을 겪은 IMF 라는 사건이 발생했다. 김영삼 문민정부는 금융실명제를 실시하면서 투명한 경제환경을 조성하려는 노력을 기울였다. 그동안 대한민국은 경제개발계획을 추진해오면서 놀라운 발전을 이룩했다. 정부의 주도 하에 실시한 경제개발 정책은 1988년 서울올림픽을 계기로 전환점을 맞게 되었고, 국내의 노동자들이 자신들의 권리를 주장하기 시작했다. 이에 따라 임금 문제가 대두되어 기업은 임금인상을 해주지 않으면 안 되었다.

기업가와 노동자 사이에 갈등이 일어나고 빈부 격차의 갈등도 심해지기 시작하면서 해외선진국들은 대한민국에 압력을 가하기 시작했다. 즉 시장을 개방하라는 압력이었다. 미국, 브라질 등 여러 나라들이 대한민국 정부를 향해서 산업, 기업, 시장 등에 대한 보호정책을 바꾸고 세계적 개방경제의 흐름에 따라 우리나라의 시장을 개방하라는 압박이 거세진 것이었다.

이런 대내외적 상황 속에서 김영삼 문민정부는 신경제 개념의 경제개발계획을 발표했던 것이다. 문민정부의 신경제의 핵심은 공정한 경쟁을 통한 정당한 보상을 제공한다는 것이었다. 또한 세금을 깎아주고 국민의 혈세를 사용함에 있어서도 비용을 줄이는 작은 정부를 강력히 부르짖었다. 그런 때문인지 문민정부의 탄생이라는 정치적 상황과 맞물리며 이러한 정부의 정책은 국민들에게 호평을 받은 게 사실이다.

문민정부는 많은 규제를 풀었다. 수입을 규제하던 정책도 많은 부문에서 풀리게 되었다. 돈벌이를 할 수 있는 상품들이 물밀듯이 들어왔다. 금융에 대한 규제도 많이 풀려서 외국에서도 쉽게 돈을 빌릴 수가 있었다. 김영삼 문민정부는 계획처럼 1995년도에 국민소득 1만 달러를 이루어냈다. 해외수출 1,000억 달러 역시 돌파했다. 박정희 정부가 1년 수출 100억 달러, 1인당 국민소득 1,000달러 목표를 달성한 1977년 이후 18년 만의 업적이었다. 18년이란 짧은 기간에 우리의 경제규모가 10배 이상 성장한 것이다.

한국의 이러한 경제성장은 단연 수출 덕분이었다. 대한민국 정부의 일관된 중화학공업 육성정책으로 인해 철강, 자동차, 선박, 석유 산업이 급속도로 발전했다. 경제교역의 대상도 미국이나 일본뿐만 아니라 인구가 엄청나게 많은 중국으로 확대 되었다. 중국과 국교를 맺은 이후 중국과의 무역량이 급속도로 증가한 것이 수출시장의 규모가 늘어난 주요 원인이었다. 이런 경제발전의 결과 우리는 OECD회원국에 가입승인을 받는 쾌거를 이룩하게 되었다.

그러나 1996년 후반기에 세계경제가 부실해지기 시작했다. 세계경제가 흔들리면서 국내경제도 삐걱거리기 시작했다. 가장 먼저 시장의 물가가 요동치기 시작했다. 해외 수출이 줄어들고 수입이 대폭 늘어났다. 무역을 하여 얻은 수익에 적자가 발생한 것이다. 그럼에도 김영삼 문민정부는 국민과 약속한 OECD 가입을 망설이지 않고 밀어붙였다.

당시에는 OECD에 가입해서 국내의 자본시장을 개방하면 국내 경제에 엄청난 충격이 올 것이라는 기업인들의 우려의 목소리가 들렸다. 그러나 문민정부는 이러한 우려에도 개의치 않고 일본에 이어 아시아에서는 두 번째로 OECD정식 회원국이 되었던 것이다. 이렇게 정식 회원국이 되니 놀라운 변화가 나타나기 시작했다. 즉, 국제사회에서의 한국경제에 대한 신용도가 올라갔던 것이다.

이런 결과 우리의 금융기관들은 낮은 이자로 외국의 은행에서 돈을 빌릴 수가 있게 되었다. 한편으로는 외국으로부터 돈을 많이 빌려올수록 외국에 상환할 부채의 규모가 늘어나기 시작했다. 그럼에도 국내의 경제성장률은 당시 매해 7~9%라는 놀라운 지수를 보였다. 국내의 경제상황은 나름 양호한 편이었다. 해외에서 한국 경제를 바라보는 시선도 매우 긍정적이었다. 그러나 바로 이러한 상황의 이면에서는 우리에게 엄청난 경제적 시련을 안겨준 외환위기의 단초가 발생한 것이다.

IMF사태의 발생

1996년의 국내 유입 달러는 210억 달러가 조금 넘었다. 이러한 현상은 우리의 경제상황이 아주 긍정적이었다는 것을 증명한다.

달러의 국내를 향한 유입은 적어도 한국경제에 외환위기가 발생하리라는 것을 상상조차 할 수 없었던 것이다. 그런데 1997년에 접어들어 국내로 유입되었던 외국자본이 아주 갑작스럽게 유출되기 시작했다. 우리는 여기에서 두 가지 궁금증을 갖지 않을 수가 없다.

첫째, 외국자본이 국내에 큰 규모로 유입된 원인은 무엇인가? 한국은행의 데이터베이스에 입각해 살펴보면, 외국인들의 우리 주식시장에 대한 투자가 1994년부터 3년 동안 1.5배 정도 늘어났다는 것을 알 수 있다. 거기다가 국내의 금융기관과 기업들이 거대한 외국자본을 차입한 것이다. 외환위기가 일어나기 직전까지 한국의 경제에는 이런 이유 때문에 외환이 많이 유입되었다. OECD 가입을 통해서 자본시장이 개방되고 이에 국가 간의 자본 거래가 활발하게 일어났던 것이다. 그리고 국내의 기업들과 금융기관들은 해외 금융시장의 접근이 용이해지자 자금을 차용하고 증권발행 등을 통해서 적잖은 자금을 마련했었다. 이자율이 국내보다 훨씬 낮은 외국자본은 우리의 기업이나 금융기관에게는 아주 구미가 당기는 것이었다.

국제금융시장의 외환 자금 공급자들은 한국경제를 지나칠 정도로 높이 평가했다. 특히 우리가 OECD에 가입하는 것을 보고 우리나라의 신용등급을 아주 높은 단계로 인식했다. 우리의 기업들은 해외를 향한 투자열기에 사로잡혀 있었다. 이런 현상들을 보면서 해외 금융회사들은 한국경제에 자금을 공급하고자 하였다.

이러한 상황이 시너지를 일으킴으로써 우리의 금융권과 기업들은 자금조달의 황금기를 맞이하고 있었다.

그런데 이렇게 발생한 우리의 대외채무는 아주 단시간에 급속도로 증가하게 된다. 몇 년 안 돼 두 배로 늘어나게 됨으로써 외국에서 빌린 외채로 인한 국가의 부담이 매우 높아지게 되었던 것이다. 이러한 경제적 상황은 비단 우리뿐만 아니라 동남아 국가에서도 아주 폭넓게 일어나고 있는 상황이었다.

둘째, 이렇게 유입된 외국의 자본은 얼마 지나지 않아 왜 급격히 해외로 빠져나갔을까? 그것은 태국을 비롯해 인도네시아, 홍콩 등 동남아에서 연이어 외환위기가 발생하고 있는데다가 한국의 대기업이 연쇄적으로 부도를 맞게 되었다는 점이다. 대표적으로 '한보그룹'의 부도로부터 시작되었다. 한보는 금융권의 대출을 이용해 비자금을 조성했으며, 정치권을 향한 불법적인 로비를 했던 것이다.

한보 사태를 목격한 외국자본이 한국에 머물 이유는 이제 더는 존재하지 않았다. 외국의 기업들은 한국 기업에 대해 삐딱한 시선으로 바라보기 시작했다. 기업의 도덕성이며 윤리성이 바닥을 드러낸 것도 모자라 김영삼 정부 또한 외국의 기업들에게 신뢰를 쌓지 못했다. 한보의 부도에 대해 정부는 결코 지원하지 않겠다고 선언했다. 해외의 투자자들은 이런 대한민국의 정부에 매우 실망했다. 우리의 기업을 향한 해외자본의 투자는 급격히 끊겼고 결국 한보에 이어 삼미, 진로 등의 대기업이 연쇄부도를 맞게 되었다.

이렇게 시작한 IMF사태는 온 국민의 삶을 송두리째 흔들어놓았다. 당시 문민정부의 김영삼 정부에서는 이런 일이 어찌하여 일어났는지 원인조차 파악하지 못했다. 느닷없이 닥친 IMF라는 황당한 사태는 우리 사회의 구성원들에게 엄청난 희생을 강요하며 경제의 숨통을 조여왔다. 주요 은행을 포함하여 300여 개에 이르는 금융기관이 문을 닫았다. 여러 곳의 대기업들이 문을 닫았고, 4만여 개의 기업이 문을 닫았다.

그곳에서 일을 하던 근무자들은 하루아침에 실업자로 전락했다. 불과 얼마 전에 1인당 국민소득 1만 달러를 달성하고 수출 1,000억 달러 달성이라는 자부심도 잠깐이었다. IMF의 후폭풍은 엄청나게 심각했다. 대기업은 물론 중견 기업, 중소기업, 소상공인에 이르도록 우후죽순 부도를 맞았다. 기업들이 부도를 맞자 그곳에서 일하던 노동자들은 생때같은 직장을 하루아침에 잃게 되었던 것이다.

어느 누구도 IMF사태에 대한 책임을 지지 않았다. 외국에서 돈을 빌릴 생각만을 하였지 빚이 늘어나 발생하게 될 문제를 생각하지 못했던 것이다. 빚을 내서 투자를 하면 모두 이익으로 보상을 받을 줄로만 알았던 것이다. 정부조차 이런 문제를 전혀 예상하지 못했다. 기업은 감당하기 어려운 자본을 빌려 투자를 감행했다. 기업을 통해 오직 돈벌이를 하려는 금융기관들도 밀려들어오는 대출로 함성을 지르며 외국의 은행에서 달러를 빌려왔다.

대기업의 연쇄부도를 본 외국인 투자자들은 한국경제가 위험하다는 것을 알고 소유하고 있는 한국기업들의 주식을 내다팔기 시작했다. 주식을 팔아서 만든 한국 돈을 달러로 바꾸어서 자국으로 송금했다. 외국인 투자자들이 자국으로 송금을 하기 위해서 달러를 사들이니 원화의 환율이 올라가기 시작했다. 환율이 급격히 오르자 정부는 외환보유고를 풀기 시작한다. 외환 시장을 향해 달러가 계속적으로 공급되게 되는 상황이 도래한 것이다.

외국의 투자자들은 한국 기업의 주식들을 팔면서 또한 우리 기업에 빌려준 달러를 상환하도록 독촉하고 나섰다. 한국경제의 신용등급이 안 좋은 상황에서 그들의 독촉은 절대적이어서 빌린 돈을 갚지 않을 수가 없었다. 따라서 우리의 은행이 가지고 있던 달러는 바닥이 나게 되었던 것이다. 즉 외환보유고가 바닥을 드러낸 것이었다. 우리 정부가 선택할 수 있는 방법은 다만 두 가지였다. 첫째, 외국의 채권자들을 향해 빌린 돈을 갚을 수가 없다고 국가부도를 선언하는 방법이다. 둘째, 국가부도를 선언하지 않으려면 IMF(국제통화기금)에 도움을 청해 달러를 빌리는 방법이다.

국가는 당연히 돈을 빌려 외채를 갚겠다는 결심을 한다. 다행히 IMF역시 한국경제에 대해 회복이 불가능한 상태라고 보지 않았다. IMF는 한국정부에 달러를 빌려주는 대신에 회생이 어려운 기업이나 은행의 문을 닫으라고 압박했다. 즉 경쟁력이 있는 기업은

<IMF를 조기에 극복한 김대중 대통령>

회생할 수 있도록 했던 것이다. 정부는 이러한 IMF의 요구를 들
어줄 수밖에 없었다. 조금이라도 부실한 기업은 강력히 문을 닫게
했다. 이때, 엄청난 기업들이 경쟁에서 살아남기 위해 구조조정을
하기에 이른다. 월급을 줄이고 노동자들을 해고하는 기업들이 부
지기수로 늘어났다.

직장을 잃은 실업자들이 대량으로 늘어났다. 실업자가 늘어나
니 소비 또한 줄어들었다. 소비가 줄어들게 되니 생산도 줄고 생
산량 감소는 다시 노동자를 감소시켰다. 직장을 잃은 실업자들은

거리로 나왔다. 국가의 잘못으로 엄청난 실업자와 신용불량자가 늘어났지만 국가에서는 아무런 책임을 지지 않았다.

IMF의 자원은 우리에게 분명 희망을 주었던 것은 맞지만 문제점도 있었다. IMF이전의 외국자본은 우리 사회에서 경제의 주체가 될 수 없었다. 즉 달러를 가지고 기업이나 은행의 주인이 될 수 없었다는 말이다. 하지만 IMF는 외화를 빌려주는 조건으로 우리 사회에서 자유롭게 투자를 하고 경제의 주체가 될 수 있게 하도록 요청했다.

국민의 정부(김대중 대통령)가 정권을 인수하였고, 취임과 동시에 국민들은 자발적으로 금 모으기 운동을 벌여 집안에 가지고 있던 금을 가지고 나와서 수출운동을 벌였다. 손때가 묻은 아이들의 저금통이 쌓였다. 금 모으기 운동은 장롱 속에 잠자고 있던 금반지, 목걸이, 팔찌 심지어 아이들의 돌 반지까지 꺼내놓는 애국심을 발휘하게 하였다. 당시 이렇게 십시일반 모아 마련한 외화가 20억 달러가 넘었다고 한다. 이런 노력 덕분인지 국민의 정부(김대중 대통령) 5년의 임기 내에 IMF에서 차용한 외채를 모두 갚을 수 있었다.

외환위기의 구조적 원인과 기업의 신뢰성

지난 일이지만 IMF사태가 왜 발생했던 것인가 생각해 보자. 첫째, IMF는 외채의 기형적인 구조로부터 비롯되었다. 달러의 현금

즉 외화 유동성 부족의 직접적인 원인이 바로 단기외채의 비중이 높았기 때문이다. 그리고 외국의 기업과 은행들에 대한 빚이 늘어날 수밖에 없었던 경제적 원인은 대규모의 경상수지 적자로부터 비롯되었던 것이다. 당시 우리의 경제는 경상수지 적자로 인해 외채가 늘어날 수밖에 없는 경제적 구조를 지니고 있었다.

한국의 상품과 서비스의 수출은 줄어들었다. 반대로 외국 상품과 서비스에 대한 수입이 늘어나게 되었다. 즉 수입액이 수출액을 초과하여 경상수지 적자가 계속 확대 되었던 것이다. 경제적 대외 불균형이 크게 확산되고 있는 실정이었다. 달러에 대한 우리 원화의 가치는 지속적으로 고평가 되고 있었다. 또한 수출단가가 하락함으로써 대외무역에 대한 교역조건이 몹시 악화 되고 있었다. 이러한 원인은 우리 주변국과의 불균형 즉, 중국이나 일본의 경제적 부침(浮沈)이 크게 작용한 때문이었다.

둘째, 우리는 IMF를 통해 신뢰의 문제가 얼마나 중요한지 겪고 나서 사람들은 깨닫게 되었다. 국내에 급속히 밀려들어온 외화를 회수하려었던 외국의 기업이나 금융기관에 대해 국내의 기업들은 믿음을 주지 못했다. 외화의 부족에 시달리고 있었지만 우리의 경제가 튼튼하고 곧 충분한 외화를 축적할 수 있을 것이라는 확신을 주지 못했었다. 한국의 기업들은 어째서 외국의 기업들에게 확신을 주지 못했을까?

우리 기업들의 이런 저변에는 말 못할 사정이 있었다. 짧은 기간에 갚아야 할 외국 기업에 대한 빚이 급격히 늘어난 때문이었다. 1994년 말에 갚아야 했던 단기외채는 260억 달러 정도였는데 불과 2년 6개월 이후에는 630억 정도로 불어난 것이다. 단기에 갚아야 할 외채가 거의 2.5배로 늘어난 것이다. 그런데 당시 외환보유액은 300억 달러 이내였다. 곳간에 있는 달러는 갚아야 할 외채 몸집의 절반 밖에 되지 않았다. 그러나 이때까지만 해도 몸을 가누지 못할 정도는 아니었다.

몇 년 후인 1997년 10월 동남아시아로 번진 외환위기는 곧장 태풍처럼 한국시장에 영향을 미쳤던 것이다. 한국시장에서는 외국기업의 단기외채에 대한 대규모 상환요구로 나타난다. 그러나 당시에 단기외채를 상환할 수 있는 외화는 겨우 200억 달러밖에 남지 않았었다. 그런데 당시 우리가 갚아야 할 외채는 600억 달러 이상이었다. 몸집 보다 세 배나 큰 빚더미를 우리의 힘으로 해결하는 데는 무리였던 것이다.

우리가 외국 기업들에 신뢰를 주어 외채상환을 연기할 수 있었더라면 외환위기는 일어나지 않았을지도 모른다. 한국 경제의 기초는 여전히 탄탄했기 때문에 부지런히 기업을 가동하여 수출품을 만들어낼 수 있다는 믿음을 주었더라면 외채상환에 대한 부담을 덜고 어려움 속에서도 의연히 극복했을지 모르는 일이었다.

셋째, 정부 당국의 잘못 된 대응방식에서 비롯되었다. 정부 당국의 대응 중에서 무엇보다 잘못 된 부분은 외환정책이었다. 정부 당국은 적자가 크게 지속되고 있음에도 원화가치의 하락을 위한 대책을 세우지 않았다. 당국은 오직 해외 자본의 유입을 통해 문제를 해결하려고 했던 것이다. 정부는 적극적으로 외환시장에 개입했다. 이로 인해 경상수지가 계속 적자를 보이는데도 외국 달러는 계속 유입되었다.

아마 원화가치를 절하했다면 외환위기의 사태는 피할 수 있었을지 모른다. 정부가 외환시장에 개입하지 않고 원화가치의 방어정책을 펼치지 않았다면 적어도 IMF로부터 달러의 지원을 받는 일은 없었을 것이다. 정부 당국은 외채를 비정상적으로 운용했다. 즉, 장기차입을 하지 않고 단기차입의 비중을 지나치게 늘렸던 것이다.

<바닥난 달러>

또한 금융당국은 외국에 대한 빚이 얼마나 되는지 정확히 파악하지 못했다. 이러한 원인들로 인해 IMF사태가 일어나고 말았던 것이다. 즉 국내의 금융기관이 보유하고 있는 화폐성 외화자산과 외화부채의 균형이 일치하지 않음으로써 외환위기는 더욱 앞당겨

질 수밖에 없었다는 분석이다.

나라 밖의 상황이 아무리 어려운 환경이었다고 하더라도, 정부 당국이 정확히 파악하고 대처했더라면 IMF사태는 충분히 막을 수 있었을 것이다. 국제경제에서 아주 상식적이랄 수 있는 환율의 문제를 정확히 인식하고 대처했더라면 한국경제의 현재 상황도 많이 달라졌을 것이다. 원화가치의 변화에 따른 경상수지의 문제에 심혈을 기울였더라면 엄청난 수의 기업부도와 수많은 실업자 발생 및 다수의 신용불량자를 만들어내지 않았을 것이다.

IMF와 신용불량자

IMF외환위기는 대출금리의 급등을 초래함으로써 엄청난 신용불량자를 양산해냈다. 당시 금융 채무의 불이행으로 신용불량자란 불명예를 떠안은 사람들이 수백만 여명에 달했다. 그들은 자신의 잘못이 전혀 없는데도 쓰나미 처럼 닥친 IMF로 몇 년 동안 신용불량자란 낙인이 찍힌 채로 살아가야 했다. 사업의 실패와 정리해고 등으로 빚을 갚지 못한 사람들이었다. 연대보증을 잘못 섰다가 신용불량자가 된 사람도 부지기수로 많았다.

그들은 마치 죄를 지은 사람처럼 전산망에 연체기록이 남아 있었다. 금융연합 전산망에는 일정한 시간이 경과하면 연체기록이 삭제된다고 하였지만 개별 은행에는 이런 기록이 남아 있어 경제활동을 하는데 커다란 불이익을 당하고 있는 실정이다. 1997년 외환위기 당시 3개월 이상 금융권의 채무를 연체한 사람은 143만 명에서 급격히 증가하여 수백만 명으로 대폭 불어났다.

그러나 이들 채무 연체자 중에 기존의 신용불량에서 회복한 사람은 아주 일부에 지나지 않는다고 한다. 나머지 상당수는 아직도 빚의 수렁에서 벗어나지 못한 상태에 놓여 있다. 20여 년이 흘러 IMF의 상처는 어느 정도 치유되었지만 여전히 그때의 고통의 상처를 치유하지 못하고 있는 사람들이 많은 것이다.

외환 위기로 인해 부득이하게 빚더미에 빠진 중소기업인들과 영세한 자영업자들이 엄청나게 많음에도 불구하고 정부는 책임을 지지 못했다. 정부의 잘못으로 금융위기의 수렁에 빠지게 되었음에도 책임 있는 태도를 보여주지 못한 게 사실이다. 서민경제가 무너지면 결국 국가의 재정도 흔들리는 법이다. 정부는 책임 있는 자세로 모든 피해자들을 구제하는데 노력을 기울여야 했다.

하지만 정부의 공식적인 노력은 매우 미흡했다. 신용불량자, 실업자란 불명예스런 이름으로 사람들은 어렵게 살아가야 했다. 이들에 대한 정부의 노력은 이로부터 6년이 지난 뒤에 공식적으로 나타나게 된다. 정부는 지난 2013년 5월에 역사상 최초로 연대보증 채무 구제방안을 발표했던 것이다. 연대보증에 의한 채무자를 선별적으로 구제하기로 했었다. 그러나 구제 대상은 약 11만 여명에 지나지 않을 정도로 아주 소규모에 불과했다.

중소기업인과 영세한 자영업자를 구제해서 서민경제의 안정을 도모하겠다는 취지는 좋았으나 너무 약소한 정책이었다. 사상 처음 실시한 정책이라 의미는 깊지만 엄청난 IMF의 상처를 치유할 수는 없었다. 연대보증 채무에 대해서는 70%까지 채무를 탕감해 주는 정책을 펼치기도 하였지만 채무액의 규모에 입각해 제한이 따랐다. 당시 채무에 대한 상환이 불가능한 사람들에게는 개인회생이나 파산 등으로 유도하여 기회를 주려고 하였지만 근본적인 해결이 되지는 못했던 것이다.

정부의 대응 및 그 결과

외환위기를 통해 우리는 엄청난 달러 빚을 짊어지게 되었다. 수많은 부실기업과 금융기관들이 우수수 쓰러졌다. 우리 정부는 외채를 줄이면서 부실한 기업은 구조조정에 들어갔다. 한국은 예고 없이 닥친 IMF를 극복하기 위해 다음과 같이 대응했다. 첫째, 외국 기업에 대한 달러 빚을 갚기 위해 IMF로부터 금융지원을 받는다. 둘째, 국내의 기업과 은행들의 구조적 문제를 해결하기 위해 정부 차원에서 대규모 자금을 지원한다. 셋째, 원화가치를 지속적으로 저평가하여 달러 빚에 대한 부담을 줄인다.

정부는 이런 기준을 세운 다음 기업과 금융, 노동 등의 다양한 분야에 대한 개혁정책을 시행하였다. 정부가 가장 중점을 두고 추진한 것은 구조개혁이었다. 정부자금이 투입되는 명분은 이러한 구조개혁으로부터 확보했던 것이다. 정부는 물가안정을 도모하고 달러의 방출을 억제하는데 노력을 기울였다. 부실한 금융을 없애

해외 기업에 대한 신뢰를 쌓는데 주력했다. 또한 기업의 투명성을 높여서 외국인 투자를 유치하는데 최선을 다했던 것이다.

국내 기업 상호간에는 정당한 경쟁력으로 수출능력을 키우도록 하였다. 그래서 국내 제품의 수출이 외국 제품의 수입을 능가하는 경상수지 흑자의 기반을 조성했다. 이런 노력이 당연히 해외자본의 유입을 이끌어내면서 부족한 외환을 메웠던 것이다. 이런 성과로 해외 투자를 조절하여 경상수지가 아주 긍정적으로 개선되었고, 이에 따른 외국 자본이 많이 들어왔다. 그리고 환율이 안정되기 시작했고, 물가도 안정 되었다. 외국기업의 눈에는 차츰 한국의 기업과 금융기관의 건전성이 엿보였으며, 기업과 금융기관들은 국외 투자자들에게도 한층 신뢰성을 회복하게 되었던 것이다.

한국의 외환위기는 우리에게 엄청난 시련과 더불어 교훈을 주었다. 국민들은 생애 처음 겪어본 외환위기를 통해서 건전한 경제 상황의 중요성을 새롭게 인식하게 되었다. 쏟아져 나온 실업자, 자신의 의지와 관계없이 징벌처럼 닥친 신용불량자라는 혹을 짊어지고 힘겹게 살아온 세월이었다.

외환위기를 통해 국가와 기업, 국민들은 이제 어떻게 대비해야 하는지를 알게 되었다. 유동성 위기의 문제점, 늘어나는 달러 빚더미, 기업과 은행의 문제점이 무엇인지 깨달았다. IMF를 수용하고 구조조정을 하면서 살점을 깎아내는 아픔을 겪으면서 정부의 역할과 기업, 국민의 역할이 무엇인지도 느끼게 되었던 것이다.

외환위기 이후, 악착같은 노력으로 우리 경제는 이제 외환 채무국에서 외환 채권국이 되었다. 지난 과정을 거치면서 한국의 곳간에 외화가 부족하다는 것이 어떤 의미인지 뼈저리게 깨달았던 것이다. 하지만 IMF를 극복하고 얼마 지나지 않아 우리는 다시 한번 세계 금융위기라는 회오리에 빠져들게 되었다.

2. 리먼브라더스의 파산과 글로벌 금융위기

글로벌 금융위기의 서막

2008년 9월은 세계 투자 은행의 잔인한 달이었다. 유구한 역사를 자랑하던 리먼 브라더스 그룹의 지주회사인 리먼 브라더스 홀딩스가 법원에 파산신청을 했기 때문이다. 이 사건을 정점으로 미국은 물론 전 세계가 상상할 수 없는 속도로 금융혼란에 빠지게 된다. 이른바, 글로벌 금융위기의 서막이 시작된 것이다. 리먼 브라더스 홀딩스의 파산신청으로 인해 세계 각국은 실물경제의 추락과정을 거치게 된다.

리먼 브라더스 파산의 직접적인 원인은 미국의 부동산 가격의 하락이었다. 부동산 가격의 하락으로 담보 대출의 부실이 발생한 것이다. 모기지란, 부동산을 담보로 대출을 받는 것을 말한다. 즉 집을 살 때 그 집을 담보로 은행으로부터 장기대출을 받는 것이다. 미국의 부동산 시장은 정부의 규제완화 및 은행의 낮은 이자율로 매우 활성화 되어 있었다. 낮은 이자율과 규제의 완화는 부동산 가격을 급속도로 상승시켰다.

부동산 가격의 상승은 서브프라임 모기지의 상승을 유발시켰다. 부동산 가격의 상승이 지속될 것으로 믿고 미국의 금융기관들은 저소득층을 위해 주택담보대출을 확대한 것이다. 은행으로서는 마다할 이유가 없었다. 집값의 상승은 당연히 담보가치의 증가를 의미하는 것이며, 은행이자를 갚지 못할 경우에는 부동산을 팔아서 충당할 수 있다고 믿었기 때문이다. 주택을 평생 소유해 본 경험이 없는 서민들은 주택 마련의 기회라고 생각하고 주택담보를 내세워서 앞 다투어 부동산을 매수하기 시작했다.

하지만 오랫동안 호황을 누려왔던 미국의 부동산 시장이 침체하기 시작했다. 계속 상승하던 부동산 가격이 하락하기 시작한 것이다. 금융기관들은 시장이 심상치 않다고 생각했다. 금융기관의 관계자들이 이를 깨달았을 때는 이미 상황이 매우 악화된 상태였던 것이다. 금융전문가들은 깜짝 놀라서 별도 회사를 만들어 부실대출담보를 팔아넘기기 시작했다. 우리의 유동화 회사와 같은 것이다.

하지만 리먼 브라더스의 경우 아주 적극적으로 부동산 상품에 투자를 하였기 때문에 그 충격이 어떤 은행보다 컸던 것이다. 부동산 가격의 급락은 담보물의 자산 가치를 폭락시킨 탓에 담보대출의 자산 가치 역시 폭락했던 것이다. 소득이 적은 서민층들은

리먼 브라더스 본사 건물

신용도가 낮아서 이들의 담보대출의 가치는 더욱 크게 하락했다. 그러자 금융시장에서는 주택담보 대출과 관련한 상품들을 아주 저평가하기에 이른다.

리먼 브라더스는 끝내 자구책으로 자사의 직원들을 해고하기 시작한다. 금융위기의 해인 2008년 이전에 이미 수천 명의 직원들을 해고했다. 그러나 상황은 전혀 개선되지 않았고, 감당하기 힘든 손실을 입게 된다. 이때는 이미 상황을 알게 된 다른 기관투자자들 조차 다른 투자은행으로 옮겨 타기 시작했다.

리먼브라더스의 심각성이 가장 먼저 노출된 곳은 증권시장이라고 한다. 미국의 증권시장에서 이미 리먼브라더스의 운명을 예상하고 있었다. 건전한 다른 기업들도 리먼브라더스의 불똥이 언제 어디로 튈지 모른다는 걱정을 했다고 한다. 뉴욕연방은행장을 비롯한 몇몇 금융기관의 대표들이 모여서 긴급회의를 열었다. 어떻게든 리먼브라더스를 구제할 방법을 찾으려고 하였던 것이다. 그러나 주요 해결방안이었던 리먼브라더스의 인수 건은 무산되고 말았다. 즉, 리먼브라더스는 뉴욕법원에 파산보호를 공식적으로 신청하게 되었던 것이다.

파산을 신청한 리먼브라더스의 주식은 94%나 하락하였다. 물론 휴지조각이나 다름없는 것이었다. 당시 리먼브라더스와 비슷한 어려움을 겪은 회사는 빠른 판단과 리더의 지도력을 통해 다른 회사에 매각이 되어 회사의 생명력을 이어갔다. 하지만 리먼브라더스의 경우에는 리더의 의사결정이 늦어지면서 결국 파산의 길을 걷게 되었던 것이다. 리먼의 리더는 자신의 회사 상황을 정확히 파악하지 못했기 때문이다.

또한 미국 정부에 대해 너무 희망적인 기대를 했던 점도 문제였다. 리먼브라더스의 회장은 만약 파산의 순간이 닥친다면 정부가 국민의 세금으로 자신의 회사를 구제해 줄 것이라고 착각을 했던 것이다. 회사의 리더로서 안이한 사고방식에 빠져 있었다. 즉 흔히 말하는 모럴 해저드에 빠져버린 셈이다. 당시 미국 정부의 입장에서는 리먼브라더스를 국민세금으로 지원하게 된다면 다른 회사들도 똑같이 해줘야하기 때문에 부담을 느꼈다는 것이다.

리먼브라더스 파산의 파장

리먼브라더스의 파산은 미국에서도 아주 큰 규모의 파산이라고 한다. 글로벌 시대인 까닭에 리먼브라더스에 관한 소식은 순식간에 전 세계로 퍼져나갔다. 따라서 세계금융시장에 커다란 파급력이 되어 증권시장을 출렁거리게 만들었던 것이다. 파산신청을 했다는 보도 이후 미국의 대표적인 주식시세인 다우지수가 폭락했다. 이어 독일, 프랑스, 영국 등 유럽의 증시가 폭락하였고, 연달아서 아시아 등의 주요 증시도 폭락하고 있었다.

AIG보험은 미국 최대의 보험사인데 주가가 절반이나 하락했다. 이후 AIG는 결국 정부의 도움을 받는 처지가 되었다. 리먼브라더스의 파산사태는 이처럼 엄청난 파장을 일으키며 지속되었다. 한국은 IMF를 겪은 탓에 리먼브라더스의 상황을 지켜보다가 인수(引受)를 하려고 논의도 하였다. 하지만 그 중심에 있었던 산업은행은 아무 것도 하지 못했다. 국책은행인 탓에 국가의 협조 없이 독자적인 행동을 취하기가 어려웠던 탓이었을 것이다.

리먼브라더스 파산신청 이후 미국은 영국, 일본, 캐나다 등과 화폐교환 계약을 맺었고, 호주, 덴마크, 노르웨이, 스웨덴 등과도 화폐교환 계약을 체결했다. 이후 미국, 영국, 스웨덴 등의 중앙은행이 금리를 인하하게 된다. 파키스탄은 IMF에 50억 달러의 구제금융을 신청하고, 미국은 한국과도 300억 달러 규모의 화폐교환 계약을 체결하기에 이른다. EU는 2천 억 유로를 경기부양에 투입하는 계획을 발표하고, 동시에 부가가치세율의 인하를 발표했다. 또한 미국과 영국, 캐나다 등이 0.5%의 금리인하를 발표한 것과 동시에 중국 역시 금리를 1% 이상 낮추는 결단을 내렸다. 이처럼 리먼브라더스 파산의 파장은 순식간에 전 세계에 널리 퍼지게 되었던 것이다.

리먼 사태와 한국경제

IMF를 어렵사리 극복한 우리의 경제는 여전히 한동안 문제를
안고 있었다. 미국의 금융위기가 닥쳐오기 전에 이미 오랫동안 낮
은 환율, 낮은 투자, 기술의 정체에 빠져 있었다. 글로벌 금융위기
가 닥치기 전에 이미 IMF때처럼 외국과의 재화 및 서비스의 거래
인 경상수지가 또한 적자였다. 2008년 한국경제는 다시 외세에 따
른 엄청난 고통을 치르게 되었던 것이다. 글로벌 경제 환경은 침
체 국면이었고, 글로벌 금융시장 역시 소통 및 교류에 있어서 원
활하지 못한 상태였다.

미국의 서브프라임 사태는 우리의 소비자들을 직접적으로 위협
하며 밀려들었다. 자동차 천국인 한국의 휘발유 값이 급상승했다.
생산제품의 원자재 값이 크게 오르자 기업인들은 IMF를 떠올리며
공포감을 느끼게 되었다. 유가 상승이나 원자재가격의 폭등에 대
하여 우리는 아픈 기억을 가지고 있었다. 이렇게 되자 경상수지가
다시 IMF때의 수준으로 악화되기 시작했던 것이다. 정부는 당장
외화상태를 점검했다. 그런데 한번 아픔을 겪은 터라 달러는 충분
히 비축되어 있었다.

한편, 리먼 사태 이후 닥친 금융위기는 우리 은행들의 외화 유
동성을 경색되게 만들었다. 자산의 위험성이 보이면 투자를 회피

하는 현상이 나타났다. 은행들은 원화 유동성에 어려움을 겪다보니 자금의 조달 역시 쉽지 않았다. 또한 외부 언론들은 한국의 금융권에 대해 부정적인 태도를 보였다. 우리의 신용도를 매우 낮게 평가하고 이를 대외적으로 보도했다. 당연히 국내의 대출금리는 상승할 수밖에 없는 상황이 되고 말았다. 따라서 외국은행에서 달러를 차입하는 여건이 더욱 악화되었던 것이다.

원화가치의 하락은 환율의 변동성을 크게 확대시켰다. 원화가치의 변동성은 크게 외국인에 의한 투자자금 유출, 달러를 중심으로 하는 외환시장의 불안, 경상수지 적자 등을 원인으로 꼽을 수 있었다. 리먼 사태 이후 국내에 불어 닥친 금융위기는 외국인 투자자들로 하여금 주식을 순매도하도록 하여 한국시장에서 대거 이탈한 계기를 만들었다.

이런 상황에서 원자재 가격 등이 상승하였으며 이는 경상수지 적자로 귀결되었다. 이것이 인플레이션을 촉발하여 소비를 억제하기도 하였다. 환율이 오르고 원자재 가격도 오르다 보니 비용은 늘어나고 국내의 경기는 부진했다. 또한 환율의 상승으로 달러 빚을 짊어진 기업들은 원리금 상환이 어려워져 위기에 처하기도 하였던 것이다.

글로벌 금융위기는 코스피 지수를 폭락시켰다. 국내외의 경기침체로 외국인 투자자의 매도세는 지속되었던 것이다. 국내 상장 주식 지분율의 5% 이상이 순간적으로 달아났다. 외환이 빠져나가기 시작했다. 다행히도 외국인의 매도물량을 우리의 연기금이나 보험사에서 받아 안으면서 우리의 증시는 주변국들에 비해 하락의 폭이 크지 않았었다. 그럼에도 주가의 하락세는 국민의 자산을 감소하게 하고 이는 다시 소비를 축소시켜 실물경제에 미치는 영향이 컸던 것이다.

정부는 규제를 최소화 하고 경상수지 안정대책을 마련했다. 사치성 소비재 수입을 억제하는 정책을 시도하였다. 그리고 유류세를 인하하고 중소 상공인들에 대한 지원사업을 실시하였다. 원유 가격이 최고 정점 이후 하락이 시작되면서 환율이 정상화 되는 분위기가 나타났다. 또한 리먼 사태 이후 환율이 오르기는 하였지만 미국과 맺어놓은 통화교환 협정으로 외환시장은 안정권에 있었다. 물가의 부담이 상존하고 있었지만 슬기롭게 대치하여 금융위기의 태풍은 우리의 경제상황을 넘어뜨리지는 못했다.

소비자 물가를 잡기 위해 정부에서는 수입물가에 대한 관리차원에서 외환보유고를 활용했다. 환율상승을 억제하기위해 외화를 풀자 원유가격과 원자재가격이 동시에 하락하는 일거양득의 효과를 이룩했다. 동시에 연간 소득 2천만 원 이하의 영세업자, 국민들 대중교통요금, 화물차에 대한 유가환급금지원금, 기타 근로자 및 자영업자를 위해 보조금을 지급하기에 이르렀다. 서민생활의 안정을 위해 일자리를 지원하고 추가경정예산도 과감하게 적극 편성하는 데 동의했던 것이다.

또한 리먼 사태가 발생한 이후 적극적으로 감세정책을 펼쳤다. 소득세, 법인세 등의 인하를 통한 감세효과로 그 어려운 시기에도

2%이상의 성장을 이룩했던 것이다. 정부의 긴급한 재정투입과 감세정책이 아주 적절한 시점에서 맞아떨어진 셈이었다. IMF때보다 훨씬 체계적으로 대처했기 때문에 생각만큼 피해는 적었다.

감세정책은 결국 세입이 줄어드는 것이 아니라 경제성장을 향한 투자 활성화의 계기가 되었다. 이는 소비자들에 대한 수요의 증대에도 기여하여 결국 국민의 조세부담률은 미국이나 일본 등에 비교하여도 상대적으로 높았고, 국가채무비율은 매우 낮았다.*

한국은행은 정부와 줄다리기를 하면서도 결국 정부의 요구를 거의 수용할 정도로 금리를 내려주었다. 금리를 낮추자 은행채권을 대량 매입해서 금융시장의 막힌 출구를 뚫게 되었다. 한국은행은 금융회사의 1조원에 달하는 특별대출을 받아주었다. IMF사태는 우리에게 엄청난 고통과 시련을 물려주었지만 이런 아픔을 교훈삼아 우리는 2008년 글로벌 금융위기를 지혜롭게 헤쳐나갈 수가 있었다.

3. 코로나19와 한국경제

2019년 12월, 중국 우한시에서 발생한 바이러스성 호흡기 질환

---

* 강만수, 현장에서 본 경제위기 대응실록, 삼성경제연구소(2014)

이 세계 전역에 퍼지기 시작했다. 2020년 3월 WHO는 세계적 전염병이라는 의미로 펜데믹을 선언했다. 2020일본 도쿄 올림픽이 연기되고 많은 국제행사가 취소되기 시작했다. 1년 사이에 전 세계 확진자가 1억 명을 돌파했다. 2021년 7월까지 전 세계 사망자가 400만 명을 넘었고, 확진자는 2억 명을 돌파하기에 이른다.

코로나19는 전파력이 매우 강한 호흡기 감염병으로 전 인류를 위협하며 엄청난 수의 인명을 앗아가고 있다. WHO는 우리 인류가 결코 코로나 19를 완전히 퇴치하지 못할 것이며 영원히 바이러스와 공존하는 방법을 모색해야 한다고 경고한 바 있다. 코로나19로 인한 문제 중에서 생명을 위협하는 문제만큼 우리의 생활을 위협하는 것은 경제문제였다. 코로나19는 아주 빠른 시간에 세계적으로 실업자를 양산해냈다.

무엇보다 산업분야에 있어서 커다란 위기에 빠졌다. 코로나19로 인한 특색의 하나는 인간들끼리 접촉하지 않는 것이다. 전염성이 특히 강한 코로나19는 사람간의 접촉이 중요한 감염요인이었기 때문에 거의 모든 일상이 비대면으로 이루어지고 있다. 부득이한 경우를 제외하는 경우는 있지만 피할 수 없는 접촉의 과정에서 감염의 위험이 여전히 상존하고 있는 실정이다. 사람들끼리 접촉을 제한하게 되니 기업이나 국가의 경영은 어려움에 빠질 수밖에 없는 실정이 되고 말았던 것이다.

코로나19로 인한 피해는 다방면에 걸쳐 있다. 우리나라의 상황을 살펴보면, 숙박업소, 노래방, 체육시설 등의 공간은 직접적인 어려움을 겪었다. 음식점, 주점 등의 영업제한은 경영을 아주 어렵게 만들었다. 확산과 소강상태를 반복하다 델타 변이 바이러스의 출현으로 더욱 크고 빠르게 확산 되고 있는 실정이다.

　코로나19로 인해 예전과 같은 정상생활을 찾기까지는 많은 시간을 요구할 것이라고 한다. 닐슨 리서치는 세계 경제에 대해 2021년 하반기에도 정상생활로의 복귀는 어려울 것으로 내다보고 있다. 우리의 경제 역시 엄청난 타격을 받고 있다. 당장 우리의 생활경제는 회복하기 힘들 정도로 치명상을 입은 실정이다. 물론 코로나에 의해 일손을 놓아버릴 수는 없기 때문에 다시 힘을 내어 복구는 하고 있지만 큰 어려움에 처해 있는 게 사실이다.

코로나 검사대기 행렬

　코로나19로 전국의 호프집 3,600여 곳이 사라졌다고 한다. 노래방 역시 1,500곳 이상 폐업을 했다고 한다. 지금도 노래방, 여행사, 예식장 등등 대면서비스 업종들의 타격이 집중되고 있는 실정이다. OECD는 노동시장이 2022년 말까지 코로나 이전의 수준으로 회복되지 않을 것이라는 보고서를 내놓았다. 세계적으로 코로나 이후 실업자는 선진국 내에서만 2,200만 명에 달한다고 한다. 이들 중에는 간헐적인 해고자도 있지만 영구적인 실업자가 대부분이라고 발표된 바 있다.

코로나 피해의 핵심 뇌관은 자영업자라 할 수 있다. 자영업자들은 코로나19에 속수무책으로 무너졌다. 자영업자들은 정부로부터 저리의 자금 대출을 받아 근근이 하루를 버티고 있는 실정이다. 한국은행 금융보고서에 따르면 올해 7월말까지 자영업자 대출 규모는 831조를 넘었다고 한다. 250여만 명이 대출을 받았는데 문제는 이 가운데 가계대출이 약 300조에 달한다는 것이다.

문제는 이들 자영업자 대출의 부실위험이 커진다는 점이다. 즉 자영업자 채무상환 능력이 악화되었다는 말이다. 현재 금융권에서는 이자유예, 만기연장 등의 조치를 하며 봉합하려고 하고 있지만 금융권에서도 마냥 연장을 해줄 수는 없다는 입장이다. 자영업자들의 더욱 큰 문제는 대출자금으로 생활을 위한 비용이 아니라 월세, 인건비, 물류비용 등을 결제한다는 것이다. 정작 그들이 먹고 살아야 하는 생계비가 없다는 점이다.

현재는 은행 측의 배려로 넘어갈 수 있지만 장차 대환대출을 고민해야 할 처지다. 금융권의 입장에서도 거의 한계에 도달했다는 입장이라고 한다. 자영업자들의 대출이 부실채권으로 진행되는 경우에는 엄청난 타격이 우려된다는 것이다. 자영업자들은 대개 한 가정의 가정경제를 책임지고 있다는 점을 주목할 필요가 있다.

부실채권의 파장은 가계부채의 파장으로 연결되기 때문에 당장 정부가 행동을 취하고 나서야 한다는 점을 잊어서는 안 되겠다.

빚으로 버텨온 자영업자들이 무너지기 시작하면 대한민국의 모든 가정이 무너지는 것이다. 높은 단계의 사회적 거리두기를 지속하는 한 정상생활의 복귀는 어려운 실정이다. 정부가 아무리 다양한 대책을 내놓는다고 해도 자영업자들 입장에서는 크게 도움이 되지 않고 있다. 소상공인을 위해 지급하는 재난지원금의 명목은 실제 그들에게 큰 도움이 되지 않는다고 한다. 그들의 채무에 재난지원금이 턱없이 부족하기 때문인 것이다.

소상공인을 위해 임차료 지원명목으로 2천만 원을 시중은행에서 대출해준다고 한다. 영업제한이나 경영위기 업종의 임차료 대출을 위해 정부는 다양한 대안을 마련하고 있다. 임차료 대출에 필요한 보증료율도 인하할 계획이라고 한다. 그러나 무엇보다 코로나19가 언제까지 지속될지의 여부가 관건이 아닐 수가 없다. 자영업자들이 하루빨리 안정된 환경 속에서 영업을 할 수 있어야 하는 것이다.

소상공인들을 위해 자발적으로 임대료를 깎아준 착한 임대인이 10만 명을 넘었다고 한다. 임차인을 위해 선을 베푼 임대인들에게 정부는 세액공제의 혜택을 베풀어주었다. 임대인의 법인세와 소득세를 대상으로 세액공제율 70%까지 인상했다. 정부의 이러한 정책은 마땅히 칭찬을 받을 만하다고 하겠다.

소상공인이나 자영업자들의 불만의 목소리를 정부는 항상 경청

해야 한다. 쓰러진 뒤에 일으키기보다 먼저 쓰러지지 않도록 대비해야 한다. 대출을 해주고 지원을 해주되 시간을 끌지 말고 신속히 지급해주란 말이다. 그리고 경제의 활성화를 위해서 벤처 중소기업의 육성 또한 병행할 필요가 있다.

또한 정치권에서 최근 코로나19와 관련해서 부도를 냈거나 신용불량자가 된 사람들에게 회생의 기회를 제공해야 한다는 입장을 나타낸 것은 아주 고무적인 일이다. 코로나19 시기에 신용불량자로 전락하면 일상생활이 어려워진다. 그래서 이들에 대한 금융제재 조치의 해제를 정치권에서 언급한 것은 늦었지만 다행스런일이다.

정부는 코로나19에 의해 심해진 양극화를 해소하기 위해 근로장려금을 강화하고 저소득자를 위해 세금을 감면해주기로 하였다. 또한 중소기업을 지원하는 정책을 발표하면서 중소기업에 대한 각종 감면제도를 연장하기로 하였다. 시중은행은 이러한 정부의 정책에 긍정적으로 동조하고 나섰다. 금리를 인하하도록 하고 신용이 낮은 사람에게도 대출을 받을 수 있도록 은행의 문턱을 낮추었다고 한다.

그런데 과연 정부의 이러한 정책이 중소기업인이나 소상공인들에게 최선일지는 한번 심각하게 생각해 봐야 한다. 정부에서 장려하는 정책의 핵심은 거의 대출이 중심이 되고 있기 때문이다. 실제기업이나 현장에서 코로나로 인한 신용불량자가 되어버린 소상공인들에게 대출만을 권장하는 정부에 대한 불만 섞인 목소리가 터져 나오는 실정이다. 결국 남는 것은 빚이기 때문이다.

기업이나 소상공인들의 소득이 감소했기 때문에 대출상환은 어려울 수밖에 없다. 가계대출 원금상환을 6개월~1년을 미룬들 뾰족한 해결책이 되지 않는다는 점이다. 왜냐하면 코로나19가 끝날 기미가 보이지 않기 때문이다. 정부에서 아무리 정책을 내고 소상공인들을 위해 지원을 해봤자 결국 대출정책이란 것이다. 이미 연체자가 되었거나 폐업을 신청하고 채무상환 능력을 상실한 경우가 대부분이다.

중요한 문제는 소극적인 대책에 머물고 있다는 점이다. 정부와 시중은행 사이를 가로막는 소통의 벽을 허물어야 한다. 허심탄회하게 대화를 통해 의견을 나누어야 한다. 대개의 시중은행들은 소상공인들을 위한 실질적인 지원방안이 없다고 한다. 현실적인 대안이 나와야 하는 것이다. 이미 많은 중소상공인들이 제1금융권의 부채를 감당하지 못해 제2금융권으로 넘어가는 경우도 허다하다고 한다.

코로나19 피해의 중심에 놓여있는 소상공인들을 위한 정부의 지원정책은 OECD 가입 국가 가운데 우리나라가 꼴찌라고 한다. 오직 대출만을 장려하는 정책으로는 소상공인들에게 빚만 늘려주는 꼴이 될지도 모른다.

정부는 대기업에 대해서는 아주 통 크게 지원해주는 것으로 알고 있다. 워크아웃을 신청할 시 산업은행에서 기업안정자금이란 명목으로 지원해주는 것이 이를 정확히 반영한다. 그러나 소상공인에게는 대기업을 위한 것처럼 이러한 지원책은 없는 것으로 알고 있다. 소상공인들은 요구하고 있다. 공적자금을 과감하게 투입해 달라고 외치고 있는 것이다. 저금리의 공적자금을 투입하되 아주 장기적으로 해달라는 게 그나마 그들의 절실한 목소리다. 개인대출 보다 코로나19 펀드를 만들어 지원해주는 것이 오히려 적절할 것이라는 현장의 목소리를 정부가 들었으면 좋겠다는 생각이다.

코로나19가 가져온 일상의 변화

80억에 육박하는 인류를 위협하는 바이러스 대유행의 시대에 우리는 살고 있다. 불행하게도 지금 인류와 대적하고 있는 코로나19바이러스는 지구상에서 사라지지 않을 듯하다. 코로나는 세계의 경제구조를 바꾸었고, 사람들의 생활방식에도 많은 변화를 불러왔다. 한국의 상황도 별반 다르지 않다. 우리의 정부와 국민, 국가와 사회, 기업과 조직의 지형 역시 변화의 흐름에 적응하지 않을 수가 없는 것이다.

정보화가 발달할수록 우리의 가정이 모든 삶의 핵심공간이 될 것이라고 일찌기 앨빈 토플러는 〈제3의 물결〉에서 주장한 바 있다. 정보화는 인터넷과 컴퓨터, 통신 미디어, 미디어 장치 등으로 연결되어 네트워크를 구성한다. 현재의 인간들은 정보화의 풍요 속에서 살아가고 있다. 정보화 시대의 화두 중의 하나는 재택근무라는 것이다. 사람이 일하러 밖으로 나가지 않고 집안의 공간이 사무실이 된다는 것이다. 이른바 원격근무라고 할 수 있다.

실제로 코로나19가 이런 상황을 현실적으로 앞당기고 있는 것이다. 직장인들은 자의(自意)가 아니라도 집에서 일하라는 지시를 받게 되었다. 화상회의에 필요한 줌의 사용자가 폭발적으로 늘어나고 있는 실정이다. 이런 추세에 따라 늘어난 온라인 원격근무를 통해서 업무의 효율성도 높아졌다고 한다. 비록 코로나19에 의해 우리 주변의 변화된 환경이지만 코로나 이후에도 이런 현상은 지속될지 모른다. 육아, 교육의 문제로 인해 시작되었던 재택근무가 코로나 이후에도 계속되지 않으리란 보장도 없는 것이다.

코로나는 기업의 비대면 회의를 의무화 시켰다. 또한 재택근무, 원격근무를 제도화 시켰다. 대기업의 경우 52%가 재택근무를 시행하고 있으며, 중소기업 역시 18%에 이르고 있다는 통계가 있다. 중소기업은 원격근무 시스템이 미흡해서 재택근무의 비중이 낮다고 한다. 최근에 신입사원 채용마저 비대면으로 하고 있는 것을 보면 장차 코로나19로 인한 기업의 더 많은 변화를 예상해 볼 수 있을 것이다.

온라인이 활성화 되면서 음식배달의 문화가 폭발적으로 증가했다. 소비자들은 코로나시대에 원거리 매장보다 지역 매장을 선택했다. 동네 마트나 편의점에 들러 직접 상품을 구매하기 시작했다. 지역상권이나 동네시장을 중심으로 소비패턴이 달라지고 있는 것이다. 코로나로 인한 재난지원금 성격의 다양한 지역화폐들도 이런 소비의 방식에 힘을 보탠다. 사람과의 거리는 멀리하고 경제활동의 거리는 아주 단축된 셈이다. 소상공인을 지원하기 위해 수수료가 없는 결제서비스인 제로페이를 만들어서 정부나 지자체에서 직접 지원하는 QR코드 방식의 서비스 시스템도 이런 소비방식을 거들었다.

코로나로 인한 온라인 상거래의 증가는 정보나 지식의 소외계층을 만들었다. 앞에서 언급한 재택근무는 소외계층에게는 먼 나라의 이야기처럼 들렸을 것이다. 디지털과 아날로그의 세대처럼 정보, 지식의 소외계층은 백신접종의 예약방식에서부터 무엇보다 차별성을 느꼈을 것이다. 특히 젊은 Z세대*에 비해 고령층 세대는 정보화의 소외층으로 내몰리는 심각한 상태에 놓여 있다. 비단 코로나가 아니더라도 정보화가 가속화 될수록 고령층 세대는 정보와 신지식으로부터 이미 소외되어 가고 있었다.

4. 국가의 역할은 무엇인가

우리에게 국가는 언제나 존재하고 있었지만 국가는 진정 어떤 것인가. 이렇게 말하기는 결코 쉬운 일이 아니다. 우리에게 국가

---

* 대개 1995년 이후 태어난 세대를 말하며, 디지털 원주민이란 의미로서 텔레비전, 휴대전화, 랩톱, 데스크톱, 엠피3 플레이어 등 하루에 최소 5가지의 디지털 기기를 복합적으로 사용한다.

는 어떠해야 하는지 우리는 진지한 물음을 던지지 못했다. 국가라는 존재에 대해 평생을 연구에 몰입했던 플라톤(BC427~BC347)은 "국가는 사회의 정의를 유지하기 위하여 존재한다. 국가의 이익과 행복을 증진시키기 위하여 존재하는 조직이다"라고 말했다.

우리는 지난 30여 년 동안 경제적 어려움을 여러 차례 겪었다. 앞에서 언급했던 1997년의 IMF외환위기, 2008년의 국제 금융위기, 2019년의 코로나19, 이제 시간이 흐를수록 인간의 목숨을 위협하는 지금까지의 것들보다 더 큰 재난이 닥칠지도 모른다. 미래에 닥칠 재난은 생각만 해도 끔찍하게 느껴진다.

국가란 무엇인가

우리에게 닥친 IMF는 누구의 잘못이었을까? 국민들의 잘못이 아니라고 필자는 앞에서 이미 언급했다. 그러나 피해의 몫은 오롯이 국민들이었다. 국가는 국민들을 충분히 보호하지 못했다. 미국발 금융위기 때는 어떠했는가? 미국의 금융위기는 우리의 경제 분야에 큰 파장을 일으켰다. 다행히 정부에서는 IMF의 경험을 교훈 삼아 달러를 충분히 축적해 두었던 탓에 크게 흔들리지 않았다.

그럼에도 우리의 경제는 많은 파장에 휩싸였었다. 많은 기업들이 위기를 맞았으며 고환율에 시달렸다. 이어서 기업인들의 신용에도 문제가 많이 발생했다. 국가부도까지 이르지는 않았지만 부동산 시장이 침체에 빠졌었다. 그리고 은행들은 부실로 이어져 경영난에 허덕였다. 과다한 부채 때문에 소상공인들이 파산했다. 주가가 하락하고 부동산 등의 자산가치가 하락했다. 국내의 소비시장이 침체되었고, 투자시장이 침체되었다.

그리고 우리는 다시금 코로나19라는 예상치 못한 난관을 맞이하고 있다. 코로나19는 전 인류적인 재앙이다. 지금 인류는 엄청난 희생을 감내하고 있다. 하지만 인류가 코로나를 언제 퇴치할 수 있을지 아직 아무런 기약이 없는 것이다. 나라마다 코로나19를 극복하는 방식이 각기 다르다. 우리는 코로나 초기 K방역이란 타이틀까지 얻으며 방역에 선방했지만 결국 기업, 소상공인, 자영업자에게 치명상을 입히고 있다.

이러한 일련의 경제적 악순환은 국민의 잘못이 아니다. 국가는 국민의 이익과 행복을 위해 존재한다고 하였듯이 최선을 다해 국가의 근간이 되는 국민과 그들의 삶을 지켜내야 한다. IMF로 인한 부도와 금융위기, 코로나 사태 등으로 빚어진 일련의 사태는 정부가 적극적으로 나서서 이들을 구제해야 한다는 의미이다. 우리 국민은 위기가 닥칠 때마다 잘못한 것도 없이 당하기만 했다.

부동산이 경매 되고 월세방으로 내몰리는 사람들이 넘치고 있다. 중소기업의 다수가 부도를 당하고 소상공인들도 부도를 맞았다. 국민들이 신용불량자로 전락하고 개인파산자가 급증하고 있다. 경제적 갈등으로 이혼을 하면서 해체되는 가정도 헤아릴 수가 없다. 정부가 적극적으로 나서서 이들을 구제해야 한다. 그래야 플라톤이 국가론에서 말하고 있는 국가의 책임을 다하는 것이다.

이제는 정말 바꾸어야 한다. 바꾸지 않으면 살아갈 수가 없다. 변화의 삶을 선택할 주체는 바로 우리 자신이다. 지금의 순간이 바로 이러한 변화의 삶을 선택할 순간이다.

제2장

채무자 회생제도와 관련하여

우리나라 도산3법은 1962년도에 일본법제를 원용하여 최초로 제정 되었다. 도

산3법은 화의법, 회사정리법, 파산법으로 구성되었으나

IMF(1998년)이전까지 개정된 사실이 없었다.

1. 채무자회생 및 파산에 관한 법률의 시행

우리나라 도산3법은 1962년도에 일본법제를 원용하여 최초로 제정 되었다. 도산3법은 화의법, 회사정리법, 파산법으로 구성되었으나 IMF(1998년)이전까지 개정된 사실이 없었다. 이와같은 도산3법은 제정 된 이후 계속 시행되어 오다가 IMF의 요구로 전면 개정을 거듭하여 2006년 4월 1일 〈채무자 회생 및 파산에 관한 법률〉로 제정된 후 수 차례의 개정과정을 거치면서 현재까지 시행되고 있다.

과거 도산 3법(파산법, 화의법, 회사정리법) 법제 하에서 서로 상충되는 부분들이 너무 많았고 이에 대한 비판이 끊이질 않았다. 도산3법의 제정 후부터 부분적으로 개정해야 한다는 요구가 끊이지 않았다. 즉 도산 3법이 1962년도에 제정된 이후 IMF 전까지 사회 상황이 많이 바뀌었으나 그에 맞게 단 한 번도 개정된 사실이 없었다. 대한민국 정부는 IMF의 요구조건을 받아들여 국내의 도산3법을 대폭으로 수정하고 통폐합하여 현 시대에 맞게 제정하여 시행하게 된 것이다.

우리나라는 지난 1997년 하반기에 불어 닥친 외환위기(IMF)로 인하여 대기업 및 중소기업은 물론, 일반국민에 이르기까지 경제적 파탄에 직면하게 되는 아픔을 겪었다. 이러한 사회적 · 경제적 파탄의 연속에서 필자는 개인파산, 개인회생, 법인파산 및 법인회생 사건에 대하여 법률적 해결 방법론에 대해 관심을 갖게 되었으

\<법은 만인 앞에 평등하다\>

나, 당시 국내에는 관련 자료가 전혀 없었던 관계로 미국, 일본 등
외국의 도산법 체계를 연구하게 되었다. 필자가 외국의 도산법제
를 연구하고 실무사건을 경험하면서 이론과 실무서 5권을 내놓기
까지는 여러 이유가 있었다. 첫째, 국내에는 관련 자료가 없다는
사실 둘째, 이 분야에 정통한 전문인이 부족하다는 사실 셋째, 도
산법 분야를 공부하거나 연구하는 분들에게 하나의 지표로서 참
고자료가 되었으면 하는 욕심으로 출간하기에 이른 것이며, 지
난 2018.6. 출간된 『회생사건(이론&실무) 공저자 임정혁 (전 서울고
검장, 대검차장)은 채무자회생 및 파산에 관한 법률에 의한 법 이론
과 판례를 분석하여 기록했다. 이 책은 실무에서 필요한 실무준칙
과, 법원에 접수된 법인기업, 개인기업의 회생사건의 사례들을 정
리 분석하였고 특히 각 사건에 대한 실제 사례들도 수록하였으므
로, 도산법을 공부하거나 연구하는 분 또는 기업회생과 관련하여
실무를 담당하는 분들에게 미력하나마 참고가 되었으면 한다.

특히 이 교재에는 법인기업, 개인기업의 국내 법원에 제출된 실제 사건을 중심으로 회생신청서 작성에서 최종인가결정 및 이후까지 회생사건의 진행사례, 강제인가요청 사례, 회생사건 재신청 사례, 국내최초의 항고사건 등을 일목요연하게 정리하였다.

이 법률의 특징은 첫째, 기존의 경영진에 대해서는 원칙적으로 경영권을 유지할 수 있도록 아량을 베풀어주었다. 이유는 채권단이 추천하는 법정관리인들의 경영 능력에 한계가 있다는 분석이 우세하였기에 현재의 대표자가 경영권을 유지할 수 있도록 법을 개정한 것이다.

둘째, 부실기업들이 파산을 신청한 이후 자산을 악의적으로 친족 등에게 **빼돌리는** 것을 막기 위해 부인권의 범위를 확대했고, 효력 범위도 파산신청 전 60일에서 1년으로 자산의 거래 기한을 확장해 주었다.

셋째 개인회생과 관련해서는 자영업자와 월급생활자인 당사자의 수입에서 최저생계비를 제외한 나머지 금액으로 3년~5년 동안 빚을 성실하게 변제할 경우 나머지 채무는 탕감시킨다는 것과 이후 면책을 신청하여 채무에 대한 면책을 받을 수 있게 했다는 점이다.

넷째, 개인파산을 신청하는 신청인은 자산이 없는 것을 조건으로 하여 수입이 있어도 최저생계비에도 미치지 못할 경우 파산선고와 면책을 받을 수 있도록 했다.

여기에서 잠깐 짚고 넘어가야 할 대목은 개인회생의 경우 무조건 빚을 탕감해주는 것이 아니라는 점이다. 채무자가 직업 또는 자영업을 유지하면서 생계비를 제외한 나머지 수입으로 빚을 최저 3년에서 최고 5년(60개월)의 범위내에서 성실히 변제하도록 제도화 하였다. 전체적으로 절차의 체계를 간소화하고 절차의 진행을 신속하게 할 수 있도록 하였다는 것이 특징이며 장점이라고 할 수 있다.

2. 법원마다 회생사건처리기준이 다르다는 모순

신 法(채무자회생 및 파산에 관한 법률)에 의하여 파산사건 및 회생사건 등은 전국 지방법원에 파산부를 설치하여 사건을 담당하여 왔으나 비판이 끊이질 않았다. 그래서 사건의 일원화를 목적으로 지난 2017년 3월 서울회생법원이 출범하였다. 전국의 지방법원은 파산부를 별도로 두고 사건(법인회생, 법인파산, 개인파산, 개인회생, 일반회생, 간이회생 등)을 처리하였으나 지방법원마다 동일한 사건의 처리 지침이나 규정이 각기 다르다는 것이 문제다. 부연하자면 동일한 사건을 처리함에 있어서 법원에 따라서 처리기준이 다르게 적용되고 있다는 것이다. 동일한 법을 적용함에 있어 법원마다 다르게 처리된다면 심각한 모순인 것이다. 무엇보다 중요한 것은 개인파산 사건이 어떠한 사유로 갑자기 증가되었는지가 문제다는 것이다.

우리는 기업이나 개인의 생활 속에서 엄청난 시련의 길을 걸어 왔다. 잊을 만하면 갑자기 폭풍처럼 몰아쳐서 모두의 의지를 꺾어 버렸다. 예고 없이 불어 닥친, 보이지 않는 폭풍은 우리들의 생활 의 기반을 위태롭게 했다. 사업이 망하고 가정까지 파산하면서 다 시는 희망마저 가질 수 없는 처지로 내 몰리게 되었다. 우리 사회 에 처음으로 파산이란 낯선 이름을 가져온 사건이 바로 IMF사태 였다. IMF는 문민정부(김영삼 정부)의 말기에 예고 없이 우리 앞으 로 들이닥쳤지만 사실은 우리가 모르는 곳에서 은밀히 포자를 키 우고 있었던 셈이다. 문민정부의 김영삼 정권이 가랑비에 옷 젖듯 이 자초한 외환위기는 우리 국민 모두에게 혹독한 대가를 치르도 록 했다. 정부의 안이한 태도는 혹독한 외환위기를 불러오고 말았 다. 이에 따라 대기업, 중견기업, 중소기업, 소상공인 외 줄도산으 로 이어졌고 개인파산 사건이 줄을 이었다. IMF사태는 무엇보다 당시 서민들의 아파트 대출 이자를 어마어마한 부담으로 만들어 놓았다. 수많은 부동산이 경매로 넘어가게 되었고 시장에는 매도 할 물건이 넘치는 것은 당연한 귀결이었다.

채무가 많은 월급생활자들은 자신의 소중한 집이 경매로 넘어 가는 것을 대책 없이 지켜보아야 했다. 신용대출을 받았던 사람들 도 속절없이 신용불량자로 전락한 경우가 부지기수였다. 감당할 수 없는 빚에서 벗어나기 위해서 사람들은 마지막 방법을 생각해 냈다. 개인파산을 신청하는 방법이었다. 그런데 막상 개인파산을 하려고 해도 마음대로 되지 않았다. 지금 생각해 보면 죽어가는 사람의 마지막 희망마저 꺾는 현실이었다.

　개인파산을 신청하는 과정에도 적잖은 돈이 필요하다. 변호사나 법무사를 통하여 파산을 신청하는 일은 재산을 모두 잃은 현실에서 결코 쉬운 일이 아니다. 파산을 신청하기 위해서는 관련된 서류와 '부채증명'을 발급을 받아야 하는데, 발급받는 비용이 몇 천원에서 몇 만원을 지출해야 겨우 부채증명을 발급을 받을 수 있으며, 법원에 납부할 예납금도 전국의 법원마다 납입금액이 각기 다르다. 인천지방법원 파산부의 경우 채권금액이 많고 적음에 따라 차등을 두는 것이 아니고, 무조건 30만 원으로 규정하고 있고, 서울회생법원은 수백만 원을 납부해야 개인파산을 신청한 채무자의 사건이 진행된다. 사실 신용불량으로 살아가는 채무자들은 먹고 살기 급급한 판국에 이런 돈을 마련할 방법은 정말 까마득한 일인 것이기에 개인파산을 신청할 수 없다는 것이다. 따라서 이들의 가정은 정상적으로 살아갈 수 없으므로 대개는 가족이 생이별을 해야 하고, 부부는 이혼과 함께 자녀들은 각자 흩어져 살아갈 수 밖에 없다.

　대한민국의 이런 치욕적인 외환위기(IMF)는 전 세계에 영향을 미쳤다. 그러나 혹독한 상황을 치르면서도 우리는 희망을 놓지 않았다. 국민의 정부(김대중 대통령)가 출범하면서 전 국민이 참여하는 금 모으기 운동 등을 벌이며 온 국민이 하나로 똘똘 뭉쳤다. 정권이 교체되어 김대중 정부가 들어선 후 1년여 만에 IMF 관리 체제를 끝마쳤다. 우리는 18억 달러의 빚을 갚으면서 외환위기에서 벗어났다. 우리는 거의 4년여 만에 혹독한 외환 위기에서 벗어났던 셈이다. 외환위기의 빠른 극복은 세계 어디에서도 유례없는 일이었다. 하지만 금융연체와 부동산경매, 정부의 구조조정으로 일자리도 잃고, 신용불량자로 전락된 이들은 삶에 대한 시간을 IMF 이전으로 되돌릴 수 없었을 뿐 아니라 이들에 대한 금전적인 보상도 받을 길이 없었다.

세월이 흘러 IMF의 후유증이 가시기도 전에 금융위기가 불어닥친 것이다. 두 번째 개인파산자가 증가된 큰 이유다. 금융위기로 인한 정부의 후속대책이 미흡했다는 것이다 모두 정부의 책임이 크다. 여기에 지난해 초부터 지구를 점령한 전 세계 '코로나19 팬데믹' 사태로 인하여 개인채무자, 자영업자, 중소기업 등은 매출하락과 동시에 금융기관 대출금 연체, 현상유지 불가, 빚을 얻어 빚을 변제하는 악순환이 계속되고 있는 것이다. 이러한 고통을 정부가 알고는 있는지 매우 궁금하다.

이들은 정규직 취업도 안 되고, 설령 정규직으로 취업을 해도 채권자들이 법적인 조치를 취하면서 급여에 가압류를 하고, 조세채권기관이나 4대보험기관은 채무자의 통장을 수시로 들여다 볼 수 있으므로 즉각 압류를 진행하기 때문에 정규직으로 취업이 불가능하므로 정상적인 가정생활이 어렵다. 따라서 이들은 일용직 또는 시급 직으로 살아갈 수밖에 없는 실정이며, 이들의 월 평균 수입은 30만 원에서 80만 원 정도여서 생활은 불가능하고 가정의 파탄까지 내몰리고 있는 게 현실이다. 불규칙적인 수입으로 개인파산을 신청하기까지는 말처럼 쉬운 일이 아니다. 신청하는 과정에서 발생되는 비용은 수백만 원이 소요될 뿐 아니라 준비할 서류와 통장내역(사용내역 외 사실규명 등)을 밝혀야 되고, 파산관재인이 선임되어 있는 관계로 모든 사항을 서류로 증명하기가 쉽지 않다는 것이 두 번째 문제다. 그렇다고 재판부에서 무분별하게 파산선고와 면책을 결정할 수도 없는 상황이며, 파산신청을 하면 필요한 수많은 서류의 검증을 거쳐야 파산선고를 받을 수 있고, 선고 이후 법원은 신청에 의해 면책결정을 내리는 것이다. 여기서 또 하나의 문제는 개인이 파산을 신청히여 면책을 결정받기까지의 과정에서 전국의 법원에서 적용하고 있는 사건처리에 관한 지침과 업무진행 과정 등이 법원마다 각기 다르게 적용되고 있다는 점이다. 동일한 사건을 놓고 판사의 성향에 따라 보정명령이 끊이지 않고 있고, 이로 인하여 파산신청을 중도에 포기하는 사례도 부쩍 늘어가고 있는 것이 현실이다. 이와 같이 법원마다 그리고 사건마다 처리과정이 다르게 적용되고 있다는 것은 참으로 안타까운 일이다.

우리가 개인회생이나 기업회생, 개인파산이나 기업파산을 하려고 할 때, 어느 법원을 선택하느냐의 문제는 아주 중요하다. 그렇다고 부산에서 거주한 채무자가 서울법원에 사건을 신청할 수도 없다. 재수 좋으면 접수한 법원이 까다롭지 않은 법원이 되는 것이고 제수 없으면 접수한 법원이 아주 까다로운 절차를 들면서 거의 중도에 하차하고 싶을 정도로 고약한 상대가 되는 것이다. 그러다 보니 채무자 입장에서는 가능한 한 까다롭지 않은 지역으로 주소를 이전하여 신청하는 경우까지 발생하는 것이다.

3. 조세채무도 면책의 대상에 포함시켜야

헌법 제10조 위반

우리 헌법 제10조제1항은 "모든 국민은 인간으로서의 존엄과 가치를 가지며, 행복을 추구할 권리를 가진다"고 명시하고 있는 바, 여기에서의 행복추구권은 안락하고 풍요로운 삶을 추구할 권리라고 할 수 있고, 이러한 행복추구권에 기초하여 제정된 채무자 회생법은 채무를 변제할 수 없는 지급불능에 빠진 채무자의 재산을 공정하고 합리적으로 분배하여 채권자 사이에 공평한 만족을 갖게 하고, 파산절차에서 배당되지 아니한 채권에 관해서는 채무자의 책임을 면제함으로써 채무자에게 경제적으로 갱생할 수 있도록 뒷받침 하고 있는 것이다.

그럼에도 이 법률조항은 조세에 대하여 일률적으로 면책의 효력을 부인함으로 인하여 파산한 자에게 갱생의 기회를 부여하고자 하는 입법목적을 스스로 훼손하고 있으며, 굳은 의지로 갱생하고

자 하는 파산자의 갱생의지와 기회를 멸각시키는 것으로 파산자의 행복을 추구할 권리를 명백히 침해한 것이라고 할 것이다.

헌법 제11조 제1항 위반

우리 헌법 제11조 제1항은 "모든 국민은 법 앞에 평등하다. 누구든지 성별, 종교 또는 사회적 신분에 의하여 정치적, 경제적, 사회적, 문화적 생활의 모든 영역에 있어서 차별을 받지 아니한다"고 규정하고 있다.

평등이라 함은 기회의 균등과 차별의 금지라고 할 것인 바, 결코 일체의 차별을 부정하는 절대적 평등이 아니라 법의 적용이나 입법에 있어서 불합리한 조건에 의한 차별을 하여서는 아니 된다고 할 것이다.

본 법률조항은 조세의 형성과정이나 체납에 이르게 된 과정에 대하여 어떠한 구분도 하지 않고, 명목상 조세에 해당하는 경우에는 면책되지 아니하는 것으로 규정하고 있다. 이는 면책결정이 있으면 일반 채권자들은 파산자에 대하여 그 채권을 집행하지 못하게 되는 것에 비하여 조세채권자(국가, 지방자치단체)는 아무런 제한 없이 조세채권을 집행할 수 있게 되는 것이다. 파산자의 일반 채권자와 조세채권자를 합리적 이유 없이 차별(이러한 사유로 파산신청을 하려는 파산자는 우선적으로 자신의 재산으로 조세 채무를 변제한 이후에 파산신청을 하는 경우가 빈번하다. 결국 법률의 불합리한 규정으로 말미암아 일반 채권자와 조세 채권자를 차별하는 것으로 귀결되고 있다)하는 것이며, 한편 조세를 납부하지 않는 파산자는 채무 전부에 대하여 면책을 받음에도 조세 채권자(국가기관)에게는 여전히 채무를 부담해야하게 됨으로써 갱생할 수 있는 기회를 가질 수 없게 되는 것이 매우 안타까운 것이다.

헌법 제15조, 헌법 제32조 제1항 위반

우리 헌법 제15조는 "모든 국민은 직업선택의 자유를 가진다"고 규정하고 있으며, 헌법 제32조 제1항 전단은 "모든 국민은 근로의 권리를 가진다"고 규정하고 있는 바, 헌법 제37조 제2항에 따라 국가안전보장, 질서유지 또는 공공복리를 위하여 필요한 경우에 법률로써 제한할 수 있는 것을 제외하고 원하는 직업을 선택하여 영위할 수 있어야 할 것이다.

그럼에도 이 법률조항은 조세채권의 추심 등으로 인하여 안정적인 직장을 구하기 어렵게 하고 결국 부정기적이고 한시적인 일자리만을 구할 수밖에 없도록 강요하고 있으므로 직업선택의 자유 및 근로의 권리를 침해한다고 하겠다.

채무자가 파산선고 후 면책을 받을 경우 조세채권도 면책에 포함시켜야 채무자가 살아갈 수 있다. 채무자가 파산신청으로 금융기관 채무를 비롯한 모든 채무를 탕감(면책) 받을 수 있었으나, 준

조세 및 조세채무는 탕감을 받을 수 없으므로 파산자는 정규직 취업이나 금융거래 등 정상적인 생활을 할 수 없다. 그래서 이들은 일용직이 되어 건설현장 등에서 일당을 받으며 어렵게 생활하고 있는 실정이다. 이들에 대한 월평균 수입은 일당직으로 30만~80만 원이며, 이마저도 일용직에 대한 경쟁자들이 많아 일자리 얻기가 힘들어 생활비도 충당하기 어려운 실정이다. 이런 악순환으로 인하여 정상적인 경제생활을 할 수 없게 되므로 생활고에 시달리다 가정의 파탄이 일어나고 모든 가족이 흩어져 살아갈 수밖에 없는 실정인 것이다. 다시 한 번 강조하지만 조세채무도 탕감(면책의 대상)을 시켜야 정상적인 사회생활을 할 수 있기 때문에 반드시 준조세, 조세채권 모두 다 탕감시켜야 한다.

4. 채무자회생법의 입법취지를 몰각한 사례

경제활동을 하다 보면 몸부림을 쳐도 뜻대로 되지 않는 일이 발생한다. 살다 보니 뜻하지 않게 닥치는 경제적 위기를 우리는 간혹 겪곤 한다. 삶의 돌파구를 찾을 수가 없을 때 우리는 문득 당황하게 된다. 때로 삶의 무게에 눌려 숨을 쉬지도 못하다가 극단적인 선택을 하는 경우도 비일비재하다. 이런 불상사를 피할 수 있도록 생긴 제도가 〈채무자회생 및 파산에 관한 법률〉이다. 이 법률에 의하여 회생을 신청하려는 채무자 회사는 관할법원에 기업회생절차개시신청서를 제출하기에 이른다. 그러나 관련법이 엄연히 존재함에도 회생사건들을 처리함에 있어 법 규정을 위반하거나 이 법의 취지를 몰각한 사례가 있다.

法 규정을 위반한 판사(직무유기?)

판사는 우리 사회에서 아마 가장 선망 받는 직업일지 모른다. 법조인이 되는 과정이 매우 어려울 뿐만 아니라 법조인 가운데서도 판사의 직위를 받는 길은 낙타의 바늘구멍 통과하기만큼 어렵다는 말이 있다. 판사의 수행직무는 재판과 관련하여 공판일정을 진행하고 증인 및 증거 등을 채택하며 재판절차를 진행한다.

민사사건이든 형사사건이든 소송을 하게 되면 법률을 적용하여 법률에 입각해서 원고와 피고의 중심에서 공평한 양심으로 분쟁을 해결한다.

이때, 가장 중요한 문제는 법률적 지식을 바탕으로 사건에 적용할 법률을 결정하고, 더욱 중요한 것은 양심에 따라 판결한다는 점이다. 이런 막중한 책임이 따르기 때문에 판사의 자격은 아주 까다롭고 많은 구비 조건들을 갖추어야 한다.

이토록 엄정한 절차를 통해 임명된 판사이고 보니 큰 자부심을 느낄 수 있는 데다 그만큼 책임감도 크다고 할 수 있다. 그런데 불행하게도 이런 막중한 책임의식을 저버리고 초심을 잃은 판사들도 많다는 점에서 이런 글을 쓰게 되었던 것이다. 필자는 최근에 중소기업인을 상담하는 과정에서 법원(판사)의 월권행위, 이른바 법률적 약자라 할 수 있는 사건당사자들을 향한 갑질의 행태에 대해서 들을 수 있게 되었다. 뿐만 아니라 여러 사건들을 통해 생각보다 훨씬 심각한 판사들의 월권행위를 직접 목격하게 되었다.

회생절차를 밟는 과정에서 A라는 기업이 실제 겪은 내용이다. 일반적으로 서울회생법원, 의정부지방법원, 수원지방법원 등의 기업회생의 첫째 단계는 회생철자개시신청서와[*] 보전처분신청서, 포괄적금지명령신청서를 제출받은 후 법원은 일정기간(2~3일) 심사 후 보전처분결정과 포괄적금지명령 결성을 내리고, 동시에 법원에 납부할 예납금 ○○○원을 납부할 것을 명한다. 이때 예납금은 최소 수백만 원에서 수천만 원에 이른다. 파탄에 직면한 채무자가 납부명령에 따라 예납금을 마련하여 예납금을 납부해야 하는 것이다.

법원은 채무자의 예납금 납부여부를 확인한 후 곧바로 채무자를 심문한다. 판사는 이때 비로소 회사가 파탄에 직면하게 된 사유와 자산 및 부채에 대하여 심문을 실시하고 심문을 마치면 개시 결정 전에 현장검증을 하게 되어 있다.

---

[*] 채무자회생 및 파산에 관한 법률 제34조, 35조에 의하여 회생절차 개시의 신청을 할 수 있다.

현장검증은 재판부 판사가 회생절차개시신청서를 제출한 회사의 방문을 의미한다. 심문했던 내용을 하나하나 꼼꼼히 점검하고 살펴본 후 최종적으로 개시결정을 내리게 되어 있는 것이다. 관련 法 규정에 따라 30일 이내 개시결정의 여부를 결정하지 못하는 것은 재판부의 직무태만이라 할 수 있다. 통상적으로 회생절차의 개시신청부터 개시결정까지는* 법의 규정상 30일 이내에 결정을 하도록 되어 있다. 이런 절차에 의해서 A의 회생절차가 진행되는 것이 정석(定石)이다.

　그런데 파탄의 위기에 직면한 회사가 회생을 목적으로 법원에 회생절차 개시신청서와 보전처분 및 포괄적금지명령신청서를 전자문서로 접수를 마쳤다. 이에 따라 법원은 수일 후 '보전처분 결정'을 내렸으나 '포괄적 금지명령결정'은 보류시켰다. 이 법원은 극히 일부분을 제외하고 대부분 접수된 사건에 '포괄적금지명령결정'을 내리지 않고 있고, '포괄적금지명령결정'을 내리지 않는 것은 '판사의 개인적 입장'이라고 표현하는 것이 나을 것이다.

　위의 예와 같이 법원(판사)에서 "채무자회생 및 파산에 관한 법률 제45조1항"에 의하여 '포괄적 금지명령결정'을 내리지 않는 것에 대하여 필자는 그 이유가 무엇인지 궁금하며, 담당 재판부가

---

*　회생절차 개시결정은 채무자회생 및 파산에 관한 법률 제49조에 의하여 1월 이내에 회생절차 개시의 여부를 결정하여야 한다.

법률 제44조2항에 대한 신청인인 회생채권자, 회생담보권자에게 부당한 손해를 끼칠 염려가 있다고 나름 판단해서 포괄적금지명령결정을 내리지 않는다면 '채무자회생법'을 폐기시키든지 아니면 기업회생절차 개시신청서 접수를 금지시켜야 할 것이다.

또 개시결정에 대한 문제이다. 신청인이 채무자회생법 제34조, 35조에 의하여 회생절차개시신청서를 제출한 때부터 1월 이내에 법원(판사)은 개시결정(채무자회생 및 파산에 관한 법률 제49조)을 내려야 한다. 그런데 이 법원(판사)은 채무자회생법을 지키지 않기로 작정을 했는지 이해할 수 없다. 사건 중 2020회합 ○○○○ 기업회생사건은 접수 후 보전처분결정은 내렸으나 포괄적 금지명령결정은 내리지 않았고, 개시신청에서 개시결성까지 70일이 소요되었고, 또 다른 사건 2020회합 ○○○○ 사건도 보전처분결정 후 포괄적금지명령결정이 없는 경우로 채무자의 통장 및 매출처에 대한 가압류, 경매사건의 계속적 진행 등 기업회생을 목적으로 반드시 필요한 포괄적금지명령신청에 대한 결정을 미룬 채 방치하다 수개월의 시간을 보낸 후 개시결정을 내릴 경우 회생을 신청한 채무자회사는 채권자들에 의한 추심행위로 통장 가압류 등을 당할 수밖에 없게 되어 회사의 경영을 유지할 수 없게 된다.

그밖에 수많은 회생신청 사건들이 보전처분결정 후 포괄적금지명령결정은 물론이고 개시결정까지 2개월~6개월이 소요되고 있다는 것이 문제다. 즉 회생절차를 진행하지 않고 방치함으로써 신청인들의 목적인 기업회생을 어렵게 만들고 있는 현실이 너무나 안타깝다. 이러한 행위가 계속된다면 그에 따른 책임은 누가 질 것인지 묻지 않을 수가 없다.

채무자회생 및 파산에 관한 법률에 의하여 기업회생을 신청한 중소기업 및 중견기업 등은 회사의 갱생을 목적으로 회생절차개시 신청서를 제출하고, 관련된 법절차에 의하여 회생절차가 원만히 진행되기를 기대하며, 노력하고 희망을 꿈꾸고 있는데, 법원마다 동일한 성격의 사건에 대한 처리규정이 각기 다르고 판사도 개인의 사고에 따라 법(法)을 무시하고 법(法) 조항에도 없는 부분을 접 용시켜 회생사건을 다룬다는 것은 이해할 수 없다. 따라서 회생을 방해하고 있는 판사가 있다면 과감하게 그 책임을 물어야 할 것이 며, 잘못된 관습이나 이상한 사고를 품고 있는 판사가 있다면 그 직에서 배제시켜야 할 것이다.

판사의 직권남용을 누가 막을 수 있는지

A라는 의료기관이 파탄에 직면하여 ○○지방법원 파산부에 회 생절차개시신청서를 제출했다. 보전처분결정과 포괄적금지명령 결정을 받고 이후 담당판사는 예납금 수천만 원을 납부하라며 납 부명령을 내렸다 채무자 의료재단은 어려운 가운데 법원에 납부 할 예납금 수천만 원을 준비하여 납부했다. 이후 판사는 곧바로 조사위원(00회계법인 소속 회계사)에게 조사를 명하였고 조사위원 은 조사에 착수했다. 이 대목에서 문제점은 보전처분결정 후 곧바

로 조사위원에게 사전조사를 명령한 것이다. 일반적으로 사전조사를 받을 경우 기업회생절차에서 살아남지 못한다고 볼 수 있으며, 신청인의 입장에서는 수천만 원의 법원예납금까지 납부하면서까지 회사를 죽이기 위해 기업회생을 신청한 것이 아닐 것이다. 그리고 '사전조사'는 채무자회생 및 파산에 관한 법률의 조문에서 찾을 수 없으며, 法 조문에도 없는 사전조사를 실시한 것은 위법이라 하겠다. 물론 판사들이 말을 만들면 할 말이 없다. 중요한 것은 판사의 명령에 의하여 사전조사에 응해야 했으며, 이후 절차에 의하여 조사위원(회계법인 소속 회계사)은 채무자가 운영하고 있는 의료재단에 대한 조사를 실시하였다. 기업회생사건에서 계속기업가치가 청산가치보다 높아야 기업회생이 가능하다. 그런데 이 사건에서는 판사의 지시에 의하여 계속기업가치가 매우 높은 의료재단을, 청산가치가 더 높기 때문에 계속기업으로 존재가치가 없다고 판단하여 채무자가 신청한 회생사건에 대한 '폐지의견서'를 올린 것이다. 이에 채무자는 조사위원에게 계속기업가치가 훨씬 더 높은데, 반대로 청산가치가 높게 조사되었다고 보고한 이유를 물었더니, "판사의 지시였다"고 한다.

다음의 내용은 채무자 의료재단에서 ○○지방법원에 신청한 내용을 간추린 것이다.

회생절차 개시 신청자 A는 일종의 의료법인이었다. 본점과 지점을 두었던 것으로 보아 사업의 규모가 결코 작지 않은 의료기관이다. '신청인(채무자)에 대하여 회생절차를 개시한다.' 라는 재판을 구합니다. 이러한 신청 취지를 적어 신청서를 제출한 날은 2018년 ○○월 ○○일이었다. 채무자 A가 제출한 신청원인 서류는 다음과 같다.

가. 채무자의 개요

(가) 신청인 겸 채무자 의료법인 ○○의료재단(이하 '채무자'라 칭함)은 보건의료에 관한 연구개발 등을 통하여 국민 보건 향상에 이바지함을 목적으로 ○○년 ○월 ○일 A기업을 설립하였습니다.

채무자인 A의 소재지는 경기도 ○○시 ○○구 ○○로에 본점을 두고 요양을 전문으로 병원을 운영하고 있으며, 신청일 현재 보건복지부의 허가를 받아 2개의 지점(병원)을 운영하고 있습니다.

– 채무자의 자산 : ○,○○○백만원*

– 부채(총액) : ○,○○○백만원

– 근무인원 : ○○명

– 최근매출액 : ○○,○○○백만원

– 주거래은행 : ○○은행

소명방법

---

* 정확한 숫자는 만약 해당 기업의 노출로 인한 피해를 방지하기 위해 약식으로 한다.

소갑 제1호증 : 법인등기사항전부증명서

소갑 제2호증 : 사업자등록증

소갑 제3호증 : 정관

(나) (기존) 회생절차 개시신청 취하 사유

(1) 사건번호 : ○○지방법원 2018 회합 100○○

(2) 신청일자 : ○○년 ○월 ○일

(3) 보전처분 결정 : ○○년 ○월 ○일

(4) 개시 前 조사위원 선임(○○회계법인) : ○○년 ○월 ○일

(5) 개시 결정 신청 취하서 제출 : ○○년 ○월 ○일

(6) 취하허가(종국) : ○○년 ○월 ○일

(다) (기존) 회생절차 개시신청 취하 사유

– 채무자가 ○○지방법원에 회생절차 개시신청을 한 이후(개시 전) 조사위원(○○회계법인)은 채무자 의료재단에 대한 계속기업가치*, 청산가치** 등의 사전 조사를 착수하여 조사한 결과, 조사위원의 명백한 조사의 오류로 인하여 청산가치가 계속기업가치보다 큰 것으로 산출하였습니다.

– 조사보고서상의 명백한 오류를 조사위원이 시인하면서도 막

---

* 향후 사업을 했을 때 10년 이상 계속기업으로 존속이 가능해야 한다. 즉 영업이익이 10년 이상 계속적으로 이익금이 발생되었을 때의 가치를 말한다.

** 회사의 모든 자산을 청산하려고 할 때의 가치를 말한다.

무가내 수정을 거부함*에 따라 기존의 개시신청을 취하하고, 채무자는 조사보고서의 오류 사항을 조정한 다음의 자료를 근거로 부득이하게 서울회생법원에 회생절차 개시신청을 재차 신청하게 되었습니다.

　– 채무자는 다음과 같이 조사위원이 조사한 조사보고에 대한 오류 사항을 반영하여 작성한 결과, 계속기업가치 ○,○○백만 원, 청산가치 ○,○○○백만 원으로, 계속기업가치가 청산가치보다 약 ○,○○○백만 원 초과하는 것으로 산정되었습니다.

　– 채무자에 대한 조사위원의 개시 전 조사보고서에 대한 오류를 철저히 분석하여 수정된 내역표를 작성하였고, 그에 대한 구체적인 내역은 다음의 표와 같습니다. (이 책에서 표는 생략하기로 한다.)

　이 자료를 필자가 살펴본 바 그 수정 내역표는 청산가치와 계속기업가치의 산정에서 모두 많은 착오를 보여주고 있었다. 청산가치에 있어서는 조사보고서 금액과 오류 수정 후의 금액이 무려 25억 원의 차이를 보였다. 계속기업 가치에 있어서도 오류 수정 후의 금액과 조사보고서의 금액의 차액이 무려 30억 원에 육박했다. 오류 총액이 무려 55억 원에 달했으니 ○○지방법원 파산부 담당 ○○○판사는 직권남용을 했다는 편이 옳은 판단일 것이며, 사건을 감정적으로 처리하고, 조사위원에게 "의료기관을 죽이라"고 명

＊　수원지방법원 파산부 담당 판사의 지시

령하였다고 하는데 그것이 사실이라면 그 책임을 져야 할 것이다.

이 의료기관은 법원을 바꿔서 서울회생법원에 회생(재)신청을 하여 인가를 받고 결국 회생에 성공하여 지금은 아주 건강한 의료기관으로 성장하고 있다.

필자는 이 글을 통해 이런 수렁에 빠질 수도 있는 중소기업인들 혹은 소상공인들에게 희망을 전해주고 싶은 마음이다. 또한 어긋난 가치관을 가지고 분수도 모르면서 날뛰어대며 힘없는 사람들을 괴롭히는 일부 몰지각한 관계자들을 향해 경종을 울리고자 하는 마음이 간절하다는 점을 분명히 해두고 싶다. 혹시 이 글을 읽게 되는 독자들 중에 필자에게 보내는 따가운 시선이 있다면 필자가 모조리 받아낼 각오가 있음을 또한 밝혀둔다.

국민들은 바보가 아니다. 두 눈을 똑바로 뜨고 있는 것처럼, 생각의 눈도 밝게 뜨고 있다. 이런 글을 쓰는 필자만의 무례나 오기라고 생각하지 말기를 바란다.

담당 판사의 권리남용

일반적으로 기업회생신청사건은(신청서 접수→보전처분 및 포괄적 금지명령결정→채무자 심문서(채무자에게 발송)→채무자는 심문에 대한 답변서를 작성 후 재판부에 제출 ➡ 채무자심문 ➡ 현장검증 또는 개시결정) 여기까지 1개월이 소요되며, 재판부는 1개월 이내 개시결정을 내린다. 개시결정 이후 ➡ 채무자는 채권자목록제출 ➡ 채권자는 채권신고 ➡ 신고된 채권에 대한 채권시부인표제출 후 ➡ 조사위원(회계법인 소속 회계사)은 채무자 회사에 대한 조사를 실시한다. 조사위원은 조사 후 조사보고서를 작성하여 재판부에 제출한다. 여기까지 소요된 시간은 4개월에서 5개월 정도 소요된다.

그런데 문제는 이와 같은 진행절차를 무시하고, 판사는 기업회생을 신청한 기업인에게 보전처분 및 포괄적 금지명령을 결정한 후 예납금(수천만 원 소요)을 납부토록 명령한 다음 곧바로 개시결정 前 法 조문에도 없는 사전조사를 명령하는 경우가 많다. 이러한 경우 조사위원은 신청기업을 상대로 조사를 실시하여 기업회생신청 기업의 99% 이상 기업회생이 불가능한 것으로 조사하여 재판부에 보고한다. 즉 신청기업이 향후 10년 동안 사업을 했을 때 계속기업가치가 청산가치보다 매우 낮은 것으로 조사보고서를 작성하여 신청사건에 대한 폐지* 의견을 내놓게 된다. 문제는 채무자가 회사를 회생시킨다는 한 가닥의 희망과 함께 변호사 수임료를 지급하고 법원에 기업회생을 신청했는데, 신청 후 곧바로 법원에 납부할 예납금 수천만 원을 납부명령을 내린 후 法 조문에도 없는 사전조사를 실시하는 것이 문제다는 것이다. 앞서 밝힌 바와 같이 판사의 명령에 의하여 조사위원(회계법인 소속 회계사)에게 사

---

* '폐지'의견이란 채무자가 신청한 기업회생 사건에 대하여 조사한 결과 향후 10년간 계속기업으로 존속할 가치가 없으므로 사건을 종결시켜 달라는 의견서를 말함

전조사를 시키는 경우 99% 이상 아웃(계속기업으로 존속할 수 없다는 이유를 들어 계속기업가치보다 청산가치가 높으므로 기업회생에 대한 가치가 없다)이 된다는 것은 이미 전국적으로 알려져 있다. 채무자는 회사를 회생시키려는 희망과 함께 수천만 원의 예납금을 납부했는데, 한 가닥의 희망의 싹을 싹둑 잘라버린 것이며 채무자가 납부한 예납금은 조사위원의 수당으로 지급되므로 채무자는 예납금을 찾을 수 없게 된다. 여기서 판사에게 묻고 싶다. 관련 法〈채무자회생 및 파산에 관한 법률〉 조문에도 없는 사전조사를 무엇 때문에 실시한 것인지, 사전조사 전 채무자에게 상세히 고지를 하였는지, 사전조사를 걸쳐 신청한 기업을 폐지를 시키는 이유가 무엇인지, 채무자(신청기업)가 어렵게 마련한 수천만 원의 예납금까지 탕진시켜가며 아웃시키는 이유가 무엇인지, 묻고 싶다. 운전자금도 부족한 기업에게 수천만 원의 예납금을 납부시킨 후 아웃을 시킨다면 "채무자회생 및 파산에 관한 법률"을 아예 없애야 할 것이다. 이로 인하여 더 이상 많은 기업인에게 수천만 원의 예납금을 탕진시키도록 해서는 안 될 것이다. 따라서 담당 판사는 더 이상 직을 유지하며 그 권리를 남용하지 말기 바란다. 결코 국민은 바보가 아니다는 것을 알아야 할 것이며, 법원도 매우 강력한 변화와 개혁이 필요로 할 때다.

파산부 관리위원의 횡포

기업회생 사건에 대한 관리위원은 기업회생 사건에 대한 판사의 사무 보조원으로 근무하고 있다 라고 널리 알려져 있다. 이 관리위원들은 대부분 금융기관 퇴직자 등으로 구성되어 있으며 정규직이 아닌 계약직으로 근무하게 된다. 이들은 기업회생 신청사건에 대한 기업인들에게 때로는 제왕적으로 군림하며, 기업인들을 다그치고 은근히 협박하는 등의 비이성적인 행동을 일삼고 있을 뿐만 아니라, 마치 재판장이라도 되는 깃처럼 행동하고 있다. 이러한 행위를 참다못해 기업인 OOO씨는 언론사에 제보하여 2번이나 심각한 문제라고 보도한 바가 있다. 기업회생절차를 신청한 기업인들은 이들의 비위를 거슬리는 행동을 해서 안 될 것이므로 관리위원들 앞에서 숨도 크게 쉬지 못한다. 기업회생을 신청한 기업인들을 대하는 관리위원들의 행태는 때로는 역시 그들의 존재 자체를 의심하게 만든다. 그들은 대체 누구를 돕기 위해 누구 편을 들으려고 거기 그 자리에 앉아 있는 것인가? 궁금해 하지 않을 수 없다. 불가항력을 맞닥뜨린 기업인들에게 갱생할 수 있는 마지막 기회에서 기회마저 앗아가는 악역의 장본인들로 인식되고 있는 것이다.

우리는 상대적으로 강자인 법원 등을 상대하는 약자이다. 그래서 사실 이런 문제를 많은 독자를 대상으로 하는 책의 내용으로 포함시킨다는 것은 상당한 용기가 필요했다. 필자는 두려운 마음도 있지만, 불합리적인 사실을 밝히는 것에 주저하지 않을 생각이다. 누군가는 이런 상황을 세상에 알려야 한다고 오래전부터 생각했기 때문이다.

우리는 회생을 신청하는 과정에서 반드시 관리위원들을 만나게 되는데, 관리위원들의 횡포가 이와 같이 만연해 있다면 심각한 상황이 아닐 수 없다. 그들의 존재가치는 뒤에서 언급할 거버넌스의 차원에서 보면 아주 상식적이며 또한 도덕적이어야 할 것이다. 그런데 그들이 일을 처리하는 과정은 상식적이지도 않고 도덕적이지도 않다. 오히려 그 반대라고 생각하는 편이 옳을 것이다. 오죽하면 같은 법원 내에서도 관리위원 누구를 만났느냐에 따라서 살고 죽는 문제가 갈리는 경우도 적지 않은 것이다. 이러한 문제들은 하루속히 개선되어야 할 것이다.

<서울특별시 서초구 소재의 서울회생법원 모습>

5. 국책은행의 일탈

국책은행

국책은행이란 국가의 시책에 따라서 설립된 은행을 말한다. 전쟁이 끝난 1950년대에 국가는 무너진 경제를 어떻게 일으킬 수 있을지 머리를 맞대고 고민한 결과 국가에서 경영할 수 있는 은행을 설립하기로 결정했던 것이다. 산업자본은 어떻게 조달할 것인지, 중소기업들의 수출은 어떻게 지원할 것인지가 관건이었다. 가장 먼저 한국산업은행이 설립 되었다. 일제강점기 군림했던 조선식산은행을 승계하여 전후 1954년, 4월 설립 되었다. 대출, 투자, 보증 등의 한국의 산업을 부흥시키기 위한 특수목적으로 설립된 은행이다.

또한 국책은행의 대표 격은 바로 중소기업은행이다. 1961년에 설립 되었고, 중소기업의 경제에 미치는 영향력이 커지면서 전담기관의 설치가 공론화 되었다. 종래에는 여러 은행에서 중소기업 자금을 취급 하였지만 그 비중이 커지자 이러한 기업자금의 중점 전담기관의 설치가 요구 되었던 것이다. 정부는 1961년 7월 중순 〈중소기업은행법〉을 공포하였고, 8월 초에 도시점포를 기반으로 중소기업은행을 설립하였던 것이다.

  중소기업은행의 최초의 자본금은 지금 우리의 상식에 비추어보면 몹시 초라한 성도였다. 설립 당시 자본금이 토털 2억 밖에 되지 않았던 것이다. 그것도 정부자금으로 출자된 것은 1억에 불과했다. 이후 중소기업의 비중이 막강하게 커지면서 정부 역시 출자를 늘리게 되는데 30년 동안 1000배가 넘게 증자시켰다. 기업은행의 재원조달은 여러 영역에서 이루어졌다. 자본금을 바탕으로 예수금, 차관자금, 금융채권발행 등 다양한 방식으로 경영을 했던 것이다.

  기업은행은 처음에는 정부의 자금에 의지했지만 점차 한계에 부딪칠 때마다 예수금을 늘렸고, 차관자금, 금융채권의 영역으로 확대했다. 즉 정부의 노력으로만은 한계에 부딪쳤기 때문에 자주적으로 재원을 마련하지 않으면 안 되었던 것이다. 정부는 1990년대에 접어들어 일본 동경지점을 선두로 해외에도 현지법인을 설립하기 시작했다.

싱가포르, 중국 등은 물론 영국 런던에도 지점을 개설하고 인도네시아 자카르타 등지에도 사무소를 개설하게 되었다. 그리고 정부투자기관에서 정부출자기관으로 전환하기 시작했다. 중소기업은행은 공식적으로 지난 2012년 1월 공공기관에서 해제 되어 공공성의 약화로 명예에 큰 상처를 입었다고 볼 수 있다. 그러나 얼마 뒤에 다시 공공기관으로 재지정 되었고, 현재 역시 기타 공공기관으로 분류되고 있는 실정이다.

중소기업은행의 기능이나 역할은 중소상인, 중소기업인들의 경제활동 안정, 부흥, 개발 등에 중점을 두었다고 할 수 있다. 기업인들에 대해 자금을 대출해주고 처음에는 어음의 할인 등도 도맡았었다. 예금, 적금 업무는 가장 기본적인 것이며 기업인들의 주식을 인수하고 사채 등의 인수와 보증업무도 도맡았었다. 내국은 물론 외국환 업무에서는 국고의 대리점 성격을 지니고 있었다. 기업은행은 정부나 한국은행 그리고 다른 금융회사로부터 자금을 차입하여 이용한다. 또한 기업은행의 미래를 위해 중소기업에 대한 연구를 끊임없이 하고 있으며 중소기업, 기업인들에게 지도 및 교육 업무도 진행하고 있다.

현재 중소기업은행은 국책은행의 대표 주자로서 막강한 힘을 발휘하고 있다. 물론 기업인들을 위해 또는 중소상인을 위해 운영자금을 마련해 주는 순기능의 역할을 하고 있는 것은 부인할 수 없다. 하지만 힘이 커지면 사람이나 짐승이나 기관이나 변질이 되는 모양이다. 커진 힘을 좋은 곳에 사용하면 물론 더없이 바람직한 일일 것이다. 하지만 기업은행은 엄청난 자회사까지 여기저기거느리면서 어떨 때는 특히 중소 기업인들에게는 공룡의 모습으로 변한다는 게 문제이다. 잠시 후 뒤에서 기업은행의 커다란 문제점을 다시 언급하겠다.

국책은행의 또 다른 은행인 한국수출입은행은 수출입, 해외투자, 해외자원개발 등 주로 대외경제와 관련해서 설립한 국책은행이다. 물론 대외경제에 비중을 두었지만 주된 목적이야 국민경제의 발전을 위한 것이다. 이는 특히 기획재정부 산하에 두었던 공공기관으로 한국수출입은행법에 따라 1976년도에 설립되었던 것이다.

주된 업무는 수출입을 하는 중소기업들에게 자금을 저금리로 빌려준다. 물론 장기자금이며 대외경제 분야는 물론 남북경협을 위한 금융자원을 지원하는 일도 독점하고 있다. 수출입 은행 역시유럽, 아시아 등지에 지사를 갖추고 있으며 러시아, 인도네시아, 베트남 현지에도 지사를 갖추고 있다. 수출입은행은 대한민국 정부의 지분이 70퍼센트 정도를 차지하고 기타 한국산업은행, 한국은행의 순으로 주주 형태를 구성하고 있다.

지난 세계금융위기를 촉발하게 한 리먼 사태 이후 한국계 은행으로서는 처음으로 10년 만기 달러화 채권을 발행하였고 2015년에는 사상 최대 규모(총 22.5억 달러)의 글로벌 펀드를 발행한 것이 눈에 띈다. 특히 향후 남북의 관계 발전을 위해 철도 복원사업 등을 시행하는데 커다란 역할을 할 수 있을 것으로 사료된다.

국책은행의 책무

현재 중소기업을 위한 국책은행의 지원은 매우 편향되어 있다. 국책은행 특히 기업은행은 중소상공인을 위한 노력이 부족한 실정이다. 기업과의 원활한 협의를 통한 대출보다 재정자금을 활용한 지원이 너무 커서 균형을 잃어버린 상황이며, 은행에서 제공하는 정책자금의 지원액이 지역에 따라 많은 차이가 난다는 점도 간과해서는 안 될 사안이다. 또한 서비스업이나 제조업 등 기업의 종류에 따라 너무 편중적으로 나타나고 있다. 다양한 기업에게 골고루 지원이 돌아갈 수 있도록 시정해야 한다.

또한 한 나라의 기업이 성장, 발전하기 위해서는 신뢰도가 아주 중요한 법이다. 자산의 규모는 작지만 미래에 대한 가능성을 인정받아 신용이 높다고 하면 훨씬 발전 가능성이 있는 것이다. 국가적 혹은 기업적 측면에서도 이런 방식이 바람직한 것이다. 그런데 현재의 평가구조는 신용도보다 담보물에 비중을 높게 두고 있다. 학계에서도 이런 연구 발표를 하고 있다. 결론적으로 말하면, 담보보다 신용 우위의 기업이 훨씬 발전 가능성이 높은 것이다. 따라서 기업은 기업대로 신용도를 높이기 위해 다양한 영역을 제고해야 하겠고, 은행은 은행대로 대출을 발생함에 있어서 안전한 담보물을 요구하는 것보다 신용을 높이는 방향으로 정책을 잡아나가야만 창조적이라 할 수 있겠다.

국책은행은 기업을 발전시키는데 중추적인 역할을 하는 주체적 입장에 있다. 금융권은 기업의 효율성을 개선하는데 최고의 노력을 경주해야 하고 기업이 일자리를 많이 만들 수 있도록 자금의 지원을 안정적으로 확대해야 한다. 기업의 재무 안정성을 높이는 것이 어떤 의미에서 국책은행의 책무라고 할 수 있다. 그리고 무엇보다 안정적 균형을 이루는 것이 중요한데 저금리 정책으로 자금을 마냥 조달해주다 보면 기업은 자본 의존도가 높아져서 성장, 발전하는데 걸림돌이 될 수도 있다.

물론 은행은 나름대로 대출한 자금을 떼이지 않으려고 별의별 수단과 방법을 동원할 것이다. 기술적으로 우위에 있는 기업에 대출을 많이 할당하는 것이나 신용이 우위에 있는 기업에 대출을 많이 할당하는 것은 당연한 경영방식일지 모른다. 하지만 오직 이런 방식을 고수하며 대출이나 지원을 유지하다 보면 성장 가능한 수많은 중소기업들의 기회를 빼앗는 경우가 되어버리는 우를 범할 수도 있는 것이다. 때문에 은행은 면밀히 검토하고 조사하여 신생 성장 산업, 혁신 산업 등에 정책지원이나 저금리 대출이 발생할 수 있도록 노력해야 한다.

또 하나 발견된 문제점은 산업단지에 관한 지원이다. 대개 남동공단, 시화공단 같은 산업 클러스터 지역에 지원이 편중되어 나타나고 있다는 점이다. 학계에서도 이런 지적을 하고 있는 것으로 아는데 산업단지의 군락이 많은 데에 지원이 많이 가는 것은 당연한 것이지만 다른 지역에 산재(散在)해 있는 중소기업에도 혜택이 돌아갈 수 있도록 지원하고 홍보 역시 아끼지 말아야 할 것이다.

국책은행으로서 기업은행은 이러한 역할을 성실히 수행해야 한다. 그런데 정작 현장에서 중소기업인들의 목소리는 하나같이 불만 섞인 목소리가 많다. 기업은행이 중소기업들을 살려주기는커녕 지원의 구실을 삼아 목을 조인다는 말이 난무한 상황이다. 다시 말해, 기업은행의 횡포가 이만저만 아니라는 것이다. 더욱 염려스러운 것은 기업은행이 중소기업의 대출량의 약 90% 정도를 진행하고 있다는 점이다.

중소기업인들이 자금지원을 받으려고 은행의 문을 두드리게 되는데, 대출을 진행할 때 곧장 기업은행의 횡포가 시작된다는 것이다. 기업은행의 횡포라고 직접적인 표현을 하며 이렇게 글을 쓰고 있는 것은 필자로서는 몹시 망설여지는 대목이 아닐 수가 없다. 그런데도 이렇게 언급하는 이유는 반드시 이런 상황을 세상에 널리 알려서 꼭 시정 되어야 하겠기에 그런 것이다. 필자는 은행의 횡포를 그저 우리 사회에 흔히 발생하는 갑 질 정도로 안이하게 바라보지 않는다. 중소기업인들과 상담을 하면서 그들의 너무나 힘든 현실을 목도했기 때문에 비록 필자가 독자들의 공격을 받는 한이 있더라고 반드시 짚고 넘어갈 생각이다.

대출을 신청한 기업인에게 세금처럼 따라붙는 꺾기
(화재보험, 퇴직연금 외)

중소기업인들로부터 들은 꺾기의 한 예를 여기 몇 줄로 쉽게 설명하겠다. 가령, 대출 3억이 필요하다고 하면 2억은 이자를 연리 4퍼센트로 해주고, 나머지 1억은 연리 9퍼센트 정도로 해준다. 세상에 이런 법이 어디 있단 말인가? 어떻게 하나의 상품으로 대출을 받는데 두 가지 잣대를 가지고 이자율을 책정하고 있다고 한다.

대출이 급한 기업인들은 어쩔 도리가 없이 은행이 제시한 방식을 따라야 한다. 그래야 당분간이라도 살아남을 수가 있는 것이다. 살아보겠다고 달려오는 중소기업인들에게 국책은행인 기업은행은 이렇게 갑 질이란 것을 시작한다. 일부는 저금리로 일부는 고금리를 요구하며 싫으면 말라는 식이다 보니 어떻게 보면 가장 구세주가 되어야 하는 국책은행이 가장 무서운 사자의 노릇을 하고 있는 것이다.

물론 국책은행이라고 모든 은행들이 다 이렇게는 하지 않을 것이라고 본다. 하지만 내가 만나본 기업인들의 태반은 기업은행에서 몹시 불리한 대출조건으로 대출을 발생하여 더욱 어려움에 처하게 되었다는 말을 많이 하고 있다. 필자는 상담을 할 때마다 기업인들은 은행으로부터 받은 부당한 행위에 대해 성토하면서 마음을 추스르는 모양이라고 생각하곤 했던 것이다. 또 꺾기로 가입하게 된 보험료 또는 적금액을 불입하다 보면 항상 운전자금의 부족으로 허덕이게 되는 것은 당연한 이치가 아닌가 싶다.

입에 담기조차 싫은 얘기지만 국책은행의 부당한 행위에 관한 얘기를 하나 더 털어놓아야겠다. 은행 측은 꺾기의 전형적인 스타일인 보험, 적금, 기타 은행에 유익하고 기업인에 불리한 것들을 강요한다는 것이다. 중소기업인들은 선뜻 이런 제의를 받고 불쾌하다가도 약자이기 때문에 울며 겨자 먹기로 서명을 하지 않을 수가 없다고 한다.

그렇다면 과연 이렇게 불리한 계약을 하고 채무자인 중소기업인들은 살아남을 수가 있을까? 결과부터 말하면 살아남는다는 것은 결코 쉬운 일이 아니라는 사실이다.

금융기관의 일탈의 사례

㈜ ○○아트의 배 모(某) 대표는 필자와 상담을 하면서 만나자마자 하소연을 했다. 대한민국 사회에서 기업을 해먹기가 정말 힘들어 죽겠다는 말이었다. 어떤 사업이든 작은 구멍가게를 하더라도 경영이라는 것은 힘들게 마련이라고 필자는 그를 위로해 주었다. 하지만 그가 필자에게 성토하는 것을 들어보니 기업인으로서 큰 수치심을 느끼기에 충분했고, 같은 인간으로서 먹고 먹히는 먹이사슬의 관계에 얽혀 있다는 생각에 필자의 가슴이 아련하게 아파왔다.

기업인에게 국책은행의 횡포가 어느 정도 있다는 것을 수많은 기업인들을 만나면서 알고 있었지만 직접 필자에게 하소연하는 사람을 보면서 이런 형태로나마 그들의 억울한 심정을 담아 세상에 고발하고 싶었던 것이다. 그는 은행에서 다음과 같은 온갖 부당한 대우를 받았다고 한다. 대출을 받기 위해서 은행을 찾아 갔는데 대출 받기 전에 연금보험을 먼저 들어달라고 했다는 것이다. 이것이 바로 앞에서 언급했던 꺾기인 것이다.

　　은행은 고객을 다루는데 있어서 매우 교묘하고 은근한 압력까지 행사하고 있다는 것이다. 퇴직연금 보험을 무이자로 가입하는 불이익을 감수해야 했고, 대출을 빌미삼아 연금보험이나 화재보험 등을 가입해 달라고 했다고 한다.

<신문고의 북>

이렇듯 대출과 동시에 소위 꺾기를 한다면 은행 감사에 걸리니, 보험을 들게 하고 이 보험을 미끼로 일정금액을 보관시킨 후 1개월 이후에 가입시키는 등 은행 측에서 이렇게 불법을 저질러도 배 대표의 입장에서는 아무런 저항조차 할 수가 없었던 것이다.

배 대표가 거래하는 은행은 국민적 책임과 의무가 따르는 국책은행이다. 기업을 경영하는 기업인들은 정부가 운영하는 은행인 국책은행을 믿고 거래하는데 오히려 온갖 부당한 수법으로 힘없는 기업인의 사기를 떨어뜨리고 편법을 부당하게 행사하고 있는 것이다. 기업을 뒤에서 지원하고 그들이 위기에 처했을 때 회생할 기회를 주도록 하는 것이 국책은행의 책무인데 그들은 이런 책무 따위에는 아무런 관심조차 없는 듯이 행동했다는 것이다.

대출을 볼모삼아 보험 상품 가입을 강요하는 것만으로도 그들은 이미 불법을 자행했다. 게다가 무이자 연금 보험료의 사전예치를 강요하는 것은 그 정도가 지나쳤다.

대출을 진행하며 이면으로 보험가입이란 명목으로 불입액을 사전예치 하도록 하는 것은 성서에 나오는 나쁜 세리(稅吏)보다 그 사리사욕을 챙기는 데 있어서 간교하다고 할 수 있을 것이다. 로마의 율법을 어기면서 부당한 짓으로 악명 높은 세리보다 간악한 자들이 아닐 수가 없는 것이다. 예수를 만나고서야 간악한 세리가 하느님의 은총이야말로 율법을 철저히 지키는 것임을 깨달았던 것처럼 자신의 본분을 망각하고 온갖 나쁜 짓을 저지르고 있는 권력과 권세가 있는 자들이 이 글을 통해 자신의 모습을 되돌아보기를 바랄 뿐이다.

더는 힘이 없는 사람들이 이런 세리와 같은 부류들로부터 멸시와 천대를 받지 않기를 바라는 마음뿐이다. 기업을 경영하는 사람들은 죄인이 아니다. 같은 법과 같은 국가의 통제 아래 살아가는 선량한 백성인 것이다. 로마의 세리는 로마제국이 점령한 땅에서도 나름대로 계약을 맺어 여러 종류의 세금을 징수했다고 한다. 그런데 오늘의 일부 국책은행 관계자들은 법률로 금지한 것을 교묘히 어기면서 공공연히 이득을 취하고 있으니 가히 타락의 우두머리인 로마의 세리장(稅吏長)을 능가한다고 할 것이다.

국책은행은 분식회계를 요구한다?

아무리 발버둥을 쳐본들 기업의 손익 구조는 좋아질 수가 없는 것이다. 거래처의 부도로 매출채권이 부실이 되었거나 또는 직원들의 실수로 원자재가 대량으로 불량이 발생되어 수억 원에서 수십억 원까지 적자가 발생될 경우에 금융기관은 재무제표의 분식회계, 엄중한 범죄가 되어버리는 분식회계를 하도록 강요받는다. 재무 상태가 좋지 않으면 대출금을 회수한다는 통보와 함께 금리 인상을 요구하며 분식회계를 하라고 조장한다는 것이다.

분식회계가 무엇인가? 자산을 크게 부풀리고 이익이 나지 않는데도 많이 나는 것처럼 재무제표를 조작하는 방식이다. 재고 물량을 수 십 배로 부풀리는 등의 방식이 동원된다.

이렇듯 중소기업 상공인들은 국책은행인 금융기관의 요구에 의해 자본시장에서 다시 대출을 받으려면 우량기업으로 선정 되어야 하기 때문에 이는 엄연히 범죄행위다. 순이익이 높은 것처럼 장부를 조작하게 되는 것이다. 결국 불법이 더욱 불법을 양산하고 이게 다시 되풀이 되면서 막장으로 치닫게 되는 것이다. 국책은행이 불법을 은근히 조장할 때 하는 말은 달콤한 악마의 목소리나 다를 바가 하나도 없다. 이 부분에서 국책은행인 산업은행도 "예쁘게 분식회계 하세요"라고 한다.

㈜ 케이○○의 대표 정 모(某) 씨의 사례를 신문고의 형식으로 공개하는 바이다. 채무자인 정 씨는 2015년, 08, 매출처로부터 19억 원의 부도와 현재까지 총 28억 원의 매출채권의 부도로 파탄에 이르게 되었다. 특히 19억 원의 부도가 발생했을 때 국책은행인 산업은행은 대출금의 전액 상환과 재무제표의 분식을 요구하였다고 한다. 2016년부터 외부의 감사법인으로 선정되어 재무제표의 작성이 불가능하다고 항변하였더니 산업은행은 2016년부터 임의로 이자를 높이는 등 채무자의 사업을 방해하여 왔음을 밝힌다.

채무자인 정 씨는 회사가 파탄에 직면하여 어려움에 처했으나 2018년, 10월까지 이자와 원금을 매년 상환하여 왔다는 것이었다. 산업은행은 기업인인 고객을 보호하고 기업의 경영이 원활히 진행되도록 배려해주어야 함이 원칙이나 오히려 소송을 제기했다고 한다. 정 씨의 회사가 산업은행에 많은 자금을 대출받은 사실은 있으나 산업은행은 일부 존재하지도 않은 채무를 거짓으로 포함시키고 행위 당사자와의 관계 또한 허위로 기재하였다고 한다.

이와 같이 허위사실을 기반으로 채무자의 회생을 방해할 목적으로 서울회생법원에 채권자 의견서를 제출하여 기업회생절차를 방해할 목적으로 의견서를 제출한 것이다.

채무자인 정 씨는 사실 매우 억울하다고 한다. 그는 채무자로서 채권자인 산업은행에 대하여 성실하게 최선을 다했다는 것이다. 2015년 당시 19억 원에 달하는 부실채권이 발생하였음에도 산업은행의 대출과 관련하여 매월 3천만 원 이상의 이자를 납입하였다. 2015년도에 납입한 이자는 3억 2천만 원이 넘는다. 2016년도에는 3억 3천만 원이 넘는다. 2017년도에는 4억 3천만 원이 넘는다. 2018년 9월까지는 3억 2천만 원이 넘는다.

4년간 약 14억 원이 넘는 금액의 이자를 단 하루의 연체도 없이 성실히 납부하였다고 한다. 2016년도 2억 3천만 원, 2017년도 3억 3천만 원, 2018년도 6천만 원 등 3년 동안 총 6억 원이 넘는 금액의 원금도 상환하였다는 것이다. 그러나 산업은행은 채무자 정 씨를 파렴치한 기업인으로 내몰고 있다는 것이었다.

국책은행인 산업은행은 채무자 정 씨를 이해하려고 전혀 노력하지 않았다. 노력은커녕 오히려 이러한 사실조차 완전히 무시하고 지속적인 압박을 이어왔다고 했다. 그리고 2018년도 9월 대출연장 진행 중에는 2019년 9월까지 딱 1년의 기간을 정해주면서 토지 및 건물을 매각하여서라도 원금상환을 실시하라고 특별 약정까지 요구하였다는 것이다. 특별약정서에는 금융거래확인서는 물론 혼인관계증명서까지 첨부하도록 하여 수치심을 느끼도록 하는 데 전혀 부족함이 없었다고 한다.

이러한 방식의 상황을 통해 정상적으로 기업경영을 해나간다는 것은 무리라고 생각한 나머지 정 씨는 여러 차례 은행 측에 미팅을 요청했으나 번번이 거절당했다고 한다. 미팅을 하려거든 재무상태 표를 위조해서라도 보기 좋게 만들어 와야 한다고 겁박을 하기까지 했다는 것이다. 그들에게는 위조를 해서라도 서류상으로만 문제없으면 그만이었기 때문이다. 분식회계의 도덕성이나 윤리성의 문제는 전혀 문제 삼지도 않은 거였다.

그들은 최대한 사실에 입각하여 서류를 작성해서 보여주면 메이크업을 잘못했다며 서류를 던져버렸다고 한다. 그들은 집요하게 분식회계를 주문했다고 한다. 아주 철저하게 분식회계를 요구했던 것이다. 그러나 정 씨의 입장에서는 분식회계라는 말은 그저 지나가는 말이라고 생각했다고 한다. 이치에 맞지 않은 지시를 하니 이에 저항하는 태도는 당연한 것이라고 정 씨는 위로 삼았다고 한다. 정작 그들의 입에서 튀어나온 무서운 말은 따로 있었던 것이다.

대출금 83억 원을 상환할 능력이 없으면 당장 캠코*에 자산매

---

* 한국자산관리공사로 금융기관의 연체대출금 회수와 비업무용 재산의 정리업무를 전담하는 특수공법인.

각을 진행하라는 다그침이었다. 자산매각을 진행하여 대출금을 상환하고 회사를 운영하라고 했다고 한다. 아니면 부동산 경매를 진행하여 직원의 이름으로 경매를 낙찰 받은 다음 부채를 정리하고 회사를 운영하라며 거듭 엄포를 주었다고 한다.

기업인은 어려운 여건 속에서도 기업을 회생시켜 보려고 이리 뛰고 저리 뛰어다니는데 기업을 지원하고 도와야 하는 국책은행이 오히려 온갖 횡포를 부리며 발목을 붙드는 형국을 보고 필자는 이런 방식으로 상소문을 작성하여 공개하기로 작정하였음을 밝혀두는 바이다. 일반은행이라면 이러한 태도를 굳이 비난하지 않았을 것이다. 국책은행은 더욱 강력한 책임의식과 도덕성이 따른다는 점을 알아야 하는 것이다. 국책은행이 열악한 기업을 대상으로 장사를 할 것이 아니라 기업을 회생시키는데 최선을 다하고 책임을 다해주기를 간절히 바란다.

6. 유동화 회사

유동화 회사의 설립목적

유동화 회사 혹은 유동화 전문회사란, 대한민국의 법률 중 〈자산유동화에 관한 법률〉을 근거로 만들어진 회사이다. 이 회사의 설립목적은 금융기관이 소유한 부실채권 혹은 부동산과 같은 자산을 양도받아서 이것을 바탕으로 증권을 발행하거나 이것을 판매하는 역할을 하는 것으로 이해하면 될 것이다.

은행은 부실채권 등이 발생하면 이를 처리하거나 관리를 해야 하는데 이를 원활히 하기 위해 유동화 회사를 설립하게 된다. 즉, 금융권에서 쏟아져 나오는 부실한 채권을 매각하기 위해 임시로 만들어지는 회사이다. 일종의 특수목적 회사라고 할 수 있는데 채권의 매각과 원리금 등의 상환이 모두 끝나면 유동화 회사 역시 자동적으로 사라지는 것이다.

이러한 유동화 회사의 중요한 특징 가운데 하나는 유동화 자산을 자산보유자로부터 분리 즉 격리시킨다는 것이다. 일종의 자산을 분리하기 위한 수단으로 유동화 전문회사를 설립한다는 것이다. 이렇게 만들어진 유동화 회사는 오직 자신들의 이익을 위해 일을 하므로 기업 채무자들에게는 전혀 도움이 되지 않는다는 것이다.

이러한 자산유동화제도는 외환위기 이후 정책적으로 장려된 제도라 할 수 있다. 즉 외환위기 이후 금융기관에서 발생한 수많은 부실채권의 정리를 위해 특별한 방안을 마련할 필요가 있었던 것이다. 또한 원활한 자금의 조달을 위해 조세에 관한 제도상의 혜택을 제공하면서 활성화된 제도라고도 할 수 있다. 그러나 이러한 좋은 취지를 가지고 설립한 유동화 회사는 유동화 회사 당사자들이나 이와 관계된 금융기관이 이러한 제도의 목적이나 역할을 다하지 못하고 여러 가지 비효율적인 문제점을 드러내고 있는 실정이다.

유동화 회사는 자산의 유동화 업무를 새로이 시작할 경우 혹은 금융기관 등에서 자산을 양도 받을 경우에는 금융 감독위원회에 신고 등록해야 한다. 이렇게 설립한 유동화 회사는 유한회사(有限會社) 즉 상행위(商行爲) 기타의 영리행위를 목적으로 하여 50인 이하의 유한책임 사원으로 구성된 소규모 회사이기 때문에 하부에 영업소를 만들 수가 없다. 또한 서류상으로만 존재하는 회사로서 직원을 고용할 수도 없는 것이다. 그러므로 유동화 자산의 관리 및 운용, 처분은 자산관리자에게 위탁하는 형태로 운영한다는 것이다.

유동화 회사의 주요 업무는 금융기관의 부실채권을 매각하는 일이다. 즉 이러한 부실채권의 매각을 위해 자산담보부채권을 발행하는 것이다. 자산담보부채권이란 금융기관이나 기업 등이 가지고 있는 자산을 담보로 채권을 발행해서 제3자에게 매각하는 증권을 말한다. 따라서 이러한 유동화 회사로 인해서 금융기관 역시 재무구조가 매우 탄탄해질 수 있다는 점이다.

유동화 회사가 발행한 채권에 투자한 사람은 약속한 기간이 끝날 때까지 채권에 명시되어 있는 이율에 입각하여 이자를 지급받는 형식이다. 그리고 기간이 만료되면 원금을 돌려받을 수 있는 것이다. 이러한 최종작업이 끝나면 설립했던 유동화 회사는 자동으로 해산하는 것이다.* 금융회사나 금융지주회사 등은 나름의 유동화 회사를 두고 있는 것으로 알려져 있다. 이러한 특수목적 회사는 사업목적을 달성하면 소속한 회사의 계열사에서 제외되는 것이 일반적이다.

유동화 회사의 운영실태

일반적으로 돈주들은 그때그때 유동화 전문 유한회사를 만들어서 채권을 사들이고 이를 정리한 다음에 바로 만든 유동화회사를 해체한다. 이런 역할을 하는 회사들이 아주 즐비하다. 유동화 회사는 쉽게 말해 돈놀이 하는 회사인 것이다. 대개 시중의 90% 정도의 회사가 그렇다. 나머지 10%는 금융기관들이 조금씩 자금을 갹출해서 만든 회사이다.

K은행이나 S은행 같은 국책은행에서 발생한 부실채권이 유동화 회사에 헐값으로 팔려 넘어간다. 국책은행이 부실채권을 현 시세를 적용해서 팔지 않고 그냥 순식간에 헐값으로 팔아넘기는 것이다. 여기서 중요한 것은 국책은행은 부실채권이 발생하여 즉시 매각을 하기까지 채무자 기업의 사정은 전혀 고려하지 않는다는 점이다.

채무자 입장에서는 당황할 수밖에 없다. 왜냐하면 첫째, 중소기

---

* 네이버 백과사전 & 매경 시사용어사전 참조

업들이 계획적으로 부실채권을 만든 게 아니라는 점이다. 기업인들은 아주 열심히 일을 해서 납품을 하였는데 사정이 생겨 그 채권을 받지 못하는 상황이 일어나곤 한다. 중소기업들이 일부러 부실채권을 만들지 않았다는 사실이 중요한 것이다.

둘째, 기업은 열심히 일해서 상품을 만들고 있는데 직원들의 불가피한 실수로 몇 억 혹은 그 이상 불량이 나는 경우도 있다. 이런 상황이 발생하면 기업으로서는 정말 감당하기 어려운 것이다. 그런데 불행하게도 대출을 발생한 국책은행에서 이런 사실을 알게 된다는 점이다. 은행은 대출을 발생한 채권자로서 기업이 어렵다는 것을 알게 되면 즉시 자금회수에 들어간다. 기업 측에서 어렵다고 하면 이자를 올려버리고 원금회수를 독촉한다. 이러한 압박 때문에 중소기업들은 버텨낼 수가 없는 것이다.

셋째, S은행은 물론 K은행에서도 채무자 회사가 부도가 나면 기업의 부실채권을 숨기기 위해 때에 따라서는 기업에 재무제표 분식회계를 요구한다고 한다. 분식회계란 거짓 장부를 만드는 것이다. 기업의 분식(粉飾)을 감시해야 하는 국책은행이 앞장서서 거짓과 왜곡을 조장하고 있는 것이다. 과연 이래도 되는 것인지 묻고 싶다. 회계분식을 하지 않을 수 없는 기업인의 심정을 헤아릴수록 가슴이 아프다. 이것은 어디까지나 불법이기 때문이다. 분식회계는 기업의 중대 범죄행위인 것이다.

이렇게 되다보니 기업은 살아날 수가 없다. 결국 운전자금의 부족으로 부도가 나게 되어 있다. 이런 과정은 어떻게 보면 국책은행 측에서 부도를 유도하는 측면이 있다.

부실채권처리절차

금융기관 부실채권 ➡ 유동화 전문회사(SPC) ➡ 경매 & 일반매각

어떤 국책은행은 자금의 회수가 안 되면 교묘하게 압박을 가한다. 즉 대출금리를 올리고 거기에다 원금상환을 요구한다. 이런 방식으로 지속적으로 독촉을 하며 괴롭히는 수위를 자꾸 높이는 것이다. 이런 방식으로 압박을 가하다보니 중소기업들이 버텨나갈 수가 없는 지경에 처하면서 대출을 갈아타면서 높은 금리도 마다하지 않고 고금리의 이자를 부담하기에 이른다. 기업인이 제품 개발과 영업의 활성화를 위해 동분서주해야 할 시간에 대출금 상환과 고금리의 이자를 부담하지 않을 수 없으므로 또 다른 대출을 받아야 하는 상황으로 내몰리기 시작하면서 상거래채권, 임금채권 외 신용카드와 금융기관 연체가 들어가면서 파탄의 위기에 직면하게 된다. 그래서 중소기업들이 기업회생을 신청하게 되면 금융기관은 부실채권을 유동화회사에 매각을 하고, 채권을 사들인 유동화 회사에서는 자금의 회전을 위해 경매를 신청하지 않을 수 없게 되고, 기업회생을 신청한 회생기업은 동의를 해주지 않는다. 그들에게 회생기업의 사정은 전혀 고려할 대상이 아닌 것이다.

유동화회사는 〈채무자 회생 및 파산에 관한 법률〉이 필요 없게

되는 것이다. 기업은 회생을 신청하고자 하는데 국책은행은 채권을 유동화 회사에 매각해 버린다. 그리고 유동화 회사에서는 빠른 시간 내에 많은 수익을 챙겨야하므로 기업회생을 신청한 채무자 회사에 사실상 동의는 불가능하다. 따라서 채무자회사가 기술력이 있고 수출시장에서 경쟁력이 있는 회사라도 살아남을 수가 없으므로 이들 기업에는 〈채무자회생 및 파산에 관한 법률〉이 필요하지 않게 된다. 결국 기업을 구제하기 위해 만들어진 기업회생절차가 무용지물이 되어버리는 것이다. 회생기업의 딱한 사정을 그들은 배려하지 않는다. 그러니 한번 부실채권이 발생하게 되면 기업은 결코 살아남을 수가 없는 것이다. 이러한 사유로 채무자 회생법의 취지가 무색해지고 법과 절차가 있는데도 이런 절차의 진행을 은행에서 앞장서서 막고 있는 셈이다. 그들 때문에 기업회생의 제도가 결국 무용지물이 되는 것이다. 국책은행은 부실채권을 반드시 유동화회사에 헐값으로 매각을 해서 기업회생을 불가능하게 해야 하는지를 꼭 묻고 싶다.

결과적으로 유동화 회사는 돈놀이 회사의 역할 밖에 하지 않고 있는 셈이다. 기업인들에게 오히려 악영향을 끼치는 회사라는 불명예를 안고 있는 회사로 인식되고 있는 것이다.

또한 K은행이나 S은행 등의 국책은행은 당연히 중소기업의 버팀목이 되어야 하는데도 부실채권의 문제에 있어서는 적어도 기업회생의 발목을 잡고 있는 횡포를 일삼고 있다는 점이다. 국가의 정책에 의해 설립, 운영되고 있는 금융기관이라는 설립목적이 무색할 정도로 분식회계까지 요구하면서 기업의 부실채권에 대하여 가혹한 태도를 보이고 있는 것이다. 어려움에 빠진 기업을 위해 산업자본을 조달하고 수출 및 생산의 지속을 위해 아낌없는 지원을 해도 부족할 판인데 아쉽기만 할 뿐이다.

결과적으로 유동화 회사로 부실채권을 팔아넘겨버리면 〈채무자회생 및 파산에 관한 법률〉에 의한 기업회생 절차는 결코 이루어질 수 없는 것이다. 국책은행이 기업회생을 진행하고 있는 기업의 부실채권을 반드시 팔아넘겨 기업을 죽여야 하는지 생각해 볼 필요가 있다는 생각이다. 분식회계라는 불법행위까지 하도록 강요하면서 기업의 숨통을 조인다면 〈채무자회생 및 파산에 관한 법률〉이 무슨 필요가 있을 것인지요.

7. 파산자(破産者)의 삶

필자는 파산과 회생에 관련한 일을 하면서 수많은 사람들을 만났다. 세상의 중심에서 하루하루 최선을 다했던 사람들이고, 누군가의 부모형제들이다. 죄는 미워하되 사람은 미워하지 말라는 말이 있는데 파산이나 회생을 신청하는 사람들은 죄인이 아니다. 하지만 그들의 삶은 몹시 치욕적이며 고통스럽다는 말을 빠뜨릴 수가 없다.

이 책에서 이들의 고통스런 삶에 대해 기록하게 된 것은 오랜 기간 동안 그들의 삶을 목격해오면서 자연스럽게 일어난 감정이다. 일종의 책임의식 같은 것이라 말할 수 있을 것이다. 대한민국에서 산업화시기를 살아온 사람이라면 그가 걸어온 삶이라는 것이 결코 순탄하지만은 않았을 것이다. 전쟁을 치르고 급속한 산업화의 과정에서 발생한 IMF사태와 세계 금융위기 그리고 저간에 발생한 코로나 사태까지 굴곡진 삶을 걸어온 셈이다.

파산자란 말을 들으면 소름이 돋는다. 사람이 죽는 일처럼 가슴이 아프다. 파산자란 낙인은 마치 몸에 메스를 들이대는 일처럼 상처를 남긴다. 파산 선고를 받고 그 재산에 대하여 파산절차가 진행되고 있는 의미의 파산자, 개인회생의 삶을 누릴 수가 없는 처지가 되어 삶의 낭떠러지로 추락하는 아픔을 위로하는 마음에서 잠시 기록해 두고 싶다.

파산의 경로

파산자의 삶은 대개 비슷한 경로를 거친다. 한 사람의 인생이 파산자로 추락하는 과정을 보면 시작은 대개 무리한 욕심에서 비롯되는 것 같다. 사업이 번성하니 확장을 하려는 마음은 당연한 인간의 욕망일 것이다. 욕망이란 어떤 의미에서 보면 꿈이나 희망으로 대변할 수도 있다. 그러나 문제는 정도를 벗어난 욕심이나 욕망이 개입되기 때문에 문제가 되는 것이다. 파산자들과의 상담에서 두드러진 특징 가운데 하나가 바로 '사업의 확장'이었다. 다음의 내용은 개인파산을 신청한 사람이 작성한 진술서 일부분을 발췌한 것이다.

지인의 소개로 정육판매업으로 전업하고 2006년부터 중소형마트 내 정육코너를 임대하여 장사를 시작하게 되었습니다. 약 8년 정도 성실히 장사하면서 창업자금으로 주변 지인들로부터 차용한 돈도 거의 다 갚을 수 있었습니다. 이후 중소형마트를 오픈하였습니다. 창업 후 1년 동안은 장사가 곧 잘 되다보니 신용대출과 부모님 돈까지 끌어다 2호점까지 오픈 하였습니다. 하지만 2012년 9월경부터 급격히 매출이 떨어지면서 그 후 계속해서 자금회전이 어렵다보니 가계수표와 당좌수표로 운영자금을 대체하기 시작하였습니다.

결제일인 말일이 돌아오는 것이 무섭고 두려웠습니다. 돌아오는 수표를 막느라 또다시 여기저기서 돈을 빌리고 적자운영을 하다 보니 도무지 어떻게 할 수가 없었습니다. 그러다 결국 2014년 3월말에 1차 부도와 2014년 4월 말 최종부도를 맞았습니다. 급하게 매장 보증금 5천만 원을 회수하여 부도 수표를 회수하는 데 사용하였지만 그것만으론 부족하였고 수표를 회수하지 못하면 부정수표 단속법 위반으로 구속된다고 하여 가족들이 여기저기서 돈을 빌려다가 부도수표를 회수했지만 은행권 대출과 제2금융대출 및 거래처 미수금들에 대한 독촉 전화에 밤낮을 가리지 않고 너무나 시달렸습니다.

(진술서 중에서 발췌)

위의 사례를 살펴보면, 사업의 확장으로 인한 중소형 마트를 개업한 게 파산의 시작이었다. 마트를 개업하지 않았다면 위에서 고백한 아픈 상처는 겪지 않아도 되는 일이었다. 부도처리라는 것은 한 사람의 인생을 순식간에 실패자로 낙인찍는 의식이나 다를 바가 없다. 부도처리는 한 순간의 고통으로 끝나는 것이 아니라 고통의 시작인 것이다. 고의적인 것은 아니었으나 법은 결과를 중시한다는 점이다. 위 본인처럼 의지와 상관없이 당사자는 부정수표 단속법 위반자가 되어 구속될 수도 있는 것이다.

파산자들은 특별한 사람들이 아니다. 우리들 주위에 있는 평범한 사람들이 바로 그 대상이 될 수 있는 것이다. 평범한 서민들, 필자와 상담한 파산자의 직업은 바로 우리 이웃들이 가지고 있는 보통의 직업이었다. 가정주부, 공장 종업원, 자영업자, 중소기업인, 일용직 노동자, 배달부, 보험회사 종사자, 식당 종업원, 영업사원, 퇴직 공무원, 직업군인, 노점상, 이혼 가정 등등 우리 주위에 있는 너무나도 평범한 사람들인 것이다.

그들은 앞에서 언급한 바와 같이 지나친 욕심 탓에 위기에 몰린 경우도 있지만 대개는 가정을 지키기 위해 몸부림치며 열심히 살아온 사람들이었다. 자녀의 교육을 위한 학비를 마련하기 위해 대출이나 빚을 내고, 생계를 유지하기 위해 은행 문턱을 넘는다. 다음의 내용도 파산을 신청한 사람이 법원에 제출한 진술서 일부분을 발췌한 것이다.

> 남편은 가족의 생계를 위해 인력사무실과 노무자로 이곳저곳을 떠도는 상황이었습니다. 남편에 의지해 생활해오던 저는 배움도 부족하여 남편을 따라 건설현장 일도 해보고 식당 설거지, 파출부 등 여러 가지 일을 했습니다. 그런데 왼쪽다리에 염증이 심하고 심한 빈혈로 인해 만성적인 두통과 어지러움 증상이 지속되었고, 장시간 일을 할 수 없게 되었습니다. 그래서 저는 집안에서 부업거리를 갖다 생활비를 보탰습니다. 하지만 여전히 늘어만 가는 빚더미와 채무금 독촉으로 인하여 불안한 상태입니다. 간혹 죽고 싶은 심정일 때도 있습니다. 하지만 자라나는 자식이 있기에 부모로서 부끄럽지 않은 모습을 보여주고 싶습니다. 몸이 끊어지더라도 아이들에게 최소한의 생활을 유지해주고 싶습니다.
>
> (진술서 중에서 발췌)

이 여성분은 남편의 사업이 힘들어지자 신용카드를 사용하고 사채를 빌려 내조를 하였다고 한다. 하지만 카드를 돌려막는 일은 곧 한계에 부딪쳤고, 결국 가게는 빚만 남긴 채 폐업에 이르게 되었던 것이다. 이후 삼 년여 동안 빚쟁이들에게 쫓겨 도망을 다녔고, 단칸방에서 다섯 식구가 함께 살았다고 한다. 이 가족의 고통은 말로 표현하기 어려울 정도로 힘이 들었을 것이다.

부족한 역량의 문제

사업을 시작함에 있어서 의욕만 가지고 뛰어들면 금방 위험에 처할 수 있다. 남의 얘기에 혹해서 경험이나 지식이 없는 분야에 덜컥 투자를 하는 경우가 파산자들 사이에는 허다한 사례이었다. 은행원인 K씨는 퇴사 후 약 2년여 동안 사업 아이템을 물색했다고 한다. 하지만 후배의 말에 혹해 전혀 관련이 없는 치과계의 다이아연마 제품 사업을 시작했다는 것이다. 국가보조 개발사업이란 명분까지 획득하였지만 생각처럼 매출로 연결되지는 않았다고 한다. 치과계의 특수성에 대한 이해가 부족한 상황에서 의욕이 앞선 탓이다. 지식도 부족하고 마케팅도 매우 열악했다고 한다. 하지만 결국 주거래 은행인 기업은행 사업자 통장이 압류되는 사태에 직면했던 것이다.

파산의 유형 중에 독특한 사례 중 하나는 귀농자 들의 파산이다. 최근에 귀농 귀촌을 하는 분들이 끊임없이 늘어나고 있는 추세이다. 요즘에는 지자체의 인구가 많이 줄어드는 상황이라 지자체의 운명 역시 장담을 하기 어렵게 되었다. 따라서 어떤 지자체는 상당한 지원금이나 특혜를 내걸고 자기 지역으로 이주하도록 권장하고 있는 실정이다. 하지만 가장 믿었던 지자체임에도 귀농의 과정에서 우연찮게 피해를 입는 사람들이 많아 유사한 사례 하나를 소개하겠다.

나는 충분히 교육도 받고 답사도 했습니다. 귀농이라는 새로운 출발을 앞두고 모든 것이 희망차고 기대감도 컸습니다. 지역은 ○○으로 정하고 땅도 알아보고 귀농 자금을 받기 위해서 알아보니 주소지가 ○○으로 되어 있어야 한다고 하여 그쪽으로 이사도 하였습니다. 그리고 본격적인 서류준비를 했습니다. 평소 애견 쪽에 관심이 많아서 애견 브리딩 쪽을 귀농 아이템으로 정하고 군청에 축사 허가를 받고 건물도 짓고 모든 것이 순조롭게 흘러가는 듯 했습니다.

하지만 이것이 지금과 같은 불행의 시초가 되리라고는 상상조차 못 했습니다. 건물을 다 짓고 나서 건축 준공허가를 받으려고 했더니 군청에서는 불가하다는 답변이었습니다. 건축물의 문제가 아니라 도로 때문에 그런다고 하는데 처음 허가 받을 때 사용 승낙 동의서도 제출하였습니다. 그런데 알아보니 이미 그 도로는 ○○○장이 지정 공고한 도로인데도 불구하고 불가하다는 것이었습니다. 여기저기 다시 알아보니 이 건은 아무 문제가 없어 보이는데 왜 안 해주는지 모르겠다고 합니다.

그래서 날마다 허가 담당부서에 들어가 문의도 하고 사정도 해보았지만 어떤 날은 불가라고 하고 어떤 날은 긍정적으로 생각해 본다고 기다리라고 합니다. 그렇게 기다린 것이 2년이 넘었습니다. 농업정책과도 찾아갔지만 이건 군청 허가 관련 문제라 어쩔 수 없다는 대답만 들었습니다.

도저히 안 될 것 같아서 행정심판을 하려고 행정사를 찾아갔는데 이건 무조건 이긴다고 합니다. 그래 다시 희망에 부풀어 3개월을 더 기다렸지만 결과는 지방자치제 권한이라는 답변이었습니다. 그러던 중에 저와 비슷한 케이스의 사람이 군청을 상대로 행정소송을 넣었다는 말을 들었습니다. 그런데 결과는 이겼지만 군청에서 상고를 해서 아직도 최종 결과는 안 나온 상태라고 합니다.

귀농을 장려해서 왔고 축사허가도 내주어 건물까지 다 올리고 나니 준공허가를 내 줄 수 없다고 합니다. 도대체 이해할 수가 없습니다. 지자체가 일개 개인을 상대로 사기를 치는 것이라고 생각이 들 정도였습니다. 허가를 내주지 않았다면 땅도 안 사고 건물도 짓지 않았을 것입니다. 아예 시작 자체를 안했을 것입니다. 돈은 모두 지불했는데 준공이 나오지 않는 아이러니에 휘말리고 말았던 것입니다. 귀농자금을 받고 나면 다른 일은 못하게 되어 있는 탓에 꼼짝없이 직업선택의 자유까지 저당 잡힌 몸이 되었습니다.

(진술서 중에서 발췌)

지자체의 부당한 행위 탓에 철저히 피해를 당한 사람의 심정을 우리가 모두 헤아릴 수는 없을 것이다. 공무원이라 할지라도 믿을 수가 없는 일이다. 사업을 하려면 철저히 자신이 공부하고 점검하여 피해를 사전에 예방하는 것 밖에 도리가 없다. 사업이란 전혀 뜻밖의 지점에서 불쑥 튀어나와 발목을 붙드는 것이다.

지나친 욕심이 문제

대기업의 관리직으로 근무하다 퇴사한 D라는 사람의 경우 아주 무리한 투자를 하다가 파산에 이르렀다. 아무리 구상한 사업에 대해 많은 준비를 하였더라도 상황이란 자기가 원하는 곳으로 흘러가지 않는다는 사실을 염두에 두어야 한다. 특히 무슨 사업이 괜찮다는 지인의 말을 듣고 너무 쉽게 투자를 하는 바람에 파산에 이른 경우도 허다했다. 다음은 채무자가 작성한 진술서이다.

저는 대리에서 과장 진급이 너무 어렵다는 것을 알고 고민 끝에 ○○전자에서 퇴사하였습니다. 퇴사 후 직장을 구하기 위해 여기저기 원서를 제출했지만 마땅한 직장을 찾기 어려웠습니다. 그러는 과정에 유통 대리점을 하면 괜찮다는 지인의 말에 이것저것 시장조사를 하다 삼육두유대리점을 알게 되었습니다.

그런데 초기 삼육두유 대리점을 하기 위해 생애 처음으로 장만한 공동명의 아파트를 팔아 창업자금으로 사용한 게 잘못이었습니다. 자금이 부족하여 형님께 6천만 원을 빌리기까지 하여 삼육두유 대리점을 시작하게 되었습니다. 하지만 삼육두유 대리점만으로는 앞날이 보이지 않아 '이백 푸드 시스템(주)'라는 법인을 설립하여 운영하게 되었습니다.

게다가 법인회사를 운영하면서 보증기관의 보증서를 담보로 신용보증기금에서 5천만 원(85%보증, 국민은행15%), 인천신용보증재단에서 3천만 원(85%보증, 국민은행15%)을 대출받았습니다. 처음 계획은 김치유통 및 반찬가게 체인점으로 운영 할 계획이었으나 2006년 배추파동으로 김치유통은 어려움에 처하게 되었습니다. .

그러다 보니 자금 부족으로 인해 상품 구매 및 직원들의 급여마저 지급하기 어려운 상황이 되고 말았습니다. 이러지도 저러지도 못하고 자본금만 잠식당하고 친인척들에게 조금씩 돈을 융통하여 근근이 3년여를 버텼습니다. 그리고 계속 법인회사를 고집 하다가는 더 큰 빚만 떠안을 것 같아 결국 법인 회사를 접게 되었습니다. 이렇듯 법인회사를 닫고 나니 남은 건 고스란히 빚뿐이었고 감당이 안 되어 이런저런 몹쓸 생각들만 들었습니다.

그러나 아이들은 하루가 다르게 커 가는데 아비 없이 커가야 할 미래를 생각하니 너무 죄스러워 삼육두유 대리점 일에 매진하여 채무를 조금씩 갚아가기로 하였습니다. 신용보증기금 및 인천 신용보증재단의 채무 외에 15% 국민은행의 채무금 1천 2백만 원 및 연체이자 등을 갚아왔고요. 더욱 치명적인 것은 임대 보증금 2억 원을 년12%의 금리로 지인에게 차용하여 약14개월 운영 하던 중 모텔 건물이 건축비 미납(추정)등의 사유로 경매가 진행되었으며 제3자에게 매각되면서 한 푼도 건지지 못하고 빈손으로 내쫓기게 되었습니다. 전세권 설정이 안 되어 있었던 관계로 대항력이 없어 법적 보호를 받지 못하고 모텔 운영권을 넘겨주어야 했습니다.

(진술서 중에서 발췌)

이런 사연을 들으면 안타깝기 그지없다. 누가 봐도 파산의 원인은 분명하다. 지나친 사업욕심 때문에 여러 사업에 무리하게 뛰어든 것을 볼 수 있다. 처음에 사업성만 믿고 지나친 대출을 일으킨 것도 문제로 보인다. 모텔 임대를 하면서 전세권 설정을 챙기지 못한 것을 보면 화가 날 정도다. 사업이란 생각처럼 만만한 과정이 아닌 것이다. 법은 매우 냉정하다는 것을 깨달을 때는 이미 늦은 상황이다. 뒤늦게 후회해 본들 이미 때는 늦은 것이다. 인생은 두 번 다시 오지 않기 때문에 연습게임이 없다는 점을 우리는 모두 명심해야 한다. 주위에 많은 피해를 안기며 인생의 뒤안길로 숨어버리는 삶이 떳떳할 리가 없을 것이다. 가정의 파멸은 물론이고 지인들에게 끼친 폐는 어떤 말로도 용서받을 수가 없다. 처음부터 좀 더 신중했더라면 이런 불상사는 일어나지 않았을 텐데 낭떠러지에서 아무리 후회한들 소용이 없는 것이다.

삶에 있어서 누구나 부끄럽지 않은 삶을 살고 싶을 것이다. 파산이나 회생을 신청한 분들의 사연을 들어보면 누구나 할 것 없이 부모에게 효도하고 싶고, 자식에게는 떳떳한 부모가 되고 싶은 강렬한 소망을 가지고 있다는 것을 느낄 수가 있다. 하지만 말처럼 호락호락하지 않은 것이 이 세상임을 우리는 깨달아야 한다. 지나친 욕심을 경계해야 한다. 돈이 벌린다고 욕심이 극대화 되어 문어발식 투자를 하다 파산에 이른 사람들도 많다. 큰돈을 벌고 싶어서 퇴직금도 모자라 대출까지 끼고 투자를 했다가 곤혹을 치른 사람들을 많이 보았다.

일을 하려는 열정이야 칭찬받아 마땅하지만 결국 파산에 이르는 삶을 마냥 두둔할 수는 없는 일이다. 이런 일을 겪다가 나타나는 하나의 두드러진 현상은 바로 질병이다. 사업에 실패하고 몸에 질병까지 얻어 소중한 목숨을 잃는 경우도 많은 것이다. 사업이 부도나고 알코올 중독자가 되는 사람들도 많다. 우울증을 앓다 극단적인 선택의 유혹에 빠지는 사람들도 많다는 것이다. 매우 가슴 아픈 일이 아닐 수가 없다. 신경쇠약은 기본이고 불면증, 당뇨, 고혈압 등의 질병을 얻는다. 스트레스로 인한 원형탈모라는 질병을 앓는 경우도 헤아릴 수 없을 정도로 많다. 사업을 벌여서 파산에 이르는 동안 나타나는 하나의 틀에 박힌 과정이 있다.

개업➡은행대출➡신용카드 남발➡돌려막기(한계)➡폐업➡파산

바로 이런 과정을 거쳐서 한 사람의 삶이 무너지고 있다. 이후에 파산자에게 닥치는 삶은 상상조차 하기 힘든 과정인 것이다. 남자들은 일용직으로 건설현장을 떠돌다가 알코올 중독자가 되고, 파산당한 여자들이 파출부나 식당 일을 나가는 것은 그나마 다행이고 심지어 노래방 도우미로 전락하는 경우도 허다하다. 심지어 어떤 여성은 남자들도 힘든 막노동 현장을 전전하는 경우도 있다. 가족을 위해 살아보려는 이런 모습이 슬퍼 보이는 것은 필자만의 감정은 아닐 것이다.

필자가 꼭 당부하고 싶은 대목이 있다. 퇴직하며 받은 연금에 관한 것이다. 퇴직금은 노후의 삶을 지켜주는 천금 같은 것이다. 목숨 줄이나 다름없는 퇴직금을 자녀를 위해 사용하다 탈이 나는 경우를 여러 차례 목격했다. 경각심을 심어주고자 간단히 여기에 그 사연을 인용해본다. 이 사연의 당사자는 그래도 읍 단위의 장을 하며 나름대로 지위 있는 공직자였던 것이다.

저는 정년퇴직 후 퇴직금을 연금식으로 받으려고 생각하고 있었습니다. 그러나 일본에 사는 제 아들이 갑자기 뭇 돈이 필요하다고 합니다. 자식 이기는 부모 어디 있습니까. 아들은 퇴직금을 자기에게 주면 매달 생활비를 넉넉하게 보내주겠다고 하였습니다. 저는 아들의 이 말을 믿고 아들에게 제 노후자금이었던 퇴직금을 보내주게 되었습니다.

처음에는 아들로부터 꼬박꼬박 생활비가 들어왔습니다. 손자까지 양육하며 보냈는데 갑자기 아들과의 연락이 끊겼습니다. 연락이 끊기니 당연히 생활비도 들어오지 않았습니다. 수소문 해볼 수도 없는 상황이 되고 말았지요. 아들의 소식을 아는 사람이 아무도 없었습니다. 생활고가 시작 되었습니다. 노동현장을 나가보았지만 나이가 있어서 일자리를 얻는 것도 쉽지 않았습니다. 나는 결국 카드를 발급받아 생활비를 마련했답니다. 몇 년을 오직 카드에 의지하며 힘겨운 생활을 했던 것 같습니다. 친척들과 지인들에게 빚을 내어 쓰기 시작했고, 곧 채무는 늘어났습니다. 빚을 변제하지 못하자 빚 독촉에 시달려야 했고, 카드 연체금액을 변제하지

못하자 채권자들의 채무독촉에 시달렸습니다. 하루도 마음 편할
날이 없었고, 지옥 같은 날들이었습니다.

(진술서 중에서 발췌)

가장 딱한 사연이 바로 자식에게 목돈을 주었다가 이처럼 낭패
를 보는 사연이다. 경제 문제로 늘그막에 파산하는 사람을 보면
마음이 너무 아프다. 경제적 파산은 곧 가정의 파탄으로 이어질
수 있기 때문에 창업을 하거나 투자를 할 때는 더욱 신중할 필요
가 있다는 점을 명심해야 할 것이다.

대개 파산가정을 살펴보면 부부 중에 남편에게 문제가 있는 경
우가 대부분이다. 필자가 아는 한 여성은 평범하고 원만한 가정
에서 성장하여 남편을 만나 결혼을 하였고, 전업주부로 지내며 가
정을 꾸려나갔다. 하지만 남편의 돈 씀씀이가 커지면서 생활비로
주는 돈도 줄어들어 부득불 대출을 받아 생활비를 충당했다고 한
다. 남편은 늘어나는 빚을 해결하려는 의지는 보이지 않고 가정사
에도 등한시 했다. 거기다가 폭력행사까지 시작되었다. 생활은 고
금리의 이자 돈으로 돌려막는 악순환이 반복 되었다. 빚을 해결할
방법이 없었고, 결국 지급불능 상태에 이르게 되었던 것이다.

법원의 배려와 정부의 지원 필요

고심 끝에 채무자는 ○○지방법원에 개인회생을 신청했고, 개시

결정을 내려주었다. 하지만 실직으로 인해 변제이행을 하지 못한 까닭에 폐지결정을 받게 되었다고 한다. 개인회생을 통해 최소한 의 변제책임을 다하여 떳떳하게 마무리를 하려고 하였지만 월 22 만 원에 달하는 변제금을 마련할 길이 없었던 것이다. 따라서 그 여성은 부득이 파산신청을 선택하게 되었던 것이다.

사실 파산을 신청하는 이들에게 무슨 잘못이 있겠는가. 어쩌면 파산에 이르는 사람들이 늘어나는 것은 우리 사회의 구조적인 문 제 때문인지 모른다. 그들에게 오직 책임을 묻고 비아냥거릴 수는 없다는 말이다. 지난 1997년 IMF, 2008년 글로벌 금융위기 그리 고 2019년~ 코로나19 사태에 이르기까지 신용불량자나 파산자들 이 엄청나게 발생했다. 이런 상황을 보면 신용불량자나 파산자인 당사자들만을 탓할 일이 아닌 것이다. 국가적인 차원에서 이들 이 구제받을 수 있도록 대책이 필요하다는 점을 지적하고 싶은 것이다.

이런 점에서 볼 때 파산자는 미래의 삶에 있어서 더욱 책임감을 가질 필요가 있다. 그들은 하나같이 재판부를 향해 이렇게들 애절 하게 호소하고 있다.

존경하는 판사님. 이렇듯 파란만장한 시간을 살아온 제게 부디 실낱같은 희망이라도 가지고 살아갈 수 있도록 도와주십시오. 최 소한 아이한테만은 부끄럽지 않은 엄마로 기억되고 싶습니다. 양 심 없는 선택인줄을 아오나 부끄럽지만 파산 면책결정을 받는 방법밖에 다른 길이 없을 것 같아 용기를 내었습니다. 정말 죄송합니다.

존경하는 판사님! 부디 저희 가족이 인생에 새 희망을 가질 수 있도록 너그러우신 판단을 내려 주시기 바라며 제가 어린 시절 가졌던 앞이 깜깜했던 미래, 우리 아버지가 차라리 없었으면 했던 생각을 제가 너무나도 사랑하는 우리 딸아이가 똑같이 가지지 않게 하여 주십시오.

제가 차라리 빨리 돌아가셨으면 좋겠다고 생각 했던 우리 아버지에게 못다 한 효도를 충분히 할 수 있는 기회를 주시기 바라며 저의 진술을 마치고자 합니다. 못난 저의 잘못을 부디 용서해 주십시오. 죄송합니다.

판사님! 부디 넓은 마음으로 제게 면책의 길을 열어 선처를 해주시면 빚 독촉에서 만이라도 벗어나 한가정의 가장으로써 가족을 지키기 위해 열심히 살 것을 약속드립니다. 죽을힘을 다해 절대 포기하지 않겠습니다. 사회적으로 손실을 끼치게 된 점 진심으로 사죄의 말씀 올립니다. 다시는 이런 일이 반복되지 않도록 신중을 기해 살겠습니다. 저로 인해 손해를 입은 분들께도 엎드려 용서를 구합니다. 정말 죄송합니다.

(진술서 중에서 발췌)

그들을 마음 편히 두둔할 생각은 없지만 대개 파산자들은 우리 경제의 주역들이었다. 전후 세대이거나 산업화 시대에 태어나 우리의 경제를 후진국에서 선진국으로 도약시킨 주인공들이었다. 열심히 땀 흘려 일했고, 수많은 좌절도 겪으면서 오늘의 경제대국을 이룩한 세대들이었다. 그들이 파산에 이른 경위야 어찌 되었건 국가 차원에서 해결책을 모색해야 한다는 생각이다.

피와 땀으로 이룩한 우리의 경제가 아닌가. 파산자란 낙인이 결코 그들만의 낙인이 아니라는 인식이 필요하다. 어떤 식으로든 국가 차원에서 이들을 구제해야 할 필요성이 있다는 말이다. 현행법에서 그들을 구제할 수 있는 방법은 개인파산이나 면책을 통해서만 가능하다. 그런데 문제는 조세나 조세채권, 준조세 등은 탕감이 불가능하다는 점이다. 따라서 국가적인 차원에서 이 문제를 제도화 하여야 한다는 것을 강력히 주장한다. 모든 빚에서 탕감이 되어야 이들이 정상적인 생활을 유지할 수 있기 때문이다.

제3장

시대의 변화

거버넌스의 의미가 공동의 목표를 달성하기 위해 주어진 자원으로

모든 이해당사자들이 책임감을 가지고 투명하게 의사결정을

수행할 수 있게 하는 제반장치임을 생각한다면 청년 거버넌스의

존재 자체에 대해 이해가 되리라고 본다.

1. 기업과 거버넌스

얼마 전에 청년 비서관이라는 명목으로 청와대의 고위직급에 오른 젊은 비서관에 대한 말들이 많았다. '거버넌스'라는 말이 대세인 시대이고 보니 '한국 청년 거버넌스' 라는 제목의 기사까지 여러 건 나올 정도이다. 거버넌스의 의미가 공동의 목표를 달성하기 위해 주어진 자원으로 모든 이해당사자들이 책임감을 가지고 투명하게 의사결정을 수행할 수 있게 하는 제반장치임을 생각한다면 청년 거버넌스의 존재 자체에 대해 이해가 되리라고 본다.

청년 거버넌스라는 단체는 코로나 시즌인 까닭에 비대면 화상회의를 진행하였다고 한다. 그들이 거버넌스라는 명목 하에 논의한 내용은 크게 4가지였다고 한다. 첫째, 청년비서관 임명이 논란이 된 이유 둘째, 청년 비서관의 자격과 조건 셋째, 내가 만약 비서관이라면 어떤 정책을 추진하고 싶은가 넷째, 청년으로서 청와대에 바란다, 등이었다.* 옛날 같으면 청년들이 자신들의 다양한 의견을 쉽게 개진할 수 없는 문화였기 때문에 이런 폭넓은 의견을 교환하지 못했을 것이다.

하지만 이제 세상이 달라졌다. 달라지지 않으면 살 수 없다는 것을 그들이 몸소 깨달았기 때문이다. 낡은 관습을 바꾸고 행동을 바꾸지 않으면 적응하며 살아갈 수가 없다. 이제 자신들의 생

---

* 아주경제, 2021.7.13일자 기사

각을 대통령에게까지 직언할 수 있는 시대가 되었다. 이런 청년들의 문화적 변화의 기류에 존재하는 에너지가 바로 거버넌스가 아닐까 생각해 본다. 그들은 이런 자리를 빌려 청년들의 역할에 대해 이야기 하고 있다.

<청와대의 웅장한 모습>

그들 청년들은 다음 정부에 청년부가 신설되도록 미리 기틀을 마련하도록 준비해야 한다는 의견의 도출을 이루었다. 그리고 그 청년부를 통해 청년들을 위한 정책의 연속성과 지속성이 이루어질 수 있도록 하고 이런 정책들이 안정적이고 체계적으로 보호될 수 있도록 청년부를 위한 예산확보의 대안까지 의견의 일치를 보앉다. 이밖에도 청년펀드를 조성하고 비수도권 청년을 위한 정책 연구를 통해서 청년들의 가치를 높이자는 의견들을 허심탄회하게 나누었다고 한다.

지금은 누가 뭐라고 해도 거버넌스의 시대이다. 정보통신기술에 기초한 거버넌스의 중요성을 언급하는 사람들이 최근에 많이 나오고 있다. 지금까지 어떤 정부도 정보통신기술을 중심으로 하는 거버넌스에 관한 논의를 하지 않았다고 한다. 이런 보수적인 태도가 바로 관련 부처 간 불협화음을 빈번하게 유발시켰다. 기업이 경계해야하는 것은 각 조직 또는 부서 간의 중첩된 기능체계를 조성하지 말아야 하는 것이다.

기업이나 정부나 새로운 환경에 대응할 수 있는 체제를 만들어야 한다. 바로 거버넌스에 입각한 개편이 필요하다는 말이다. 전자 상거래, 정보통신기술, 쏟아지는 새로운 미디어와 관련한 정책 거버넌스를 통합적으로 구축해야 한다는 의견들이 팽배하다. 전문성을 구축하고 효율성을 추구하며 기술성을 확보하기 위해 정책의 안정성이 필요한 법이다. 이렇게 되기 위해서는 정책이 안정적으로 추진되어야 한다.

이에 필자는 다양한 사회 구성원들이 공동으로 참여할 수 있는 민주적 거버넌스 체제를 구축해야 한다는 것을 강력히 제안한다. 이제 대표나 오너 중심의 대기업 지배구조 방식 등은 조정되어야 한다. 오너나 대표의 지배는 의사결정 등을 함에 있어서도 리스크를 동반한다고 보아야 한다.

세상은 끊임없이 변화하고 있다. 따라서 변화하지 않으면 경쟁 사회에서 버티고 살아갈 수가 없는 것이다. 우리 인류에게는 이미 ESG란 용어가 크게 부상하고 있다. 거버넌스의 의미에 친환경, 사회적 책임 같은 기업이 지녀야 하는 철학 같은 의미가 담겨 있다. 이제 장차 한 기업과 자본시장 그리고 한 나라의 성공과 실패를 가늠하는 새로운 이정표가 숙명처럼 앞에 가로놓여 있는 것이다.

거버넌스(위원회) 제도

거버넌스(governance)는 매우 포괄적인 개념이다. 원래 번역의 차원에서 보자면 '국가경영' 혹은 '공공 경영' 정도로 번역된다. 거버넌스의 개념에서 가장 중요한 부분은 다양성이라 할 수 있을 것이다. 통치에 참여하는 행위자가 다양하며, 다양한 영역이 통치의 영역으로 들어온다는 개념이다. 따라서 거버넌스를 한 마디로 압축한다면 '협치'(協治)라는 표현이 가장 적절하다고 생각한다. 또한 과거의 방식에서 현재의 열린 방식으로의 전환을 의미한다. 국정 운영 방식을 두고 하는 말이지만 학문의 분야에서는 다양한 맥락으로 사용되고 있기에 명확한 정의를 내리기는 어렵다. 즉 국가와 관련된 것이기도 하면서 민간기업이나 시민사회 조직체를 포함하는 것을 의미하고 있다.

옛날에는 국가에 의해 일방적인 통치가 주를 이루었다. 그러나 차츰 국가의 권력은 분산되기에 이른다. 정부는 국민에게 일방적인 명령을 하는 경우가 줄어들었고, 국민 역시 정부의 지휘 하에 자신들이 구속되는 것을 용납하지 않았다. 정부와 국민은 이른바 상하의 관계가 아니라 수평의 관계로서 동반자적 관계로 새롭게 거듭나고 있는 것이다. 이렇게 정부와 국민 관계에 있어서 동반자적 위치는 분권화, 민영화, 시장화 등의 방식으로 변화를 거듭했다.

<미국의 각료회의 모습>

거버넌스란 이렇듯 우리 사회에서 다양한 조직이나 기관이 스스로 통제하에 자율성을 가지고 국정운영에 동참하는 통치방식을 의미하고 있다. 오늘날에는 여기에 시민사회, 세계체제와 같은 다양한 주체가 스스로 주인이 되어 공동체를 형성하고 있다. 이러한

방식으로 서비스를 주고받는 방식을 새로운 형태의 거버넌스라고 규정하고 있다.

오늘날 공룡처럼 거대해진 정부의 활동을 제한하는데 이런 거 버넌스 방식을 공유하려고 한다. 정부의 권력을 규정하는 법률이나 행정규칙, 법률적 판단 등 다양한 결합체의 형식을 거버넌스는 띄고 있다는 것이다. 이렇게 관계가 부드러워지고 다양한 영역이 상호작용을 하고 있다는 점에서 거버넌스에 대한 강조는 더욱 활성화 되리라고 본다. 기업의 입장에서 거버넌스를 이해하고자 한다면 어떻게 정의를 내릴 수 있을까?

일단 기업은 한정된 자산이나 자원 안에서 운영된다. 기업은 종업원들이 두루 잘 먹고 잘살 수 있도록 공동의 복지라는 목표를 달성하기 위해 운영된다. 따라서 여러 구성원들이 책임을 가지고 투철하게 의사결정을 할 수 있도록 하는 장치가 바로 거버넌스인 것이다. 거버넌스는 자신만의 방식이나 자신만의 주의를 고집할 때 그 타당성을 상실하는 것이며, 이것은 매우 비효율적으로 타락할 수가 있다.

우리는 책임을 져야 하는 시기에 살고 있지만 사람들은 대개 책임을 지지 않으려고 한다. 대신에 누군가에게 책임을 떠넘기려고 한다. 우리가 마주하는 문제는 이런 책임성의 약화 내지는 부정으로 인해 드러난다. 세상은 상호 의존을 통해 발전하고 상호연결을 통해 지속이 되는데 책임을 지지 않으려고 하기 때문에 지금 우리는 문제를 안고 살아가고 있다. 세계는 정말 글로벌 거버넌스의 시대를 살아가고 있는 것이다. 유엔에서는 거버넌스에 대해 하나의 국가가 여러 업무를 추진하기 위해 정치, 경제 등 다양한 행정적 권한을 행사하는 것이라고 하면서 서로 이해관계를 공유하며 책임과 의무를 다하면서 견해 차이를 조절할 수 있는 제도하고 정의하고 있다.

거버넌스 제도의 방식

가령, WHO는 중요한 국제기구인데 협력 국가들의 협조가 관건이다. 협력 국가들이 협조하지 않으면 WHO는 맡은 임무를 완수할 수가 없는 것이다. 국제적 협력이 없이는 인류에게 처한 어떠한 문제도 해결하기 어렵다. 기업인들이 맞닥뜨리는 글로벌 경제 역시 세계의 협력이 없다면 발전을 기대하기 어려울 것이다.

지난 6월 중순, 한 청년 거버넌스 단체에서 국내의 여러 지역을 온라인 화상회의 플랫폼 줌(zoom)을 활용해 비대면 토론회를 가졌었다. 이들의 토론 주제는 쓰레기 문제의 심각성에 관한 것이었다. 쓰레기 분리배출 문제, 해양 쓰레기, 쓰레기 매립지 문제, 리사이클과 업사이클 등 아주 폭넓은 의제를 다루는 것을 보았다. 비록 화상을 통한 비대면 회의였지만 경기도의 안산에 거주하고 있는 청년, 강원도의 원주에 거주하고 있는 청년, 서울에 거주하고 있는 청년, 등이 화상이란 공간에서 열성적으로 토론을 했다.

이렇게 다양한 지역에서 하나의 의제를 가지고 토론하는 방식

역시 청년 거버넌스의 협치로 인하여 가능했다는 생각이다. 청년들은 각각 자신의 목소리로 각 분야의 전문가와 정부에 정책을 제안하는 역할을 충분히 하고 있었다. 거버넌스가 소통을 지향하고 있음을 충분히 보여주는 장면이었다. 또한 어떤 위원회에서는 중대 재해를 산업현장에서 예방하기 위한 노사 공동 거버넌스를 만드는 문제가 촉박하다면서 각 업종별로 노사 간 협치의 장을 마련하겠노라 약속했다.

이처럼 거버넌스는 이제 어떤 분야, 어떤 현장에서든 당연한 논의의 방식이 되고 있다. 민(民)과 관(官)과 학(學)이 거버넌스를 구축해서 청소년들의 일자리 지원을 위한 논의의 장을 만들고, 스마트 시티 산업의 육성과 지역경제 활성화를 위한 협약의 차원에서 인접하고 있는 여러 지방자치단체가 함께 참여하는 거버넌스를 출범시키기도 한다.

지난 6월의 한 변방 신문에는 보건의료 데이터 활용의 어려움을 해소하기 위해 데이터 거버넌스 방식의 접근이 필요하다고 지적했다. 이를 해결하기 위해 '국가 의료 빅데이터 위원회'를 설립하자는 의견이 대두되었다. 이처럼 거버넌스는 '위원회'의 형식을 통해 어떤 분야에 대해 데이터에 접근하고 정보를 상호 교환하며, 이를 통해 활용을 증진하는 기반을 구축하는 것이다. 이에 관한 정책이나 어떤 기준을 심사하고 조절하는 역할을 위원회가 충분히 할 수 있다고 믿는 것이다.

거버넌스 제도의 특성 및 수단

거버넌스는 사람으로 치면 아주 후덕한 사람이라 할 수 있다. 다른 사람의 의견을 넉넉하게 받아주는 너그러움의 존재다. 어떤 사람이라도 그 일과 관련이 있다면 그 사람의 의견을 들어준다. 이처럼 거버넌스는 다른 사람들과 함께 하는 파트너십을 중요하게 여긴다는 점이다. 그리고 대개의 경우에는 개별적이거나 단순하게 취급하는 경우가 많은데 비해 거버넌스는 상호관계를 중시하는 특성을 지니고 있다. 어떤 네트워크에 있어서 공식적이지 않은 요인도 중요하게 받아들인다는 점이다. 오직 이익만을 위해 일하지 않는다. 오직 자신들의 목표만을 이루려고 고집하지 않는다. 즉, 다양한 이익과 다양한 목표를 위해 항상 협치하고 조절한다는 점을 특성으로 하고 있다.

이처럼 훌륭한 제도가 실현되기 위해서는 여러 가지 수단이 필요하다. 이런 제도에 대한 법적인 지원이나 절차가 구비되어 있어야 하고 재정적인 지원이 우선해야 한다. 특히 행정적 차원에서 정부나 지자체의 안이한 태도에서 벗어나 적극적으로 지원이 수반되어야 하는 것이다. 이러한 자금의 지원을 통해 프로그램 등을 개발하고 이렇게 개발한 프로그램을 활용하는 수단이 되어야 하는 것이다.

수단적인 측면에서 우선 구비 해야 하는 것은 자금의 문제를 제외하고도 아주 많을 것이다. 거버넌스의 제도가 잘 운영되기 위해 이를 전담할 수 있는 조직을 만들어야 한다. 믿음이 있는 공식적인 단체를 통해 교육이나 학습, 지도, 협력 등의 포괄적인 업무가 이루어져야 한다는 점이다. 덧붙여 또 하나의 중요한 것은 하나는 시민의 적극적인 참여를 필요로 하며 이를 계기로 시민의 생활 전반에 대한 복지, 건강, 행복 등을 추구할 수 있도록 하여야 한다.

거버넌스 제도의 실용화

거버넌스의 하나인 위원회에 대해 잠시 생각해보자. 요즘 많은 기관, 부처 등에서 위원회의 형식을 많이 활용하고 있다. 무슨 무슨 위원회의 이사장, 이사, 감사, 위원 등의 직함을 우리는 교환하는 명함을 통해 어렵잖게 접할 수 있다. 세상이 달라졌고 그만큼 거버넌스를 활용한 경영을 많이 하고 있다는 말이다. 이렇듯 우리 주위에는 거버넌스의 역할에 대해 많은 강조를 하고 있고, 실제 업무에 적용하고 있는 것을 볼 수 있는 것이다.

어떤 기업이나 기관, 단체에서 어떤 업무를 추진하려고 할 때 위원회를 개설하여 활용하는 빈도는 많이 늘어났다. 그런데 막상 위원회란 이름으로 구성하여 이합집산하는 과정을 보면 실제 위원회의 영향력은 미미하다는 점을 알 수 있다. 그들은 의견을 제출하고 끝없는 토론을 하지만 실제 결정적인 영향력을 행사하는 데는 한계가 있다는 말이다. 결정적인 역할을 하는데 이사회의 견해는 얼마나 반영되었을까? 리처드 P. 채이트의 〈거버넌스 리더십〉

에 의하면 관여도는 매우 낮으며, 인정받는 경우 역시 어쩌다 간혹 정도에 지나지 않는다는 것이다.

기업이나 기관, 단체 등의 관리에 대해 어떻게 관리, 운영해야 할지 많은 지침서도 있고 운영의 지침을 간단하게 정리한 팸플릿 같은 것도 있다. 그러고도 부족하다 싶으면 세미나 같은 형식을 통해 방식을 공유한다. 그러나 실제적으로 위원회 등의 업무수행 능력에 대해서는 많은 사람들의 기대에도 불구하고 아직 한참 미치지 못한 실정에 놓여있다는 점이다. 사람들은 실망스런 눈빛을 하고 머릿속으로는 이렇게 생각하고 있는지 모른다. '그들은 정말 위원회를 위해서 어떤 노력을 기울이기는 하는 것인가?' 그들의 의견은 어떤 프로젝트의 실현에 있어서 얼마나 반영될 수나 있는지 의구심을 품고 있다는 말이다.

<분쟁조정위원회 모습>

이러한 위원회, 이사회에 대해 사람들은 어째서 실망을 하는가? 위원회는 업무를 수행함에 있어서 궁극적으로 능력을 제대로 발

휘하지 못하는 경우가 흔하기 때문이다. 그들의 견해가 아무리 뛰어나다고 하더라도 오너에 의해 받아들여지지 않으면 무용지물이 되는 것이다. 사람들은 이러한 구조를 이미 알기 때문에 실망을 하는 것이며, 효율성을 높이지 못한 것에 대한 아쉬움 때문에 실망을 하는 것이다.

위원회의 구성원들은 모두 명망 있고 실력이 있으며 총명한 사람들이다. 이렇게 최고의 인사들로 구성된 집단이 결과적으로 일에 열중할 수 없도록 제한을 받는다. 그들이 경험하고 축적한 지식들을 활발하게 소환하여 능률을 향상시켜야 하는데도 결국 모두 소극적으로 존재하게 된다. 그들은 활발하게 교환한 의견이 경영에 반영되도록 열심히 하려고 해도 결정력이 없다는 것을 알게 되고 결국 돈이나 받고 어슬렁거릴 뿐이다.

위원회나 이사회의 이름 아래 쏟아지는 조직에 대한 많은 견해들이 생산되고 오너의 리더십이 변화하도록 새로운 아이디어들이 계속 양산된다. 거버넌스 즉 협치의 방식을 어떻게 실현할 수 있을 것인가에 대한 실제적인 작업은 이루어지지 않는다. 그들이 그나마 할 수 있는 것은 어떤 지침을 내리거나 어떤 실천의 양식을 권고하는 것이다. 따라서 사람들이 위원회나 이사회 같은 제도를 반기고는 있지만 두 손 들고 환영하지 못하는 이유가 여기에 있는 것이다.

그런 탓인지 세상 사람들의 의식구조 속에도 거버넌스 같은 개념에는 관심이 희박한 측면이 있다. 국내에서 거버넌스에 대한 연구는 정말 미흡하다. 거의 전무한 상황이라 해야 옳을 것이다. 소논문 하나 제대로 된 것이 없을 정도다. 이런 반면에 리더나 리더십 같은 분야의 연구는 넘치는 측면이 있다. 거버넌스에 입각하면 이제 이런 리더나 리더십에 대한 연구보다 이사회, 위원회, 거버넌스 등의 연구에 치중해야 방향이 맞는 것이다.

그럼에도 리더십, 오너의 개념과 위원회나 거버넌스의 개념이 대치하지 않고 새로운 조화를 이룰 수 있다는 것이다. 각기 다른 지점에서 각기 다른 방향으로 걸어가도 언젠가는 서로 만나는 길을 만들어낼 수 있듯이 이제 리더십이나 위원회 같은 말을 거버넌스의 개념에서 새롭게 인식하고 받아들일 필요가 있다는 말이다. 새로운 개념을 받아들이면서 새로운 실천 방향을 제시하는 작업이 필요하다.

우리는 거버넌스에 대한 지식을 축적하는 일보다 우선 거버넌스를 제대로 이해해야 한다. 제대로 이해한다는 것은 거버넌스에 대해 고민을 해야 한다는 의미다. 그래서 이를 빈틈없이 관리를 해야 하고 연구하다 보면 궁극적으로는 어떻게 실천할 수 있는지 깨닫게 되는 것이다. 거버넌스에 의한 관리와 경영을 이해하고 받아들이기 시작했다면 이제 다음 차례는 오너나 종업원들의 생활 태도를 바꾸는 일이다.

미국의 거버넌스 전문가들은 이렇게 주문한다. 당신이 위원회의 위원이거나 이사회의 이사라면 명함의 뒤에 업무가 무엇인지 정확히 기록하라. 전문가들은 충고의 태도로 이러한 방식을 받아들이지 말고 조직의 임무를 명확히 이해하는 결정적인 방법으로 이것을 받아들이라고 당부하고 있다. 오너와 위원회의 위원들은 아주 밀접한 관계를 맺고 있다. 서로 의지하고 협력하는 존재이지 껄끄러운 존재가 절대 아니다. 그들의 존재는 서로에게 경계의 대상이 아니라 상대를 빛내주는 거울의 역할이 되어야 하는 것이다. 거울이 없다면 누구도 자신의 모습을 비쳐 볼 수가 없듯이 거버넌스의 의미는 상대를 위해 거울 같은 존재이어야 한다.

그래서 오늘날에는 미국 같은 경영 선진국에서는 오너와 위원들의 업무를 적절히 분배하는 추세라고 한다. 거버넌스의 방식이 기업의 생존방식이라는 것을 이제 경영인들이나 오너들은 깨닫기 시작했다. 위원회가 제대로 기능을 하고 구성원들인 위원들 역시 자신의 업무를 정확히 숙지하고 최선을 다한다면 결국 오너의 리더십도 몰라보게 달라질 것이다.

그럼, 우리 사회에 이러한 거버넌스의 경영이나 관리를 어떻게 실용화 할 수 있는지 생각해 보자.

첫째, 위원회 성격의 가치가 달라졌다. 비록 전문적인 지식이 없더라도 위원회에 몸을 담으면 자부심을 지니게 되고 이에 따른 책임도 따르게 되는 것이다. 이런 분위기가 차츰 발전해서 이제 스스로 맡은 분야의 전문가가 되기 위해 연구를 하고 학습을 해야 살아남을 수 있는 분위기가 형성되고 있는 것이다.

둘째, 위원들이 자신의 역할을 초월하는 경향이 늘어났다는 점이다. 오너의 역할은 분명 리더십의 역할을 수행해야 하는 것이 맞다. 그런데 세상이 변한 탓에 위원들이 마치 관리자로서의 오너처럼 행동하려고 한다. 이것은 지나친 과잉행동이요 잘못 받아들인 처사라고 하지 않을 수가 없다. 거버넌스에서 가장 경계해야 하는 것이 오너의 영역 즉 경영에 직접적으로 간섭을 하는 행위, 비록 작은 것이라도 관리자처럼 하는 역할을 경계해야 하는 것이다.

셋째, 거버넌스는 물론 일률적으로 정해진 하나의 역할이 있는 것은 아니다. 굳이 거버넌스를 오너의 리더십 차원에서 설명하자면, 거버넌스의 형태는 몇 가지로 구분해 볼 수가 있다. 이사회나 위원회의 위원들이 어떤 주체적 상황을 선택하는지에 따라 분류할 수가 있는데 이사회가 회사의 자산의 관리에 집중을 하는 것이 그 첫째라 할 수 있다. 그리고 위원들이 경영진을 전략적으로 동지의 위치에서 활동하는 것과 위원이 기업이나 조직의 오너에게 리더로서의 중요한 원리나 원천 등을 제공해주는 등 다양한 형태가 있다.

여기에서 어떤 것이 더 우위에 있다고 단정할 수는 없다는 점이다. 대체적으로 여기 언급한 몇 가지의 형태를 적절히 배합해서 활용하는 것이 긍정적이라고 얘기할 수 있다. 어떤 영역이든 하나의 영역이 무력화 되거나 비정상적으로 다른 영역이 과도하게 강조되는 형태가 된다면 거버넌스의 기능이 제대로 발휘될 리가 없다는 점을 명심해야 할 것이다.

그렇다면 대체 거버넌스에 있어서 우려할만한 문제점은 어떤 것이 있을까? 아무리 발전적이고 현대적인 흐름이라도 문제는 존재하는 것이다. 세상의 모든 분야를 두루 만족스럽게 보살피기는 어려운 것처럼 말이다.

가장 중요한 문제는 앞에서도 잠깐 언급한 것처럼 책임성의 문제이다. 어떤 일의 결과에 대해 믿고 따를 수 있는 그런 단체가 되지 못한다. 일의 결과로서 누군가는 책임질 일이 발생했을 때 위원회나 이사회 등의 기구는 책임부담의 밖에 존재하기 때문이다. 이는 아직 과정에 있는 거버넌스에 대한 의식이 이들에게 책임을 물을 만한 어떤 제도적이고 법적인 장치를 만들어내지 못한 것도 한몫 하고 있는 것이다.

또한 위원회나 이사회의 구성원들은 자신의 업무에 대해 방만하다는 지적이 있다. 그들은 그저 오라면 오고, 가라면 가는 로봇처럼 의미도 없고 형식에 지나지 않는 존재들이란 점이다. 여기에는 하나의 은밀한 약속이 전제되는 경우도 있다. 관리자 측에서 이런 위원회의 위원들에게 자신들의 업무나 경영에 대해서 너무 깊게 관여하지 말 것을 요청한다는 말이다. 이러다 보니 어떤 흐름을 타고 거버넌스적 경영을 도입하여 위원회나 이사회 등의 기구를 만들었다 하더라도 그들은 자신들의 업무나 자신들의 간섭의 정도가 어디까지인지 명확하지 않는다는 점이다. 이런 초기의 방식들이 이런 위원회 구성원들의 업무 태도 자체를 무력화 했던 것은 아닐까 생각해 볼 수 있는 것이다.

우리는 지금까지 거버넌스에 대해 간략하게 살펴보았다. 우리가 여기까지 읽었다면 머릿속에 떠오르는 우려의 생각이 있을 것이다. 아, 위원회 같은 제도는 있으나 마나한 형식적인 제도인 모양이다. 책임에 대한 부담도 없으니 이런 제도에 크게 기대할 수가 없겠구나. 적어도 이런 생각이 드는 것은 어쩔 도리가 없다. 그런데 어떤 분야에서는 이런 거버넌스 즉 위원회 등의 위원들이 엄청난 권력을 행사하는 경우도 있다는 점에 주목할 필요가 있다.

거버넌스 제도의 효과

거버넌스의 효과는 생각보다 훨씬 크게 나타나고 있다. 국가는 이제 더 이상 권력의 상징이 아니다. 행정을 집행하는 그 힘이란 것이 국민으로부터 나온다는 점을 국민들은 누구보다 잘 알고 있다. 따라서 지금까지 소외되어온 집단이나 단체들이 국가의 정책에 동참하게 되었다는 말이다.

이러한 동참은 사회적으로 해결하기 어려웠던 문제를 원만히 해결할 수 있는 수단이 되었다. 그리고 이렇게 협력을 통해 문제를 해결하는 과정을 통해 국가의 단독적 방식보다 유용하다는 사실을 밝혀냈다. 현대사회는 갈수록 몹시 복잡하게 얽혀 있는 구조다. 정부와 사회는 일방적이 아닌 상호적인 관계 안에서 역할을 분담하여 복잡한 문제를 풀어나가야 하는데 이때에 거버넌스의 효과가 아주 긍정적으로 작용하고 있다고 하겠다.

우리는 이렇듯 눈앞에 나타나는 놀라운 현실적 모습을 통해 세 가지를 깨닫게 된다. 하나, 현대사회는 전통적인 하향적 구조에서 탈피해야 살아남을 수 있다. 둘, 국가라는 존재는 권력의 집권적인 방식에서 벗어나야 한다. 셋, 현대사회는 함께하는 사회라는 점이다. 무엇이든 단독보다 공동이라는 개념이 우선하여, 같은 방향을 향하고, 규제도 공동으로 받아들이고, 생산도 공동으로 하고, 교육이나 지침 등도 공동으로 하는 것이 강조되는 세상이다. 이랬을 때 우리가 당면한 사회적 문제 등의 해결에 효과를 극대화할 수 있는 것이다. 따라서 거버넌스의 개념은 매우 현대적 개념이며 개선된 의미의 방식이라 할 수 있다.

거버넌스 제도의 문제점

살펴보았듯이 거버넌스 개념에서 가장 중요한 영역은 역시 시민들의 참여에 관한 것이다. 일반 시민들이 참여하지 않고는 의미가 없다. 향후 더욱 강력하게 제시될 새로운 형태의 거버넌스에 있어서는 우리 시민사회의 민주적 가치가 성숙해 있어야 한다. 성숙한 시민사회가 전제되지 않으면 수많은 잡음을 일으킬 수밖에 없는 것이다. 그리고 참여의 대상이 이처럼 시민, 대중으로 확대되었을 경우 자칫 실패를 할 수도 있는데 이럴 때에 그 책임을 누가 지느냐의 문제에 직면할 수가 있다. 그래서 책임의 문제를 지혜롭게 해결해나갈 수 있는 지속적인 연구가 필요하다고 하겠다.

2. ESG 경영 시대

지금까지 중요하게 여겼던 거버넌스의 개념보다 더욱 차원이 높은 개념이 바로 ESG 개념이다. 이른바 향후에는 ESG가 중심이 되는 시대가 주를 이룰 것이라고 한다. ESG는 거버넌스를 포함하여 여기에 환경과 사회의 중요성을 강조한 신 개념이라 할 수 있다. 환경 - 사회- 지배구조가 하나의 고리처럼 상호 작용을 하는 경영체제를 이루고자 하는 것이 ESG 경영의 목표라고 할 수 있다.

ESG 경영에 입각하면, 하나의 기업을 평가할 때 오직 재무적인 입장에서 평가하던 기존의 평가방식과는 확연히 다르다는 것을 알 수 있다. 즉 기업의 비재무적인 요소를 가지고 하나의 기업을 평가하고 여기에 기준을 두고 기업을 경영하며 성장시켜나가야 한다는 메시지를 강력히 품고 있는 경영방식인 것이다. 기업의 재무적인 요소라면 흔히 우리가 A라는 기업을 평가할 때 가장 먼저 무엇을 가지고 분석하는지를 생각해보면 바로 이해할 수 있다.

그 회사는 자금의 규모가 얼마나 되나? 회사의 경영은 누가 하지? 그 대표는 경영능력을 인정받은 인물인가? 사업의 확장성은 어느 정도나 되는가? 순수한 자본의 규모는 어느 정도인가? 외부 투자금은 얼마나 되는가? 통상적으로 이런 기준으로 우리는 기업을 평가하고 바라본다고 할 수 있다. 즉 재무적인 기준을 가지고 기업을 평가하는 방식이다. 그러나 ESG 경영은 재무적 기준으로 기업을 평가하지 않는다.

ESG 경영은 기업의 가치 중심에 자본보다 윤리를 둔다. 사회적 가치 혹은 윤리적 가치를 중심으로 기업을 평가한다.

'E'는 환경을 중심으로 기업을 생각하는 것이다. 우리나라뿐만 아니라 지구촌 곳곳이 환경오염으로 많은 문제를 야기하고 있는 실정이다. 우리의 경우, 세계적인 기업들이 여러 개가 있다. 삼성 은 물론 LG화학, 롯데 등등 세계의 경제를 리드하는 기업들이 많 이 있다.

이처럼 전도유망한 기업들이 제품을 생산함에 있어서 치명적으 로 문제되는 것이 바로 탄소의 배출에 관한 것이다. 제조업을 기 반으로 하는 기업들은 제품을 생산하면서 환경오염을 야기한다. 탄소의 배출은 제품을 생산하는 과정에서 필연적으로 따라온다. 탄소를 전혀 배출하지 않을 수는 없다. 그래서 UN에서는 탄소배 출을 현저히 줄여야 한다는 메시지를 전하면서 세계적으로 탄소 중립정책을 펼치고 있다. 가장 최상의 정책은 아예 탄소를 배출하 지 않는 방식이다.

이제 몇 년 후면 일정 규모 이상의 기업의 경우 ESG가 의무적으 로 도입될 것이라고 한다. 그리고 차차 작은 기업들에게도 탄소배 출의 감소를 의무화 하는 정책이 만들어질 것이라고 한다. 탄소배 출과 관련한 UN의 목적은 어떤 기업이든 회사를 경영하면서 생 산하는 주요 제품을 감시하고 이런 감시를 통해 환경적 유해요 소가 어느 정도인지를 평가하여 기업의 가치를 판단하겠다는 데 있다.

'S'는 사회를 의미한다. 기업이 하나의 사회에 어떤 영향을 미치는지를 여기에서는 매우 중요하게 생각한다. 기업은 제품을 생산하는데 이러한 제품은 사회에 얼마나 긍정적인 영향 혹은 부정적인 영향을 미치는지 살펴본다는 의미이다. 우리 주위에는 지금 차별이 심하다고 불만을 많이 털어놓는 집단이 많다. 부자와 가난한 자의 차별, 남자와 여자의 성별에 의한 차별, 피부색에 의한 차별, 아시아, 유럽 같은 지역성에 의한 차별, 이는 일종의 도덕적 윤리적인 사고에 의한 차별 등으로 이러한 차별이 만연하고 있다.

'G'는 거버넌스로서 여기에서는 지배구조를 의미한다. 필자가 바라보는 거버넌스의 의미는 다양한 견해를 제공하여 기업의 경영에 지배적인 힘을 보탤 수 있는 여러 세력들을 말한다. 기업의 경영에서 얼마나 독단적인 세력이 불합리하게 경영을 운영하는지를 철저히 평가하겠다는 뜻으로 해석되는 것이다. 지금까지는 일인 혹은 소수의 지배구조가 수직적인 체계를 통해 명령을 하달하는 방식이었다.

그러나 ESG 경영은 수직적 구조가 아니다. 다양한 사람들 즉 다양한 목적과 생각을 지니고 있는 사람들이 동등하게 자신들의 생각을 드러낼 수가 있는 방식이다. 남녀의 차별도 없고, 인종이나 종교, 교육, 빈부의 차이도 없다. 모두에게 대등한 기회를 제공하는 것을 주요 장점으로 활용하는 경영방식이다. 하나의 기업을 실례로 들어 향후 ESG 경영에 의한 변화된 기업의 모습을 예측해 보도록 하겠다.

석유 연료를 태워 제품을 생산하는 X기업은 온실가스 배출량에 대해 이제 심각하게 고민을 해야 할 때이다. 제품을 많이 생산할수록 연료로 사용하는 석유의 양이 많아지기 때문에 당연히 온실가스 배출량도 많을 수밖에 없을 것이다. 국내에서도 날마다 인근 주민들의 눈치를 보며 마음을 졸였는데 이제 대외적으로 보면 지구의 환경을 오염시키는데 주된 오염원이 되었다는 비난을 면하기 어렵게 되었다.

사람들의 인식이 X기업이 생산하는 제품보다 X기업에서 배출하는 온실가스에 대한 불평으로 모아질 때 기업의 존재가치나 존립이유에 대해 심사숙고 할 필요성이 있는 것이다. 따라서 온실가스를 줄이자는 의견이 기업의 내부에서 서서히 대두되기 시작할 것이다. 그런데 이런 의견에 투자자들 입장에서는 선뜻 동의하기 쉽지 않다는 점이다. 왜냐하면 투자자들은 오직 수익을 많이 내는 기업을 추구하고 있기 때문이다.

그러나 기업의 주주들 입장에서는 거세게 밀고 들어오는 각계의 압력을 견뎌내기 쉽지 않을 것이다. 어쩔 수 없이 투자자들은 주식을 팔게 되고 나가는 방법을 선택할 것이 분명하다. 또한 ESG 경영방식에 의한 기업의 평가를 하게 되면 당연히 거시적으로 지구의 환경에 피해를 끼치니 나쁜 기업의 이미지를 떨쳐내지 못할 것이다.

주주들은 주식을 팔게되고 결국 주가는 추락이 예상된다. 결국 추락을 거듭하다가 주식시장에서 퇴출당할 수도 있는 것이다. 이것은 비록 예측에 지나지 않지만 당장 닥쳐도 이상할 것이 없을 정도로 세계의 환경단체는 지구환경 보호에 적극적으로 개입하고 있는 실정이다. 기업은 이제 오직 생산량을 늘려 매출의 극대화에만 치중해서는 승산이 없는 시대가 되었다고 할 수 있다. 우리는 더군다나 코로나19펜데믹 사태를 겪으면서 환경이 얼마나 중요한 영역인지 몸소 깨달았다는 점을 가볍게 보아서도 안 될 것이다. 내게 돌아오는 이익이 다른 사람에게 어떤 피해를 입혔는지 이제 착실히 살펴서 경영을 할 때가 되었다는 말이다.

B라는 기업은 게임 제작회사라고 가정해 보자. 게임은 일정한 스토리에 따라 프로그램화 된 것인데 만약 게임의 줄거리가 어떤 약소민족을 비난하거나 어떤 인물을 패러디 하여 비난하는 스토리를 만들어서 문제가 되었을 때는 이 게임 제작회사는 인권문제에 노출되어 소비자들로 하여금 엄청난 공격을 받을 수가 있다. 문제는 소비자들의 단체행동이 불매운동으로 번져 기업의 운영에 직접적인 타격을 입힐 수도 있다는 점이다. 이러한 문제는 우리가 얘기하고 있는 ESG 경영의 S요소로 인해 불거진 문제이다.

이와는 반대로 C라는 기업은 마스크를 제작하는 기업인데 이번 코로나를 맞이하여 세계적으로 각광을 받는 기업이 되었다고 하자. C기업은 어려운 시기에 국제사회에 공헌하는 기업이라는 칭찬을 들었다. ESG 경영평가에서 물론 훌륭한 점수도 받았다. 이렇게 되자 예전에 받지 못한 물품대금까지 받게 되는 것은 명확한 일이다. C라는 기업이 만약 상장이 되어 있는 회사였다면 ESG 경영평가를 높게 받은 나머지 기업의 주식가치마저 상승하는 효과를 누렸을 것이라고 본다.

우리가 일반적으로는 거버넌스처럼 잘은 모르고 있었지만 사실 ESG에 입각한 평가를 이미 하고 있었다고 한다. 한국기업지배구조원에서 이 작업을 수행한 것으로 알려져 있는데 이곳에서는 ESG 평가 및 분석과 ESG 정책연구 등을 주 업무로 하고 있다고 한다. 공식적으로는 기업의 지배구조, 사회적 책임에 대해 평가하고 연구 및 조사를 수행하고 있다는 것이다.

이곳에서는 한국거래소, 코스다 상장회사, 금융투자회사 등등 국내의 900개 이상의 상장회사를 대상으로 기업지배구조 등급을 부여한다. 그리고 이를 토대로 투자자에게 기업의 실적, 성장 가능성, 미래의 가치 등의 자료를 제공하는 것이다. 필자도 이 글을 쓰면서 다시 한 번 이 기업에 대해 살펴보니 생각보다 일찍 ESG 경영평가를 해온 이력에 놀랄 따름이었다.

이제 기업이든 개인이든 환경 등에 있어서는 세계의 흐름을 따라가지 않으면 안 되는 시대에 우리는 살고 있다. 전기 자동차의 증가는 이를 말해주고 있다. 탄소를 적게 배출하는 제품을 선호하는 것도 당연한 현대적 소비자들의 선택인 것이다. 향후 중소기업 등도 이제 이런 평가에서 자유로울 수는 없다. 평가의 기본은 아주 초보적인 데이터의 수집으로부터 시작한다. 감독기구나 지자체의 관련 자료, 뉴스 등에 나타나는 보도자료, 홈페이지, 사업보고서 등을 토대로 기초 데이터를 수집하는 것이 첫 번째 단계이다.

다음으로는 ESG 항목에 대한 위험의 최소화에 대해 살펴본다. ESG 항목의 위험을 줄이기 위한 전략이 있는 기업인지 살펴본다. 물론 여기에는 아주 많은 항목이 있다는 것이다. 기업이 고려해야 할 요소가 무척 많다는 얘기다. 300여 개의 항목별 평가요소가 있다고 하니 기업이 발전하고 살아남기 위해 신경 써야 할 요소가 그만큼 많다는 것이다. 그리고 이렇게 취합한 평가요소에 대해 아주 과학적인 데이터 검증 시스템을 활용해 평가검증을 한다는 것이다. 사심이 작용하면 어떤 기업이든 안 되기 때문에 같은 항목의 데이터를 같은 기준을 가지고 평가를 해야 한다.

그리고 가장 중요한 요소 두 개가 남았는데 ESG와 관련하여 기업의 가치를 훼손할 우려가 있는 문제를 발생시킨 이력이 있는가에 대하여 아주 주의 깊게 평가하고 있다. 그래서 이런 평가는 기본평가가 아니라 심화평가에 해당한다. ESG와 관련한 60여 개의 평가항목을 살펴본다는 것이다. 이런 항목의 기준 위반은 기업에 있어서 치명적일 수밖에 없을 것이다. 이제는 소비자들의 의식수준도 매우 높아졌기 때문이다.

그리고 마지막으로 가장 중요한 영역이 기업의 피드백에 관한 내용이다. 이렇게 평가한 자료를 바탕으로 쌍방향 커뮤니케이션을 하는 것이다. 최근에 가장 많이 회자되는 말이 피드백에 관한 것이다. 일방향은 피드백이 전혀 없는 관계이다. 일방향이야말로 독점이며 갑질이란 말은 이제 옛말이 아니다. 무엇이 문제인지 평가한 자료를 받아들이는 기업의 태도도 긍정적으로 바뀌어야 이제 살아남을 수가 있다.

우리는 불과 얼마 전에 사회 윤리적 문제를 일으켜서 순식간에 붕괴한 기업을 직접 목격한 바가 있다. 작은 기업이든 대기업이든 무너지는 것은 한 순간이다. 빌딩을 지을 때는 오랜 시간 많은 노고가 필요해도 무너뜨릴 때는 순식간이면 족한 것과 전혀 다르지 않다. 쌍방향은 비단 기업에서 뿐만 아니라 저널리즘, 교육, 문화, 심지어는 가족 내부에서도 쌍방향 커뮤니케이션은 필요한 시대가 되었다는 것이다.

우리 주위에 있는 작은 기업이나 우리나라의 대기업이 이런 ESG 경영 평가에서 좋은 성적을 받았으면 하는 바람에서 여기 평가를 가정(假定)하여 예시를 들어 보겠다. 좋은 평점을 받아야 앞으로 기업이 회생하고 발전할 수 있다는 점을 명심할 필요가 있다.

기업	ESG 점수	E(환경)	S(사회)	G(지배력)	년도/비교
갑	A	A	A+	A	21/1차
을	B	D	B	B	20/2차
병	A	B	A+	A	19/2차
정	C	D	C	B	19/1차

이제 우리의 기업들은 이런 평가표를 접할 날이 다가오리라는 각오를 새기고 경영에 임해야 할 것이다. 우리는 모르고 있었지만 이미 대기업의 내부에서는 오래전부터 이런 점을 염두 해 두고 기업을 경영해 오고 있다는 점도 우리를 놀라게 한다. 많은 기업들이 이런 운동에 동참해서 자손 대대로 물려줄 수 있는 자랑할 만한 기업으로 발전하기를 바란다. 다가오는 세대들에게 친환경, 친사회, 반 지배의 훌륭한 기업을 물려주는 일이 무엇보다 절실한 때이다.

ESG 환경 인식의 변화

21세기는 단연 환경의 시대이다. 환경이 변하듯 이에 대한 사람들의 생각도 변해야 한다. 이제 모두가 변해야 산다. 변하지 않으면 살아갈 수가 없다. 정치도 변해야 하고 문화도 변해야 하고 삶을 살아가는 방식도 변해야 한다. 오랜 습성이나 고집이 당분간은 삶을 안락하게 해줄지는 몰라도 환경의 변화를 막아낼 수는 없는 것이다. 환경의 변화는 각 나라의 정책변화를 요구하고 각 나라의 정책변화는 개인의 생활의 변화를 요구하지 않으면 달성할 수 없다.

그냥 막연히 바꾸자고 말하는 것이 아니다. 더불어 좋은 환경에서 살아가야 할 책임이 있는 인류는 오래 전부터 변화하지 않으면 우리가 사는 지구가 버텨내지 못한다고 판단했을 것이다. 많은 변화가 필요하지만 가장 인간의 생명에 영향을 크게 미치는 환경에 있어서는 인류가 합심해서 서두르지 않으면 자연재해의 위험으로부터 오는 고통을 우리가 고스란히 떠안아야 한다는 점을 잊어서는 안 될 것이다.

이미 30여 년 전인 1992년쯤에 인류는 지구 온난화 방지를 위한 온실가스의 인위적 방출을 규제해야 한다는 목소리를 내기 시작했다. 여기에서 온실가스란 프레온 가스를 제외한 모든 이산화탄소(CO_2)를 의미한다. UN총회의 결의를 통해 공식적으로 제안 되었고, 속도감 있게 회의를 거듭하여 불과 2년이 되기도 전에 6차례의 공식회의를 열었다. 그리고 브라질 리우 회의에서 최초로 협약서를 만들어 공개하였다.

이때, 이 협약에 가입한 나라가 50여 개국이었다. 따라서 이때부터 각 나라는 이산화탄소 가스 배출 규제 의무를 수행해야 했던 것이다. 당시의 중요한 메시지는 국가 별로 일정 수준 이하로 온실가스를 억제해야 한다는 것이었다. 만약 이러한 의무를 위반할 때는 무역의 규제 등을 통해 불이익을 받도록 하였던 것이다. 산업화의 대열에서 갈 길이 바쁜 개발도상국들에게 이러한 의무는 경제적 부담으로 다가왔다. 선진국은 이런 여건을 고려하여 개도국을 위해 재정적 지원을 해줘야 했고, 그들이 지니고 있는 앞선 기술을 이전해야하는 부담도 떠안을 수밖에 없는 입장이 되었던 것이다.

이후 1997년 이를 이행하기 위해서 일본의 교토에서 기후협약이 만들어지게 되었다. 교토의정서라고도 하는데 여기에서는 구체적인 온실가스의 감축 강화 방안에 대한 내용이 담겨 있다. 이때, 언급한 6가지의 온실 가스는 이산화탄소(CO_2), 메탄(CH_4), 아산화질소(N_2O), 과불화탄소($PFCs$), 수소불화탄소(HFC), 육불화황(SF_6) 등이었다. 이 가운데 배출량이 가장 많은 것은 단연 이산화탄소이다. 그러므로 일반적으로 배출권이라 함은 탄소배출권으로 이해하는 것이다.

<지구온난화의 주범>

경제발전을 거듭한 선진국들은 지구온난화의 책임을 지고 향후 4년 동안 기존의 온실가스 용량을 대비하여 5.2%를 줄여야 한다는 의무를 지게 되었다. 당시만 하더라도 한국이나 중국은 개발

도상국의 반열에 있었기 때문에 적극적인 의무 국가는 아니었다. 우리는 이후 온실가스의 규제의무를 지게 되는데 이것이 온실가스 배출권의 거래라는 상품성을 지니게 되었고, 이로써 선진국과 개발도상국가 간에 새로운 관계의 경제거래 메카니즘이 등장하게 되었다.

이러한 도쿄의정서는 2020년에 수명이 다했다. 따라서 기후변화에 대처할 새로운 협력을 필요로 하게 되었다. 사실 도쿄의정서의 만기(滿期)를 대비해서 훨씬 이전부터 준비해온 것이 2015년 프랑스 파리에서 열린 기후변화협약이다. 무려 195개국이 협약을 맺고 채택을 하였다. 정확한 명칭은 파리기후변화협약이다.

교토의정서가 2020년 12월에 만료가 되었고, 파리협정이 2021년부터 새롭게 적용되고 있는 것이다. 이러한 파리협정의 특이한 점은 다른 협정과 달리 종료시점이 없다는 점이다. 우리 지구의 평화와 안전을 위해서 지구의 평균온도가 지금보다 2도 이상 상승하지 않도록 참여국들이 이산화탄소 배출량을 제로로 한다는 약속을 하고 이를 반드시 실천하자는 협약인 것이다. 현재 우리 지구의 온도는 산업화 이전의 시대보다 1도 정도 상승한 상태라고 한다. 만약 앞으로 우리가 우려하고 있는 $1°C$ 온도가 더 상승한다면 빙하의 해빙이 가속화 되고 이에 따른 엄청난 기후변화에 직면하여 세계 곳곳에서 많은 재해가 발생할 것이라고 한다. 파리협약에서 예측하고 있는 기온상승의 피해는 한두 가지가 아니다. 그 예를 들어본다면 지구상의 많은 사람들이 물 부족에 시달릴 것이다. 또한 현존하는 생물의 적어도 1/3이 멸종할 것이다. 수 천 만 명에게 기근의 위험이 발생할 것이며 폭염에 의한 엄청난 인류의 죽음과 수많은 재앙이 발생할 것이고, 만년설 등이 소멸하고 지구의 상당 부분이 해수면 아래에 잠길 것이라고 한다.

사실 이런 경고는 일본뿐만 아니라 섬나라들에게는 매우 절박한 처지라고 할 수 있다. 그래서 지구의 온도를 낮추어야 한다고 아주 강력하게 목소리를 높이고 있는 실정이다. 그러나 파리협정은 국제법적 구속력을 갖지 못한다는 한계가 있다. 많은 나라들이 법적인 구속력을 갖도록 노력하고 있으나 우리는 미국, 중국과 함께 법적 강제조치를 반대한 입장이다.

산업의 발달이 경제의 중심이 되는 차원에서 그러한 협약이 당장 구속력을 갖게 되면 경제적 손실이 엄청나게 따를 것이기 때문이다. 이러한 국제법적 구속력의 부재를 보충하는 의미로 각 나라는 국내법을 만들어서 그 이행을 촉구하는 수준에서 합의가 되었던 것이다. 하지만 아무리 노력을 해도 앞으로 10년 후까지 지구의 온실가스 배출량은 증가할 것이라는 게 중론이다. 향후 100년 앞을 대비해서 아주 장기계획을 세우자는 의견도 대두되고 있는 실정이다. 의미 깊은 파리협정이 그저 소문난 잔치로 끝나지 않게 되기를 바랄 뿐이다.

기업이 살아남기 위해서는 이제 국가교육계획처럼 백년지계(百 年之計)를 세워야 할 때가 되었다. 기업을 경영함에 있어서 그만큼 신중해져야 한다는 말이다. 파리협정이 성공하기 위해서 가장 시급한 문제가 재원을 마련하는 문제인 것처럼 기업을 향해 조여드는 이런 외부의 압박을 미리 대비하기 위해 우리 역시 자금을 조성하는 일이 무엇보다 중요하다고 본다.

2020년 이후 선진국이 만들어내야 하는 지구환경 보존을 위한 기후관련 재원의 규모는 연간 최소 1000억 달러라고 한다. 우리 돈으로 100조가 훨씬 넘는다. 우리는 이제 선진국 반열에 올랐기 때문에 의무적으로 부담해야 한다. 기업을 살리고 경쟁적 환경에서 살아남으려면 이처럼 환경에 대한 인식부터 달라져야 한다는 점을 명심해야겠다.

대개 자신의 기업은 틴소배출과 무관하다고 생각하는 사람들이 많은 듯하다. 선뜻 생각해 보면 자기 주위의 많은 기업들은 이런 고차원적인 탄소배출과 동떨어진 기업이라고 생각할 수도 있을 것이다. 그러나 탄소배출 문제에 있어서 세계의 선두그룹에 해당하는 기업들의 면면을 살펴보면 우리들의 생활공간 자체가 탄소배출의 범위 안에 둘러싸여 있다는 것을 쉽게 깨달을 수가 있다.

생활 속에서 우리는 탄소를 전혀 배출하지 않고 살아갈 수는 없다. 호흡을 하는 자체로도 우리는 탄소를 배출하고 있는 셈이다. 따라서 우리 주위에 많은 것들이 탄소배출과 연관이 있음을 어렵지 않게 공감할 수 있을 것이다. 파리협정의 체결은 세계 각국이 환경오염에 대한 문제를 이제 자신의 문제로 심각하게 받아들이고 있다는 반증이다. 따라서 우리는 이제부터라도 이런 세계적 정책에 동반자가 되어 저탄소에 관한 의식을 바로 세우고 생활 속에서도 실천하는 삶이 되어야 하리라고 생각한다.

에너지 사용에 있어서도 재생이 가능한 에너지 자원을 활용하는 방안도 역시 저탄소 정책에 동참하는 과정이다. 재활용을 통해 원자재를 절약하는 자세 역시 마찬가지 과정이다. 혹자는 농사를 짓는데 탄소배출과 무슨 연관이 있단 말인가? 그리고 금융회사에 다니는데 어떻게 저탄소 운동에 참여할 수 있을 것인가? 그리고 비즈니스 산업에 종사하는 사람이니 탄소배출과 나와는 전혀 관련 없는 문제다. 대개는 이렇게 안이하게 생각하고 있다는 것이 문제다. 하지만 어떤 기업, 어떤 업종에 종사하더라도 의식만 지닌다면 얼마든지 저탄소 운동에 동참할 수가 있는 것이다.

저탄소 운동에 동참한 세계의 선두 기업들의 면모를 통해 우리가 어떻게 이런 운동에 대처할 수 있는지 해답을 찾아보도록 하자. 인터넷 저널인 뉴스타운*을 참고로 다양한 기업들이 어떻게 기후협약을 존중하고 어떻게 이를 위해 실천하고 있는지 하나씩 살펴볼 생각이다. 결론적으로 우리는 누구나 마음만 먹으면 저탄소 운동에 동참할 수 있다는 점을 먼저 밝혀두는 바이다.

---

*   인터넷 언론'뉴스타운'(www.newstown.co.kr)2월19일자 기사 참조.

EU 탄소국경세

EU(유럽연합)은 환경비용을 위해 강력한 무기를 빼어들고 있다. 이른바 탄소국경세를 부과하겠다는 것이다. 탄소국경세는 일종의 환경비용을 의미한다. EU는 처음에는 자국에서 생산한 제품에만 탄소세라는 환경세를 물릴 생각이었으나 반사이익을 누린 외국의 기업들에게도 환경세를 물려야한다는 판단에서다.

탄소국경세의 의미는 이제 EU 지역 이외에서 생산한 제품까지 환경세를 물린다는 것이다. 그동안 선진국에 집중 되었던 환경비용을 우리를 비롯한 개발도상국에까지 부과시키겠다는 뜻인 것이다. 탄소국경세의 핵심은 제품의 제작 시에 배출되는 탄소의 양이 EU국가에서 만들어내는 제품보다 많을 시에 그 초과분에 비용을 부담시킨다는 것이다.

지난 7월 16일자 중앙일보 기사에 의하면, 2023년부터 적용을 하는데 3년 전환 기간 뒤인 2026년부터 실제 비용의 부과가 시작된다고 한다. 철강, 시멘트, 비료, 알루미늄, 전기 등 5개 분야에 우선 적용하고 장기적으로 확대할 계획을 세우고 있다. 우리의 경우 철강과 알루미늄 업계에 엄청난 부담이 될 것이라고 한다. 대외경제정책연구원에 따르면 우리가 부담해야 하는 탄소국경세가 어마어마한 액수가 될 것이라고 한다.

물론 EU가 세율을 어떻게 적용하느냐에 따라 달라지겠지만 기본적으로 t당 30유로를 적용할 시에 그 규모는 연간 약 1조 2200

억 원에 이를 것으로 내다보고 있다. t당 10달러 또는 t당 50달러 등 어떻게 결정되느냐에 따라 7조~36조 이상으로 어마어마한 금액이 될 것이다. 우리의 연간 재정의 규모를 생각해보면 어느 정도의 규모인지 짐작이 갈 것이다. 지금은 우리의 연간 예산액이 많이 늘어났지만 십여 년 전만 해도 350조~400조 언저리였다. 10여 년 전이라면 아마 국가 살림의 1/10 정도를 탄소국경세로 부담하게 되는 셈이다.

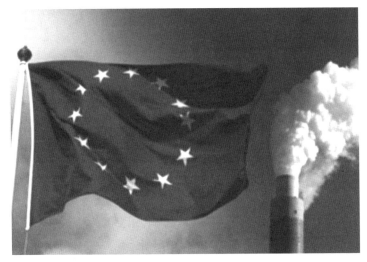

탄소 국경세의 경각심(KBS뉴스 캡쳐 재인용)

우리가 탄소국경세를 부담하지 않을 방법은 하나밖에 없다. EU에서 생산한 제품보다 탄소의 배출이 적으면 되는 것이다. 우리는 그 초과 배출량에 대해 환경세를 부담하기 때문이다. 따라서 기업이든 국가든 이제부터 탄소배출량을 신경 쓰지 않으면 엄청난 탄소국경세의 부담을 떠안게 될 것이다. 우리는 지금 탄소 중립제를 유럽만큼 강력하게 운영 중에 있다. 국가나 관련 기업에서 이처럼 많은 노력을 해왔기 때문에 우리가 배출하는 탄소배출량이 걱정할 수준은 아니라고 한다. 그래서 지금 정부의 바람은 이런 국가의 탄소정책과 현재의 상황을 EU에서 인정하고 탄소국경세를 부담하는 나라의 범주에서 제외시켜주기를 바라는 것이다.

탄소국경세는 어쩌면 불공평한 세금일지 모른다. 여태까지 산업화의 과정을 거쳐서 성장한 선진국이 망쳐놓은 환경을 복구하기 위해 개도국 등이 그 책임을 대신 부담하는 모양새가 되고 있다는 원성이 높다. 물론 탄소를 배출하는데 따른 세금을 부담하는 방향은 옳지만 EU가 너무 많은 부담을 다른 나라에 지우고 있다는 의혹에서 자유로울 수가 없는 것이다.

수출 기업이 많은 우리의 경제 여건으로서는 지금부터 착실히 대처하지 않으면 어떤 경제적 손실이나 부담으로 다가올지 모르는 일이다. 이것은 단순히 한 나라 한 기업이 부담해야 할 세금의 문제만은 아니다. 우리 주변국의 수출입 상황과 맞물려 아주 예민하게 대처할 문제인 것이다.

당장 우리의 철강업계에 불똥이 튀지 않을지 염려하지 않을 수가 없다. 철강제품을 수출하는 기업인 포스코나 현대제철 등은 당장 발등에 불이 떨어진 셈이다. 현재 우리의 철강업계는 특별한 대안이 없다며 몹시 난처해하고 있는 것으로 알고 있다. EU는 또한 2035년부터는 휘발유차나 디젤차를 수출하지 못하도록 방침을 세우고 있다. 자동차를 대량으로 수출하여 달러를 벌어들이고 있는 우리로서 가장 타격이 클 것이라고 우려하고 있다. 전문가들은 국가적 차원에서 대책을 세워야 한다고 주장한다. 정부가 장기적인 계획을 세워 기업의 장점을 피력하면서 시간을 벌어야 한다고 말들을 하고 있다.

그리고 자동차를 생산하는 기업은 EU의 탄소 규제에 맞춰 사업을 진행해야 한다. 휘발유 차나 디젤차의 판매를 금지하는 것은 사실상 준비하지 못한 기업을 업계에서 영원히 퇴출하겠다는 선전포고와 다를 바가 없는 것이다. 따라서 친환경차를 개발하는데 엄청난 속도전을 펼쳐야 경쟁에서 살아남을 수 있을 것임을 선포한 것이다.

우리 국회는 올 3월에 탄소세 법안을 발의해 놓은 상태라고 한다. 우리의 기업들에게는 탄소국경세도 문제지만 EU 때문에 탄소중립과 관련한 조세 도입의 도화선이 되는 것이 더 큰 부담으로 다가온다는 것이다. 국회가 발의한 탄소세 법안은 우리의 거의 모든 기업에 영향을 주기 때문이다. 국회발의 법안이 통과되면 기업은 연간 최대 36조 3000억 원 정도의 추가 부담을 안게 될 것*이라고 경고하고 있다. 이제부터 기업도 중요하지만 무엇보다 국회가 정치력을 지혜롭게 발휘할 때라고 생각하는 것이다.

* 중앙일보 2021, 7,16일자 조간신문, 8면

탄소의 위협, 어떤 정책이 답인가

탄소의 배출을 줄이자는 국제적 운동은 이미 오래 전부터 진행되어 왔다. 우리의 생활 전반에 탄소는 광범위 하게 퍼져 있다. 하물며 숨을 쉬어도 탄소를 배출한다는 우스갯소리도 떠돌아다닐 정도다. 탄소는 지구 온도 상승의 주범이 분명하다. 지구 온도의 상승은 이상 기후를 야기하고 엄청난 재해를 불러온다. 지구 온도 상승의 주범이 바로 탄소인데 지구의 기온이 상승하는 바람에 남극의 빙하가 눈에 띄게 녹아 사라지고 있다.

빙하의 해빙은 인류에게 위협적인 영향을 끼친다는 게 과학자들의 중론이다. 빙하의 해빙은 인구분포나 경제적 관계에 있어서도 많은 불리한 영향을 미친다는 점이다. 지구상의 빙하가 모두 녹는다면 해수면의 높이가 60미터 가량 상승한다는 연구 보고가 있다. 현재 우리가 살고 있는 이 지구상의 빙하는 1만 년 전 홍적세 때 남은 빙하라고 한다. 지나친 탄소의 배출은 지구상의 기온을 높이고 엄청난 환경적 재난을 일으킬 것이라고 한다.

2050년에 정부와 기업들은 약속대로 탄소배출량을 영(0)으로 완벽하게 줄일 수 있을까? 아마 그런 시대는 다가오지 않을 것이다. 그렇게 되려면 기업들이 아무 것도 하지 말아야 하는 것은 아닐까? 정말 그런 시대는 2050년 이후라도 오지는 않을 것이라고 본다. 하지만 우리는 탄소배출을 줄이기 위한 노력을 기울여야 하는 것은 맞다고 생각한다. 앞에서 언급한 것처럼 탄소국경세라는 것은 우리가 당장 탄소배출을 줄이지 못하면 수출 시 EU에 세금을 물어내야 하는 것이다.

이제 10년 후면 우리는 당장 EU에 탄소국경세를 지불해야 한다. 수출액의 12.3%를 세금으로 내야한다고 하니 지금부터 저탄소 산업을 향해 노력하지 않으면 어마어마한 달러를 EU에 도둑맞을 것이다. 정부에서 현재 온실가스를 줄이기 위해 적극적인 정책을 펴는 것도 이런 이유에서라는 것을 직시할 필요가 있다. 하지만 아직 기업들은 탄소배출을 줄일 여력이 많이 부족한 편이다.

관계자들이나 산업 및 과학 분야 연구자들은 신재생에너지가 우리의 에너지 전반을 담당하기에는 기술적으로 많이 부족하다는 것이다. 탄소에 의한 에너지를 대체할만한 것은 청정전기를 공급하는 것이라는데 청정전기 에너지를 공급할 수 있는 것은 원전 밖에 없다는 사실 때문이다. 그런데 정부의 정책은 탈 원전에 초점이 맞추어져 있는 것이다.

기업들이 탄소량을 적게 배출하기 위해서는 탄소배출권 거래제가 활성화 되어야 하는데 현재 전혀 그러지 못한 실정이라고 한다. 이러한 제도가 기업 간에 정상적으로 작동하지 못하고 있는 것은 기업의 이익창출에 방해가 되기 때문이다. 즉 탄소배출에 관한 부담이 사실상 기업들에게 돌아가고 있다는 점이다.

먼저 하나의 기업이 탄소배출량을 줄이려면 설비투자를 해야 한다. 설비는 그냥 설비를 새롭게 늘리는 것이 아니라 친환경에 맞도록 해야 하는 것이다. 또한 기술적인 부분에 있어서도 많은 애로사항이 있다고 한다. 기술 확보를 충분히 하여야 하는데 기술 확보가 결코 쉽지 않다는 점이다.

온실가스를 줄이는 문제는 기업의 노력만으로 이루어지는 것이 아니다. 정부의 힘으로 밀어붙여서 되는 것도 아니다. 정부와 기업이 의기투합을 하였다고 해도 국민이 동참하지 않으면 절대 이룰 수 없는 것이다. 모두가 하나가 되어 탄소배출을 줄여나가려고 부단한 노력을 기울일 때에야 어느 정도 목표에 도달할 수가 있는 것이다.

당장 우리에게 국민적 합의부터 필요한 것이다. 정부의 정책은 탈 원전을 추구하고 있는데 이에 대해 기업이나 학계, 정치세력, 국민 간에 의견의 일치를 보지 못하고 있다. 이런 분야는 국민적 합의를 거쳐서 이루어져야 하는데 그렇게 하지 못한데 따른 무리수가 있을 것이라고 당연히 생각되는 것이다.

청정 전기를 공급할 수 있는 것은 원전뿐이라는 학계의 의견을 받아들이지 않는다고 하더라도 정부가 추진하고 있는 태양광 같은 신재생에너지로 충당한다는 지침은 아직은 부족한 에너지를 충족시키기에는 갈 길이 너무 멀어 보인다는 사실을 직시하여야 할 것이다.

탄소중립을 선언한 리더그룹

친환경 리더 그룹(1)

A라는 기업은 친환경 에너지와 식수 공급회사다. 에너지의 100 퍼센트를 재생이 가능한 에너지로 충당한다. 이를 위해 지속적으로 인프라를 구축하고 혁신을 이룩하는데 앞장서고 있는 기업이다. 이 기업은 장차 엄청난 위협으로 다가올 기후변화에 대비하기 위해 지금 준비하지 않으면 안 된다는 것을 인식하고 적극적으로 동참하고 있다.

B회사는 이렇게 말한다. 기후변화의 위협으로부터 벗어나기 위해 보다 많은 기업들이 회생 가능한 방식을 채택해야 한다. 탄소중립적인 경제성장 방식을 도입하지 않으면 결국 파산의 위험에 빠질 수가 있다. 오너의 이런 자세로부터 기업 B는 이미 세계 에너지 및 인프라 기업들 가운데 목표를 달성한 최초의 기업이 되었다는 것이다.

K라는 회사는 택배회사다. 온라인 쇼핑몰의 짐 꾸러미를 받아 소비자의 집에 배달한다. 일종의 배달 분야에 특화된 사업자라 할 수 있다. 수천 명에 달하는 배달원을 고용하고 있으며 여러 개의 지사도 두었다. 이런 K회사가 대체 온실가스와 어떻게 관련이 있

다는 말인가? K기업의 오너는 배달원이 최종 소비자에게 상품을 전달하는 과정에서 온실가스 배출을 줄이도록 하는데 매우 많은 관심을 가지고 있다. K회사의 오너는 먼저 ISO 즉 인증규격 국제 표준화기구 중에 50001 에너지 표준을 실행하여 에너지 효율을 크게 높인 이력이 있다. 그리고 고객들을 중심으로 계속적인 에너지 관리 시스템을 도입하는데 성공했다. 기후협약에 가입한 최초의 택배회사라고 한다.

친환경 리더그룹(2)

D라는 회사는 과일 등을 생산하는 유기농 제품 기업이다. 바나나, 커피, 야자유 같은 상품은 유기농 인정을 받는 게 아주 중요하다. 농산물이나 과일의 가공이 이루어지기 때문에 생산과정에서 메탄가스를 상당량 배출할 수밖에 없는 것이다. 따라서 D기업의 일차적 목표는 이렇게 유기농 폐기물로부터 방출되는 메탄가스를 외부에 방출시키지 않고 각 성분별로 분리하여 일정한 용기에 포집하는 것이다. 그리고 이를 다시 연료로 사용할 수 있도록 생산의 과정을 규격화시키는 공정이 필요했던 것이다.

F라는 기업은 여러 도시 지역에 걸쳐 승객을 이동시키는 택시사업자이다. 기업의 오너는 오래전부터 환경 친화적인 택시회사를 만들려고 노력해온 사람이다. 첫째, 회사의 택시에서 배출되는 탄

소를 무 탄소 배출로 목표를 세우고 이를 위해 전기자동차로 전환하는 것을 지원하고 있다. 승객들을 향해서도 전기차를 많이 이용하도록 홍보를 한다. F기업의 사장은 지역사회에서 공동체의 중요성을 느끼며 지역 공동체를 위해 친환경 기업의 이미지를 만들어 나가려고 노력을 하고 있다.

J기업은 투자 메니지먼트 회사로서 지속 가능성이 높은 투자 접근법을 활용하여 장기적으로 이익이 발생하도록 다양한 방법을 영업에 활용하고 있다. J기업의 대표는 여러 기업들과 긴밀한 관계를 맺고 있으며, 다양한 형태의 사회적 책임을 느끼고 있다. J회사는 먼저 상담을 하러 오는 기업들을 향해 탄소 제로 배출 목표를 실현하도록 의견을 공유한다. 이런 취지에 동참할 수 있는 투자 매니저들을 하나로 규합하려고 노력하고 있다.

이 기업의 오너는 기후변화야말로 즉각적이고 단합된 행동을 통해 대처해야 한다고 말한다. 기온이야말로 우리 인류에게 끔찍한 재난을 초래할 수 있다는 것이다. 향후 10년 이내에 지금의 탄소 배출량을 절반 수준으로 줄이려면 엄청난 인류의 노력이 필요하다는 것을 강조하고 있다. 이런 기조를 가지고 투자 회사와 관계를 맺었는데 이런 좋은 취지에 힘을 입었는지 현재 도합 9조 달러에 해당하는 자산을 관리하고 있다고 한다. J기업의 오너는 이와 관련한 다양한 아이디어와 지식, 최상의 매뉴얼을 함께 공유할 수 있어야 한다는 점을 강조하고 있다.

친환경리더그룹(3)

B기업은 축구팀을 운영하고 있는 기업이다. 축구팀과 탄소 중립, 어울리지 않을 것 같은 조합으로 여겨진다. 하지만 B회사는 환경의 문제에 매우 중점을 두고 있는 회사로서 탄소저감을 위해 동참할 수 있는 방법을 탐색하게 되었다. 그들이 처음 동참한 분야는 축구를 하는데 가장 필수적인 축구장에 관한 것이었다. 그들은 친환경 축구팀으로 거듭나기 위해 가장 먼저 목재로 된 축구 경기장을 건설했다.

그래서 지금은 유엔으로부터 탄소중립 인증을 받은 최초의 축구팀이 되었다고 한다. 그들은 녹색 에너지 회사라는 타이틀을 축구팀을 통해 실현하고 있는 것이다. B기업은 기업의 규모가 커진다면 교통, 식품, 에너지 부문에 걸쳐서 친환경 지속 가능성의 회사를 설립해 기업의 확장을 모색하고 있다. B기업의 오너는 대기업이나 중소기업을 막론하고 모든 기업들은 기후변화에 대응하여 저탄소 배출의 목표를 위해 동참해야 한다고 말한다.

Y기업은 플라스틱 사업을 하고 있는 작은 기업이다. 그들은 환경보호에 동참하며 어떻게 하면 우리 사회와 인류에 기여할 수 있는지 고민한 회사이다. 그들은 우리의 일상생활을 통해 가장 문제가 되는 것을 재활용 문제에서 찾아보려고 하여 일회용 플라스틱 사용을 줄이자는 캠페인을 벌이기로 하였다. Y기업은 또 푸드 회

사를 설립하여 식료품 생산과 관련하여 탄소 배출을 줄이고 폐기물을 감축하는 해법을 개발하는데 노력을 기울이고 있다. 그들은 비록 규모가 아주 작은 업체이지만 주인의식을 가지고 기후변화에 동참하는 최초의 소매식품 업체가 되려고 하고 있다.

O기업은 에너지 발전회사를 중심으로 하고 있는 기업이다. 기업의 오너는 2025년까지 자기 회사에서 계획한 탄소중립 목표를 달성한다는 각오를 세우고 있다. 기업의 오너는 뼈를 깎는 노력 끝에 자기 기업에서 배출하는 탄소배출량을 80퍼센트 이상을 감축하는데 성공했다고 한다. 청정에너지로 전력을 공급하는 세상을 만든다는 것이 기업 대표의 철학이다. 그들이 창안한 탄소배출에 관한 실천적 행동은 더욱 탄소감축 운동에 시너지가 되고 있다.

O기업의 대표는 비즈니스 파트를 신설해서 공급처, 거래처들과 적극적인 비즈니스를 한다. 그 비즈니스란 대기업이나 중소기업들을 설득하여 탄소배출 저감 운동에 동참하도록 홍보를 하는 것이다. 그들은 법적, 행정적 변화의 필요성을 느끼고 정치인, 공무원들과 비즈니스를 벌이기도 한다. 그리고 컨설턴트를 하면서 기업이 기후서약에 동참해주기를 알기 쉽게 설명하는 것도 잊지 않는다.

한국 기업에 제안

ESG에 관한 글을 준비하면서 필자는 더욱 많은 기업들이 저탄소 운동에 동참하고 있다는 데 놀랄 따름이었다. 우리의 생활영역이 모두 탄소배출과 연관되어 있다는 것도 놀라운 사실이었다. 중요한 것은 기업을 하는데 있어서 장차 창업을 하는 사람이나 이미 기업을 운영하고 있는 사람이나 저탄소 운동에 대한 관심과 참여를 도외시하고는 어떤 방식으로든 성공할 수 없다는 사실이다. 생산자, 소비자, 유통자, 마케팅, 비즈니스 등 모든 영역에서 우리는 지구환경을 보호하고 살리기 위해 함께 노력해야 한다는 사실이다. 우리 기업인들이 결코 간과해서는 안 될 분야인 것이다.

기업과 정부(government)의 동상이몽(同床異夢)

우리는 빠른 시간에 산업화를 이룬 일종의 산업형 국가라 할 수 있다. 우리의 산업은 대개 제조업이 주를 이루고 있는데 업계에선 이를 두고 '굴뚝산업'이라고 부른다. 정부는 어떻든 탄소중립을 향해 거침없이 달리면 언젠가는 탄소 배출 제로에 도달할 거라고 믿고 있다. 실제 어떤 기업은 배출량을 할당량 이상으로 줄여서 감축하고 남은 배출권을 역으로 다른 기업에 팔아 수익을 올리고 있다.

한국은 이제 세계 10위 안에 드는 경제 부국이다. 이렇게 세계적인 부자나라인 만큼 연간 탄소배출량 역시 세계 10위권 이내에 있다. 일본이나 러시아를 비롯해 인도, 중국, 미국 같은 나라와는 비교할 수 없지만 이란, 독일 등과 비등하고 사우디아라비아나 인도네시아 같은 나라를 앞질렀을 정도이다.

앞에서도 언급했지만 탄소배출권은 t당 가격으로 거래를 하는데 지난 2015년부터 현재까지 연평균 거래가격은 지속적으로 늘어나고 있으며, 그 거래량은 불과 5년 전에 비해 8배 이상 폭발적으로 늘어난 상태이다. 탄소배출과 관련하여 상장기업의 자산의 규모를 살펴보면, 거의 모든 기업이 해마다 자산규모가 부채의 규모보다 훨씬 우위에 있다고 한다.

그런데 탄소배출권은 기업들의 발목을 붙드는 올가미가 되고 있는 실정이다. 탄소배출에 대한 준비가 당장 쉽게 되지 않기 때문에 시간을 벌기 위해서 탄소배출권을 가지고 거래를 하는 것이다. 탄소배출권 구매를 완료했거나 장차 구매해야 할 경우 부채만 산더미처럼 늘어날 수밖에 없다. 작은 기업들은 이러한 탄소배출권을 확보하기 어려운데다 확보하지 못하면 벌칙으로 3배의 과징금을 부담해야 한다.

우리는 유럽이나 미국처럼 탄소배출권을 거래하는 제도를 시행한 지 5년여가 되었다. 정부도 물론 탄소배출량을 줄이기 위해 노력하고 있지만 현장에서는 이런 제도 때문에 기업들이 어려움에 직면해 있는 실정이다. 정부에서 제시하는 할당량에 대해 기업들의 불만이 많고 정부는 각 기업들에 대한 할당량을 산정한 근거를 제시하지 못하고 있는 입장이라고 한다.

힘의 논리가 작용하여 큰 기업들은 다양한 방법으로 작업을 하여 배출권을 많이 확보하고 있다는 것이다. 산업계의 의견을 종합해 보면, 탄소는 처음부터 처리해야 하는 할당량이 정해져 있는 탓에 시장의 수요 공급의 법칙이 먹히지 않는다고 한다. 탄소배출을 많이 배출하는 업체들이 탄소배출권을 모조리 선점해버리면 다른 기업들은 결국 3배의 과징금을 부담할 수밖에 없는 구조라는 것이다.

국회에서도 탄소세*를 발의한 것으로 알고 있다. 교통세, 에너지세, 환경세의 부과 기간을 연장하고 지금은 과세하지 않고 있는 유연탄이나 무연탄 등에도 탄소세를 부과한다는 것으로 이것이 법으로 제정될 경우 정부는 25조 이상의 어마어마한 세금을 확보할 것으로 예상되는 것이다. 그런데 문제는 이러한 일반 탄소세는 국경탄소세 거래제와는 다르다. 즉 국경탄소세는 국가별 할당량이 정해지나 일반 탄소세는 할당량이 있을 수가 없기 때문에 탄소배출을 줄이려는 원래 탄소세의 취지에는 맞지 않는다는 것이다.

탄소 전문가들은 이러한 탄소세가 많은 사람들에게 부담을 지우는 결과를 가져올 것이라고 예측한다. 아주 영세한 기업이나 일반 국민 모두 세금 부담의 대상이 될 수 있다는 점에서 우리 사회 전체에는 많은 부담으로 작용할 것이라는 우려를 내놓고 있는 실

---

* 　여기서의 탄소세는 일반 탄소세로 2023년 도입되는 탄소국경세와 다르다.

정이다. 국경탄소세야 국제적인 추세이니 우리가 어떻게 해볼 수는 없을 것이다. 그러나 일반 탄소세에 관한 것은 도입의 여부 또는 도입 시기를 두고 국민적 합의를 거쳐야 할 것이라고 생각한다. 환경오염을 줄이려는 취지의 세금은 어쩔 수 없는 것이겠지만 국민들에게 많은 부담을 안기는 세금은 당연히 고려의 대상이 되어야 한다는 점을 잊어서는 안 될 것이다.

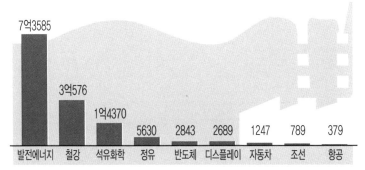

업종별 온실가스 배출 할당량(단위: 만t,2015~2017)(자료:환경부)

이제 세계 어디에서나 탄소배출 문제를 심각하게 고려할 때가 당도했다. 당장 우리의 경우에도 불과 2~3년 후면 탄소세가 현실 문제로 턱밑을 조여들게 되었다. 발전 분야가 가장 문제이고 철강 분야가 그 다음이라고 한다. 비용과 수익의 문제도 중요하지만 이제 전 세계가 하나로 단합하여 환경을 보호하지 않으면 안 되는 시대가 되었다는 것이다. 하루가 멀다 하고 세계의 도처에서 자연재해가 발생하는 것을 피할 수 있는 유일한 방법이 바로 저탄소 즉 탄소배출을 줄이고 온실가스를 전반적으로 줄여나가야 한다는 것이다.

우리가 알만한 해외의 유명 기업들, 다시 말해 페이스 북, 애플, 구글, 마이크로 소프트 등을 보면 온실가스의 감축을 위해 많은 노력을 하고 있는 것을 알 수 있다. 그들이 가장 집중적으로 해결을 하려는 부분은 바로 데이터 센터이다. 데이터 센터라는 것은 각종의 정보와 지식이 엄청나게 저장된 곳으로 서버 컴퓨터가 수천 개 이상 집합하여 대형시설을 이룬 집합센터를 말하는 것이다.

매경 시사용어사전의 풀이에 의하면, 구글의 노스캐롤라이나 데이터센터를 건설하는 데는 수억 달러가 투입 되었는데 건설된 뒤에는 막대한 전기요금을 절약하게 되었다고 한다. 왜냐하면 친환경으로 데이터 센터를 만들었기 때문이라 한다. 냉각 시스템을 친환경으로 바꾸고 냉방기의 가동 대신에 자연환경의 낮은 기온을 활용한다. 또한 데이터 센터를 컨테이너 형태로 개발한다거나 풍력이나 태양열 등 완전한 재생에너지를 활용하기 때문이다.

온실가스를 줄이는 문제는 이제 전 세계 어디에서나 필수적으로 다뤄야 할 시대가 되었다고 볼 수 있다. 탄소를 줄일 수 있는 핵심 기술을 개발하는 문제, 재생 에너지를 개발하고 수소 에너지를 공급할 수 있는 인프라를 구축해야 한다. 장차 이런 문제들이 잘 해결되기 위해 법과 제도를 개선하고 부족한 법은 새로 정비할 필요가 있는 것이다.

결어

지난여름은 예상치 못한 폭염으로 인해 어려움이 많았다. 높은 기압이 공중에서 진을 치고 땅의 열기까지 흡수하여 감옥처럼 열 돔을 만들어버렸던 탓이다. 우리는 몇 년 전에 기온이 40도를 넘어서서 나라 전체가 열 돔에 갇힌 열의 감옥을 경험한 적이 있다. 중국과 독일에서는 엄청난 홍수로 수 백여 명이 목숨을 잃었고 엄청난 이재민이 발생하고 많은 재산상의 피해를 입었다.

자연의 현상이지만 실제로는 우리 인간이 저지른 오만의 대가를 이제 치르고 있다고 생각한다. 무분별한 개발, 우리는 오직 생산과 이익에만 몰두하고 직진을 해왔다. 우리가 밟고 걸어온 그 길에서 이제 우리 스스로 뜨거운 먼지를 받아들이지 않으면 안 되는 상황이 된 것이다. 우리는 무엇을 어떻게 대비해야 할까? 누가 이런 물음에 명쾌한 대답을 할 수 있단 말인가.

태양광은 과연 탄소배출을 줄이는 해답이 될 수 있을까? 전국의 태양광 설치 면적을 합치면 서울 면적의 10배가 넘는다고 한다. 원전은 과연 우리에게 안전을 담보해 줄 수 있을까? 원전이야말로 친환경적이고 수명이 길다고 하는데 정말 맞는 말일까? 탄소배출이 없는 수소 차에 쓰이는 수소는 사람들의 말처럼 미래의 청정 에너지원이 될 수 있는 것인가?

이러한 문제들을 해결하기 위해 전문가들의 많은 연구가 더 필요할 것이며, 정부의 정책과 전략 또한 현명하고 신속하게 뒷받침

되어야 할 것이다. 국민들의 지지를 받을 수 있는 그런 전략과 정책을 수립해서 미래의 후손들을 위해서도 한데 힘을 모아야 할 때라고 생각한다.

3. 글로벌 기업

우리 경제의 현실

우리는 현재 모두가 외줄타기 같은 삶을 살고 있다. 외줄타기의 특징은 떨어지면 다치거나 죽을 수도 있다는 것이다. 먹고 사는 문제 때문에 우리가 외줄을 탔던 지난 1997년 IMF는 그래도 슬기롭게 극복해냈다. 앞에서 얘기했듯이 김영삼 정부는 문민정부만 부르짖었지 나라의 곳간을 지키지 못했다. 아니 곳간을 잘못 지켜 석유나 휘발유를 사올 수 있는 달러가 바닥나는 줄도 몰랐던 것이다.

IMF는 우리 국민에게 엄청난 충격을 안겨주었다. 어떤 충격을 안겨주었던가? 아 이제 우리는 굶어죽는다. 수중에 돈이 떨어지니 도회지에 사는 시민들은 식량을 살 수 없고, 자동차도 타고 다니지 못하고, 휘발유를 수입해 올 수 없으니 거리에는 정차된 차들이 넘치겠지? 정말 그랬다. 김영삼 정부는 울먹이는 목소리로 나라의 곳간에 달러가 바닥났다고 발표했다. 온 나라가 혼란에 빠졌었고, 한국의 IMF사태는 전파를 타고 세계 전역에 알려졌었다.

국민 개개인은 물론 자영업자들과 기업인들 모두가 직격탄을 맞았다. 국가적 재난이요 수치였던 셈이다.

하지만 대한민국 국민은 매우 지혜롭고 현명하며 한마디로 애국자들이었다. 금융위기에 빠진 대한민국을 구제하기 위해 모두희생을 각오했다. 지금도 눈에 선연한 것은 당시 국민들이 집안에 있는 모든 금붙이를 가지고 나왔던 것이다. 이른바 금 모으기운동을 벌였다. 지난 일제시대 때 국가가 짊어진 일제의 빚을 국민의 모금을 통해 갚겠다는 국채보상 운동이나 다름없었다. 금은곧 현금이기 때문에 금을 팔아 나라의 곳간에 달러를 조금씩 모으려했던 눈물겨운 국민성, IMF외환위기를 당하자 유감없이 이런국민성이 발현되었었다.

IMF 외환위기 당시, 가장 치열했던 분야는 역시 기업들이었다. 기업의 부도는 끝도 없이 이어졌고 기업의 구성원들은 당연히 가정의 가장들이었다. 크고 작은 기업들이 무너지기 시작했다. 잠을자고 일어나 보면 사방에서 줄줄이 부도가 났고 파산을 당했다. 기업들은 부실채권 비율이 상상 이상으로 늘어났고, 금융기관 역시 쏟아져 들어오는 어음들을 움켜쥐고 눈물을 삼키지 않을 수가없었다.

부실채권을 빨리 정리하라. 금융권이든 기업이든 간에 서둘러구조조정에 들어가야 목숨이라도 부지할 수가 있었다. 정부는 이처럼 긴박한 상황에서 공적자금을 투입해서 조금이나마 개인이나 기업들의 숨통을 터주었다. 서민이나 중소기업들이 쉽게 사업을 할 수 있도록 특별법을 제정하여 돌파구를 열어주었다. 정부의 안일한 태도로 인한 혹독한 고통은 고스란히 크고 작은 기업들과 국민들에게 돌아갔다. 쓰러진 나무를 일으켜 살려내는 일은 몇 곱절 많은 노력과 희생을 필요로 했던 것이다.

우리는 혹독한 경험을 통해 어떻게 대비하고 어떻게 미연에 방지할 수 있는지 철저히 숙지했다. 이제 다시 이런 혹독하고 치욕적인 수렁에 빠지지 말아야지 모두가 다짐을 했다. 국민은 국민대로 기업은 기업대로 나라는 나라대로 맡은 바 사명과 책임을 다했다. 어떻든 달러는 잔뜩 쌓아놓아야 된다는 것을 국가로선 뼈저리게 느꼈을 것이다. 옛날 시골에서 어른들이 양식을 저장해 두는 고방(庫房)의 쌀 독(匵) 보리 독(匵)을 채워야 잠을 이룰 수 있었던 것과 같은 상황이었다.

삶이 그렇듯 우리는 누구나 철저히 대비를 하며 살아간다. 그런데도 산을 넘어 바다를 건너 예견치 못하게 불어오는 바람은 어떻게 막을 수 없는 것처럼 우리에게 다시 혹독한 시련이 몰아닥쳤다. 세계적 글로벌 투자은행인 '리먼 브라더스'가 무너진 것이다. '리먼 브라더스'는 반세기 동안 성장한 골드만 삭스, 모건 스탠리에 버금가는 규모의 투자은행인데 그만 6천억 달러의 부채를 견디지 못하고 파산을 신청하고 말았던 것이다. 6천억 달러이면 현재 한화 가치로 700조가 넘는 자금인데 우리 국민이 2년 먹고 살 살림살이에 해당한다. 이는 백과사전에도 기록될 만큼의 엄청난 사태가 되고 말았는데 당시 미국 역사상 가장 큰 파산으로 기록될

정도였다. 이것은 이른바 세계 금융위기를 가져오게 되었고 우리
는 꼼짝없이 두 번째 어려움에 직면하게 되었던 것이다.

　세계적 금융위기의 불똥은 우리에게도 혹독한 현실을 불러왔
다. 전 세계 국가들이 연쇄적으로 파산에 직면하게 되었다. 국가
적으로 재정위기를 가져왔고, 금융시장은 다시 출렁거리기 시작했
다. 부동산은 추락했고 담보 가치 역시 곤두박질 쳤다. 금융기관에
서는 대출을 제한하기 시작했고, 대출채권의 부실이 엄청나게 늘어
났다. 크고 작은 건설회사 들이 부도의 늪에 빠져 허우적거렸고 저
축은행, 국책은행 등마저 구조조정에 들어가지 않으면 안 되었다.

　IMF 극복 10년 만에 우리는 다시 위기를 맞았던 것이다. 부실
채권이 이때처럼 산더미같이 쌓인 적이 아마 없었을 것이다. 하룻
밤을 자고 나면 부실기업이 되어 여기저기 나가떨어졌다. 기업인
들, 세대주, 가장들은 총소리 없는 전쟁을 치르고 있었던 셈이다.
2007년 금융위기는 지금으로부터 불과 십여 년이 조금 지난 시기
에 일어난 재앙이었다.

<달러의 경고를 잊지 마라>

여기에서 중요한 문제를 하나 짚고 넘어갈 필요가 있다. 리먼 브라더스의 파산의 원인을 자세히 분석해 보아야 한다. 우리에게 이런 사태가 다가오지 말란 법이 없다. 리먼 브라더스의 파산 원인은 철저히 모기지의 붕괴 때문이었다. 주택을 구입할 때 융자를 해주는 모기지 제도는 주로 신용등급이 낮은 저소득층이 대상이었다. 여기에 함정이 있었던 것인데, 미국의 저금리 상태에서 주택가격이 상승하면서 가입자의 급격한 증가와 얽히게 되었던 것이다. 당시 미국의 금융계는 주택담보대출을 90퍼센트 까지 늘리면서 가혹할 정도의 경쟁을 하게 되었다. 결국 인플레이션이 일어나고 이런 경제적 상황은 금리인상으로 곧장 이어졌다.

서민들은 대책이 없어서 나가떨어지게 되었다. 첫째, 점점 커지는 이자부담에 밤잠을 이룰 수가 없게 되고, 올바르지 못한 긴급금융에 손을 대서 더욱 수렁텅이에 빠지게 된다. 둘째, 대출 은행마저 파산신청을 하게 되었고 관련 보험사 등도 직격탄을 맞았다. 이러한 세계 금융위기는 중소기업, 중소은행 등의 파산으로 이어졌다. 여기에 사람들은 일자리를 잃게 되어 생계마저 위협을 받게 되었던 것이다.

뜻밖의 재앙

우리는 불행하게도 제3의 위기를 맞게 되었다. 인류에 몰아닥친 세계적 재앙 즉 코로나19로 인한 팬데믹 상황을 맞고 있는 것이다. 코로나 19는 세계 인류를 향해 불어 닥친 재앙이다. 코로나19는 처음에 사람들의 목숨을 앗아갔고, 우리는 그래도 K-방역이란 타이틀까지 얻으며 수준급으로 대처를 했다. 그러나 코로나는 2년 이상 장기화 되어가고 있고, 이제 더 긴 장기화로 진행되는 기로에 놓여 있는 상황에서 살림살이에 직격탄을 맞고 있는 것이다.

정부는 재정지출을 확장해야 했고 나라는 엄청난 빚더미에 앉게 되었다는 게 맞는 표현일 것이다. 안타깝게도 코로나19는 자영업자들과 중소기업들에게 직격탄을 날렸다. 젊은 층은 물론 장년층들의 일자리를 무자비하게 빼앗아갔다. 화려했던 명동거리는 거의 폐허가 되어버렸다. 이런 명동의 모습이 코로나로 인한 재앙을 단적으로 보여주는 셈이다.

코로나로 인한 신체적 위험은 차치하고 불안한 소식이 있다. 바로 세계금융의 위기 즉, 미국 금융시장에 대한 우려 섞인 목소리가 여기저기서 들리고 있다. 미국의 금리가 인상되면 어떤 일이 벌어지겠는가? 무엇보다 엄청난 자금이 국내에서 미국으로 빠져나갈 것이다. 일종의 자본유출이 홍수처럼 일어난다는 말이다. 지금 언론에서는 미국의 금리인상을 심각한 태도로 바라보고 있는 실정이다.

세계적인 경제 석학 '조지 매그너스' 옥스퍼드대 교수의 말을 빌리면, 현재 미국의 소비자물가 상승률은 4 퍼센트대로 급등했는데 내년 즉 2022년에는 5~6 퍼센트까지 오를 수 있다고 내다보고 있다. 그는 지난 십여 년 전의 글로벌 금융위기를 예측하며 널리 알려진 인물이다. 감당하기 힘들 인플레이션이 우리 사회에 닥친다면 엄청난 고통에 다시 휘말리게 될 것이다. 미국발 인플레이션은 우리의 금리 인상으로 이어지는 것은 불을 보듯 뻔하고 결국 이것이 가계부채, 기업부채에 직격탄을 날릴 것이란 것은 명약관화한 일이다.

글로벌 인플레이션 발생 시, 중요한 대책은 발생할 수 있는 모든 분야에서 리스크를 줄이기 위한 만반의 준비작업을 해야 한다는 것이다. 금융시장, 외환시장을 점검해야 하고, 시장의 안정조치를 사전에 실시해야 하고, 환율에 대한 협의를 통해 취약한 대목을 미리 손봐야 한다. 다행히 우리는 현재 외환보유고가 최고조에 달해 있는 상태이며, 코로나 시국임에도 불구하고 다른 여느 나라와 달리 경제 회복세가 눈에 띄게 상승하고 있다.

인플레이션이 만약 닥친다면, 소비자는 가격 상승을 떠안게 되므로 기업은 원가문제에 직면하게 될 것이다. 원가 상승을 기업이 소비자에게 전가할 수 있다면 그 기업은 가능성이 있는 기업이라 생각해도 좋은데 소비자에게 부담을 지울 수가 없고 고스란히 기업의 비용으로 부담이 오는 기업은 어려운 기업이라 할 수 있다. 가격 인상을 할 수 있는 만큼 상품, 서비스 등에 자신이 있는 기업은 인플레이션에도 불구하고 괜찮은 기업이라 평가할 수 있다는 말이다. 기업들은 저금리 시절에 대출을 받았을 텐데 만약 변동금리로 계약서를 작성했다면 얼른 고정금리로 갈아타야 한다. 인플레이션은 금융으로 하여금 대출금리를 올리도록 압박하기 때문에 기업 역시 얼른 변동금리를 고정금리로 갈아타는 것이 좋다. 개인이나 기업이나 실물가치가 되는 데에 투자할 필요가 있다. 돈의 가치가 떨어졌기 때문에 장차 값이 나가는 물건으로 대체하여 준비해두어야 한다는 얘기다.

가령, 금을 사서 금고에 둔다거나 토지를 매입하거나 기계 같은 생산설비를 자산으로 만드는 작업이 필요하다. 화폐, 예금, 채권 등의 금융자산은 어떻든 피하고 금을 비롯한 골동품 등을 구매하는 방식도 괜찮은 투자방식이라 할 수 있다. 왜냐하면, 실물자산은 가치 하락이 줄어들고 반대로 가치가 상승할 수 있다는 기대감을 가질 수가 있기 때문이다.

글로벌 기업으로의 발전

기업인이라면 누구나 성공하고 싶을 것이다. 성공한 기업을 이룩하고 싶을 것이며 성공한 기업인으로 남고 싶을 것이다. 세계적인 기업이라고 미국이나 유럽 등지에만 존재하란 법은 없다. 아시아에도 훌륭한 기업이 많고 세계적으로 각광 받는 기업도 적지 않다. 기업들은 경영에 필요한 지식은 주로 미국이나 유럽 등 선진국에서 학문으로 배워오고 이를 기업에 적용함으로써 미국식 경영방식을 기업들은 선택하는 것으로 보여진다. 하지만 아시아의 기업 중에서도 세계를 주도하는 기업들을 보면 이런 전통적인 방식을 뛰어넘은 방식으로 경영에 임하고 있는 듯하다.

그럼, 글로벌 기업으로 성장하기 위해 우리는 어떤 노력을 해야하는가? 개략적으로 생각나는 것을 언급해 보기로 한다. 어떤 기업이든 자신의 본질을 세밀히 파악해야 한다. 그런 다음 자신에게 걸맞은 방식으로 경영을 해야 한다. 지구의 대척점에 있는 잘 나가는 기업에 대한 연구도 해보고, 같은 지역의 다른 기업의 경영방식을 살펴보기도 해야 한다. 그런 다음 자기 기업과의 차이점이 무엇이고 공통점이 무엇인지 찾아내야 한다. 다른 기업의 환경과 자기 기업의 환경도 비교해볼 필요가 있다.

　　또한 리더십을 가져야 한다. 리더십이 부족하면 연마해야 하고, 기업의 발전을 위해 어떤 부서를 신설해야 하고 어떤 부서를 폐지해야 할지 판단하여 과감하게 진행 시킬 필요가 있다. 그럼, 기업인은 어떤 태도부터 지녀야 하는지 생각해 보자. 우리 국내 기업이 비록 인적자원이나 물리적 자원에서 미국이나 일본에 열악하지만 미국이나 일본을 추격하고 있는 분야가 있다. 예를 들면 반도체 분야가 그것이다. 미국도 일본도 모두 민주주의 국가이고 자본주의 국가인데 어떤 차별화를 통해 우리는 세계에 우뚝 설 수 있었을까?

　　간단히 말해 두 가지를 주목할 필요가 있다. 하나는 정부의 강력한 리더십을 통한 전략적이고 체계적인 지원정책이 적용했던 때문이다. 정부는 기업이 요구하는 것들을 꼼꼼히 체크하여 인프라를 확충하고자 하였다. 또한 부족한 자본을 호소하는 기업을 위

<골드만 삭스의 웅장한 모습>

해 기업 대출 등을 아끼지 않았으며 이런 것들을 모듈화하여 몇 단계의 프로토콜 같은 공식을 창출해낸 것이다.

다른 하나는 노사관계의 끊임없는 소통을 통하여 균형을 유지했다는 점이다. 정부가 주도하는 노사관계는 많은 잡음을 낳았다. 당시에는 채용 등의 문제에서 정부의 영향력이 컸다. 그러나 차츰 독자적인 판단과 실행을 통해서 효율적인 기업으로 전환했다는 것이다. 기업의 자율성이 강조 되는 만큼 기업은 성장한다는 것을 보여준다.

처음에는 기업의 목적은 오로지 돈을 버는 데 두었을 것이다. 기업은 물론 수익을 창출해내는 게 그 중요한 목표이다. 이런 목표에 접근하기 위해 기업의 리더들은 오직 수익적 측면에서 기업을 경영하고자 하였다. 그러다 보니 여러 가지 부작용이 발생한 것이다. 기업의 입장에서 직원이나 고객만큼 중요한 대상은 없을 것이다. 이런 중요성을 인식하고 기업이 놓인 사회나 국가의 상황, 입장, 처지 등을 고려의 대상에 놓아두게 되었던 것이다.

여기에서 중요한 것은 수요와 공급이 균형을 이룰 때 가격이 매겨지듯이 기업의 입장과 고객의 입장의 균형을 이루는 것이 몹시 중요하다는 점을 명심할 필요가 있다. 또한 기업의 관리층과 생산층의 조화가 중요하다. 기업은 주인의 입장에서 보는 것과 고객의 입장에서 보는 것과 종업원의 입장에서 보는 것에도 많은 차이가 나타난다. 따라서 이러한 차이를 좁히기 위한 것이 글로벌 기업이 되고자 하는 기업인들이 갖추어야 하는 최고의 덕목이라 할 수 있다.

미국이 아무리 세계 경제를 찬란히 이끌어온 주체라고 해도 우리는 2008년 리먼 사태를 발생시켰다. 이른바 리먼 브라더스에 의한 쇼크 즉 세계 경제의 추락이었다. 이는 오직 기업의 입장을 고려하지 않고 고객의 편의, 이익을 대변하기 위해 무리한 정책을 펼친 탓이었다. 서브프라임 모기지론 즉 부실한 주택담보대출의 후유증을 만들어냈던 탓이다.

따라서 당연히 금융위기가 일시에 몰아닥쳤고, 곤두박질치는 부동산 가격으로 자산가치가 폭락했다. 금융상품에 대한 과도한 차입도 문제였고, 이렇게 만들어진 악성 부실자산으로 마치 끊임없는 파도처럼 세계를 향해 퍼져나갔다. 글로벌 기업이 되기 위해서는 균형과 조화의 중요성을 절대 잊어서는 안 된다는 점이다.

그렇다면 한국의 기업들은 아무런 문제점이 없다는 말인가? 아니다. 우리의 기업들은 여전히 부조리함 속에 갇혀 있는 듯하다. 한국의 기업에 있어서 오너의 힘이 강하면 절대 글로벌 기업으로 발전할 수가 없다는 점이다. 물론 오너의 강력한 리더십이 중요한 것은 맞지만 실제 작업 현장의 근무자 혹은 책임자의 의사전달은 통제를 받는다. 따라서 당연히 현장의 경험으로부터 우러나올 혁신적인 아이디어, 창의적인 전략, 휴머니즘의 관계가 멀어지게 되는 것이다.

글로벌 기업으로 나아가기 위해서는 어떤 한쪽 측면만을 고집하는 것은 금물이다. 결코 좋은 경영의 방식이라 하기 어렵다. 그래서 필자는 다음과 같은 방식을 기업의 경영에 한 번 적용해보라고 권하고 싶은 것이다. 옴부즈맨 방식이 바로 그것이다. 옴부즈맨이란 지위는 어떤 간섭을 받지 않고 독립적이고 공정한 중재자가 되는 것이다. 따라서 가능하다면 옴부즈맨방식의 약점인 강제성이 없다는 점을 보완하여 어떤 법적, 행정적 수단을 통해 어느 정도 강제성을 부여한다면 성공하는 기업, 글로벌 기업으로 가는 지름길이 아닐까 생각해 본다.

기업의 주인은 리더만도 아니고 종업원만도 아니며 고객만도 아니다. 이들 모두가 주인의 입장이 되어야 건실한 기업, 세계에 내세울 만한 기업으로 성장할 수 있는 것이다. 옴부즈맨 같은 외국 스타일이 물론 국내 기업에서도 잘 적용되고 있는 예를 우리는 적잖이 보아왔다. 자문위원의 방식이나 자회사 연구기관, 고객 관련 위원회, 품질 평가 자문 위원 등등 다양한 방식으로 나타나고 있다.

글로벌 기업의 경영방식

　기업의 성공과 실패의 갈림길은 기업의 구성원에 달려 있다는 말은 결코 틀린 말이 아니다. 기업의 구성원 중에서 오너를 제외하면 어떤 의미에서 모두가 오너를 보필한다고 볼 수 있다. 이때 보필하는 구성원 중에서도 맹목적인 지시를 따르기만 하는 구성원은 없을 것이다. 공직자 사회에서는 한때 무사안일주의에 빠져 시키는 일만 하는 공직자도 있었다. 하지만 이제 공직자 세계에서도 그런 사고방식의 근무태도로는 버텨낼 수 없는 사회가 되었다.

　오너는 풍부한 경험을 바탕으로 경영을 시도한다. 경험은 간혹 판단력이 흐려질 때 극복하는 훌륭한 수단이 된다. 전문적인 분야의 경우 오너의 판단이 잘 못 되는 경우도 있다. 이때는 오너를 보필하는 종업원들이 잘 못 된 판단을 바로잡아주어야 한다. 기업의 투자 방향이 잘 못 설정된 것을 알게 된 이상 보필하는 종업원들은 그것을 수정하도록 충분히 오너를 설득해야 한다. 여기에서 설득이란 말이 몹시 중요하다. 투자가 어째서 잘 못 된 것인지 알아듣도록 설명해야 하는 것이다.

　종업원은 상사에게 자신의 의견을 명확히 전달하고 자신의 생각을 충분히 제안할 수 있어야 한다. 글로벌 기업이 되는 길은 오너부터 종업원까지 하나같이 최상의 상태를 유지해야 하는 것이다. 마치 한꺼번에 펼쳐지는 우산살과 같은 것이다. 우산살은 어느 하나만 망가져도 완전히 우산의 기능을 망가트려 놓는다. 기업도 똑같은 이치다. 아무리 삼성이 잘나간다고 해도, 아무리 네이버가 활개를 친다고 해도 무너지는 것은 한순간일 수 있는 것이다. 우산살 하나 고장 나면 전체가 망가지듯이 말이다.

잡스의 일화 중에 간밤에 결정한 디자인에 대한 생각을 이튿날 번복한 사건이 있었다고 한다. 잡스는 개발부서의 책임자를 부르지 않고 직접 찾아가서 자신의 결정을 번복할 수 있느냐고 물었다고 한다. 그러면서 정당한 논리를 내세워 목숨을 걸 수 있느냐고 반문하면서 직원들의 협력을 이끌어냈다는 것이다. 오너는 단호한 판단력과 결단력이 필요하고, 구성원들에게는 이를 잘 이끌어가는 협치의 과정이 보장되어야 한다.

<스티브 잡스 생전의 모습>(1955~2011)

앞의 잡스의 사례처럼 수평형 의사결정 방식과 오래전부터 자리잡아 내려온 상명하달식 즉 수직적 의사결정 방식 중 우리는 어떤 방식을 추구해야 할까? 당연히 수평형 방식이라야 옳다. 종업원들의 의견이 반영되어 하나의 결정체를 이룰 때는 위험성도 약화 되고 성공가능성이 오히려 높아지는 것이다. 그렇다고 해서 기업의 CEO 역할이 약화되는 것은 아니다. 오너 즉 CEO는 최종 판단을 하되 중요한 투자의 순간에는 위험의 요소가 분산된 종업원들의 의견을 받아들여 결정할 필요가 있다는 뜻이다.

리더의 경영에 인문학적 요소를 적용하는 방법을 활용한다면 어떤 오너보다 훌륭한 오너가 될 것이다. 기업 경영의 길이란 원래부터 인문학적 분위기와는 다르다 보니 지겹고 딱딱하며 계산적이었다. 하지만 경영도 따지고 보면 인간이 살아가기 위해 필요한 영역이고 인문학 또한 과학적인 연구 방법에 관심을 갖는 분야이다. 물론 인문학은 경제학이나 경영학과 같은 사회학의 영역과는 달리 경험적인 접근을 통해 학문의 영역을 넓혀가는 것이다. 자연과학이나 사회과학 등은 우리가 흔히 알고 있듯이 분석을 하고 비판을 하고 사변적인 방법을 사용하는 영역이 아닌 것이다.

그런데 인문학의 영역으로 한 발짝만 떼어보면 거기에 어쩌면 사회나 과학에 대한 의미가 있는 듯도 하다. 인문학을 얘기하는 자리가 아닌데 이렇게 언급을 했던 것은 오직 하나의 원리 즉 그것은 인간을 위해 살아가는 영역이라는 점이다. 인문학에서 얘기하는 리더십의 영역을 잠깐 들여다보면 어떨까.

<빌 게이츠의 모습>

리더십은 초기에는 리더의 행동을 매우 중요하게 여겼다고 한다. 즉 리더와 추종자의 관계가 아주 중요했다는 말이다. 기업 측면에서 말하면 오너와 종업원의 관계가 중요하다는 말일 것이다. 그런데 이런 관계가 오랜 세월이 지난 지금에는 리더의 행동보다 추종자들의 협동을 더 중요시 한다는 것이다. 다시 말해 사람 중심에서 과정 중심으로 변했다는 말이다. 소크라테스가 말한 것처럼 리더는 추종자의 이익을 추구하는 사람인데 그러기 위해서는 협력이란 과정이 중요해졌다는 말이다.

인문학적 이야기에서 우리가 눈여겨보아야 하는 대목은 무엇일까? 바로 변화의 모습을 읽어내는 작업이다. 리더십의 영역이 시간과 함께 변화해 온 것처럼 오너의 역할이란 것도 변화해야 한다는 것이다. 기업의 오너에 대해 얘기하면서 느닷없이 인문학을 끌어와서 조금 당황했을 것이다. 그러나 인문학이란 모든 학문의 수도관 역할을 하는 것이다.

수도꼭지가 만약 과학의 영역이라고 하자. 그런데 수도꼭지에서 물이 나오지 않는다면 무엇이 문제일까. 아무리 수도꼭지를 틀어쥐고 발버둥을 친다 한들 물은 다시 나오지 않을 것이다. 문제는 수도관을 고쳐야 한다는 것이다. 낡고 파열된 수도관을 고치면 수도꼭지에 물은 다시 콸콸 흘러나올 것이다. 이렇듯 인문학의 영역은 수도관과 같은 영역이다. 그래서 잠시 인문학을 생각했던 것이다.

인문학에서 생각하는 리더에게 필요한 요소는 무엇일까? 리더에게는 가장 먼저 비전이 있어야 한다. 장래에 이루고자 하는 그 미래의 상황 같은 게 비전이다. 그리고 리더에게 필요한 것은 장기적 목표이다. 당장 내일 모레 혹은 6개월 뒤의 목표가 아니라 장기적인 목표이다. 그리고 리더란 기업에 문제가 생겼을 때 그 문제를 해결할 수 있는 능력이 있어야 한다. 옳은 판단력도 필요하고 지식도 많이 필요하다. 그리고 어려운 사항을 결정할 때는 남다른 용기도 필요한 법이다. 이런 것이 리더의 구비조건이다.

기업의 오너에게 물론 정보나 과학이 중요하다. 테크놀로지는 기업의 생명이다. 하지만 이러한 테크놀로지에도 요즘에는 변화를 요구하는 추세로 가고 있다. 인재를 새롭게 발굴하고 시장은 전혀 엉뚱한 데를 공략한다. 다양한 관계를 중요시하고 다양한 시각을 갖기 시작한다. 오너의 입장보다 종업원의 입장에서 생각해 본다. 회사의 입장보다 고객의 입장에서 생각해 본다. 때론 하청업자의 입장에서 생각해 본다. 이렇게 시각을 달리하면 여태 보지 못한 새로운 모습을 볼 수가 있는 것이다.

리더의 경영 마인드

기업의 경영에 대한 지혜 혹은 진리를 꼭 외국의 학자나 연구를 통해서 살펴볼 필요는 없을 것이다. 아무리 기업 경영의 기술이 발전해 있다고 해도 현실 여건에 맞지 않으면 적용하기 어렵듯이 우리의 기업에는 우리의 현실에 맞는 테크닉이 필요한 법이다. 그래서 하는 얘긴데 리더가 지녀야 하는 덕목에 대해 고전 속에서 찾아보면 어떨까 하는 생각이 드는 것이다.

기업을 잘 경영했던 리더가 우리 역사상에 누가 있을까? 우리 민족의 역사는 아주 오래 되었지만 산업화의 역사가 짧기 때문인지 기업의 인물은 얼른 떠오르지 않는다. 물론 현대를 이룩했던 정주영 회장이나 삼성을 이룩했던 이병철 회장 그리고 포스코의 전신 포항제철을 설립했던 박태준 회장 정도는 입지전적인 인물임에는 틀림이 없다. 하지만 유구한 5천 년의 역사를 되돌아볼 때 딱히 생각나는 기업인은 떠올리기 쉽지 않다.

그렇다면 경영의 측면에서 한번 다시 생각해 보자. 경영이란 반드시 기업을 경영하는 것만을 말하는 것은 아니다. 나라를 경영하고 가정을 경영하는 것도 일종의 경영인 것이다. 나라를 다스리는 것도 일종의 큰 경영인 셈이다. 가정에서 제사를 모시고 명절에 차례를 지내며 예의범절을 실천하는 것도 일종의 가정의 경영인 것이다. 그럼, 나라를 다스렸던 임금 중에 본을 받거나 존경받을 만한 인물은 누가 있을까?

필자는 강력하게 조선의 4대 임금인 세종대왕을 추천하고 싶다. 세종이야말로 비록 승하하신 지 570여 년이 지났지만 유네스코가 인정한 인류의 문화 유산적인 인물인 것이다. 세종은 32년의 통치 기간 중에 모든 국사(國事)를 논함에 있어서 양반이나 귀족 즉 권문세족보다 가진 것 없고 힘도 없는 백성을 중심에 두었다. 고려 34대 476여 년, 조선 27대 520여 년 중에 세종은 가장 안정된 국사를 펼쳤고, 가장 파격적인 정치를 했다. 기업으로 치자면 최고의 리더십을 가지고 나라를 잘 살고 부강하게 만들어놓은 것이다.

글로벌 기업으로 나아가는 길은 세종의 리더십을 통해 얼마든지 찾아볼 수 있다. 우선 세종은 왕이 될 확률 0%에서 시작해 아주 짧은 시간에 임금이 되는 기회를 잡았다. 물론 하루 사이에 순식간에 임금이라는 자리에 오른 것은 아니었다. 평소 세종은 임금이 될 수 없는 운명을 긍정적으로 받아들이며 자신의 운명을 스스로 개척해 나가는 데 소홀함이 없었다. 세종이 권력에 대한 마음을 비우고 매진했던 것은 학문적 수양이었다. 세종의 아버지인 태종 이방원이 아들 세종을 불러 타일렀던 기록이 있다. 네가 할 수 있는 것은 아무 것도 없다. 너는 다만 인생을 편히 즐기라는 말만 당부했다는 것이다.

<조선 4대 세종대왕 동상>

　세종은 아버지의 가르침을 통해 무욕(無慾)을 배우고 청렴(淸廉)을 실천했다. 그렇다고 방탕하게 시간을 축내며 놀지는 않았다. 세종은 개인의 학문 탐구에 여념이 없었던 것이다. 형제들과 우애도 있고 몹시 예절도 바랐다. 어찌나 책을 열심히 읽었던지 저러다가 아들자식 죽겠다는 푸념과 함께 태종 이방원은 고육지책으로 아들의 방에 있는 책을 모조리 없애버렸다는 일화까지 전한다. 그때, 신하가 어린 세종을 불쌍히 여긴 탓인지 모든 책을 없애버리면서도 단 한 권을 떨궈 두었다는데 〈구소수간(歐蘇手簡)〉이란 서

책이었다. 구양수와 소동파가 서로 자신의 생각이나 소식을 편지 글로 주고받은 것을 엮은 서간 문집이었다. 세종은 이 책을 무려 1100번이나 읽었다고 한다.

세종은 나라의 임금으로서 조선을 안정과 번영의 시대로 이끌었다. 그의 리더십에 관한 연구는 충분히 되어 있지는 않지만 어떤 리더십을 지니고 이것을 실천하였는지에 대한 포괄적인 연구는 있었다. 기업의 오너가 만약 세종대왕의 리더십을 배워 몸소 실천한다면 자신의 기업을 분명히 성공한 기업의 반열에 올려놓을 것이라고 확신한다.

세종의 리더십에 대해 말을 할 때 가장 먼저 언급하는 것은 지적 리더십이다. 세종은 앞에서도 얘기했듯이 공부하기를 게을리하지 않았다. 조선의 임금 중에서 공부를 하는 시간도 가장 많았다. 보통 대신들과 함께 모여 공부하는 경연을 1,800회를 열었다. 세종의 아버지 태종 이방원이 총 4회에 지나지 않은 것을 보면 비교가 될 것이다. 셋째 아들로 태어나서 일찍이 용상에 오를 서열에서 제외되었기 때문에 자유로운 영혼처럼 오직 학문에 빠져서 지낸 습관이 이렇게 만들었을 것이다. 기업의 오너가 지식에 목말라 지적 호기심에 빠져서 공부한다면 기업의 종업원들의 지식도 늘어나고 결국 기업의 성장으로 나타날 것이다.

두 번째는 민본 리더십이다. 세종은 오직 백성이 나라의 근본이었다. 왕이나 권신들이 나라의 주인이 아니었고 힘이 없는 백성들을 오직 먹여 살리기 위해 모든 노력을 경주했다. 세종은 먹는 것이 곧 하늘이란 신념을 가지고 항상 백성의 편에서 통치했다. 기업의 오너도 자신의 주장만을 내세우지 말고 또는 기업의 관리자들 편에서 경영하지 말고 오로지 모든 기업의 종사자들 입장에서 경영한다면 먹는 게 하늘이란 세종의 믿음처럼 기업인들에게 생존의 부담을 얹어주지는 않을 것이다.

셋째, 창의적 리더십이다. 세종은 새로운 것을 창조해내는 것을 몹시 좋아하는 임금이었다. 새로운 것에 대한 도전은 모두 백성들의 생활에 유익한 것이었는데 훈민정음을 창제한 것도 여기에서 비롯된 듯하다. 그리고 수많은 과학기구를 발명하였고 실용서적 등을 저술하였다. 기업의 오너가 이런 창의적 리더십이 몸에 배어 있다면 세종처럼 기업의 상품을 새롭게 개발하고 소비자를 위한 다양한 브랜드 등을 개발하여 기업의 확장에 크게 기여하지 않겠는가. 이것이 필자가 세종의 리더십 중에서 특히 기업의 오너에게 이런 창조적 리더십을 배우라고 권장하고 싶은 까닭이다.

넷째, 소통의 리더십이다. 어쩌면 바로 위에서 언급한 창의적 리더십만큼 중요한 영역일 것이다. 세종은 많은 사람들에게 의견을 묻는 것을 좋아했다. 신하의 의견을 존중함은 물론 어느 신하의 의견이 채택되면 그 의견이 실현되도록 힘을 아낌없이 실어주었다. 소통에서 세종이 중요하게 생각한 부분은 무엇보다도 반대의 의견에 부딪칠 때였다. 이때 세종은 어김없이 반대자를 설득하고 반드시 타협을 이끌어냈다.

우리의 기업 환경에서 어쩌면 관리자와 종사자 사이의 간격이 가장 크게 나타나는 영역이 바로 소통의 영역일지 모른다. 상사는 오직 부하에게 명령만을 하는 체계, 시키기만 하는 기업의 구조는 소통이 제대로 될 리가 없다. 당연히 불만이 많게 되고 불만이 많은 기업이 제대로 성장할 리가 없는 것이다. 기업의 오너는 어떤 일을 추진함에 있어서 항상 종업원들의 의견을 묻고 상사는 부서원의 의견을 물어 하나로 의견이 일치될 때 추진력 또한 탄력을 받게 되는 것이다.

다섯째, 바로 진취적인 리더십이다. 의견을 내고 통일된 의견으로 수렴되었을 때 바로 실행이 가능하도록 추진력을 발휘하는 것이다. 업무를 추진하는데 장애물은 반드시 있게 마련이다. 세종은 백성에게 폐해가 있다면 반드시 손을 보도록 하였다. 세종은 비록 느리더라도 서두르지 않고 반드시 완성하였다. 기업의 오너들이 이러한 진취적인 리더십을 익힌다면 계획한 것을 끝까지 이루어낼 수 있는 힘을 기를 수 있을 것이다.

세종은 이렇듯 다양한 리더십을 소유하고 있었다. 국가를 통치하는 임금에게 어느 한 분야의 리더십만 중요하다고 할 수 없다. 기업의 오너에게도 똑같은 논리가 적용된다. 세종은 이런 다양한 리더십을 지니고서 백성을 아주 오랜 시간 평안하게 살도록 해주었다.

그가 인재를 채용하는 방식도 남다른 면이 있다. 세종은 무엇보다 마음이 착실한 사람을 인재로 채용했다. 그리고 일에 대한 열정을 지니고 있는 사람을 뽑아 썼다. 세종이 인재라고 생각되는 이런 사람을 채용했다면 그 사람의 단점을 덮고 장점을 발휘하도록 애썼다. 정실을 철저히 배제하고 역량 위주의 선발을 하였다. 한번 뽑으면 끝까지 신뢰하며 썼고, 뽑은 사람이 잘못을 저지르면 이를 빌미로 퇴출시키지 않고 그 잘못을 다른 일을 잘해서 만회하도록 하였다. 세종의 용병술은 이렇듯 다른 임금들과는 사뭇 달랐다.

우리 사회의 기업에서 이런 인재 원칙을 가지고 직원 채용을 하는 기업은 찾아보기 어려울 것이다. 기업의 오너라면 이런 인재 채용의 방식부터 본받을 필요가 있을 것이다. 요즘 기업의 인사실에서는 인문학적 사고방식을 배우기 위해 저명한 인문학자들을 모셔 교육을 시키고 있다고 한다. 필자는 기업 오너의 이런 시도는 매우 긍정적으로 보인다. 임금이 될 확률 0에서 100을 만들어 조선을 대표하고 우리 민족을 대표하는 성군(聖君)이 된 세종, 그를 흠모하는 기업의 오너라면 반드시 성공한 기업을 이룩해낼 것이다.

전설의 기업 코카콜라의 교훈

코카콜라는 세계를 지배한 청량음료 브랜드다. 1886년 탄생한 코카콜라는 아직도 세계 인류의 입맛을 사로잡는 놀라운 매력을 지닌 상품이다. 한 약제사의 끈질긴 노력 덕분에 코카 나뭇잎과 콜라 열매로 만든 탄산음료는 전 세계에 날개를 달고 날아올랐던 것이다. 그러나 개발자들이 수없이 느끼는 바지만 아무리 뛰어난 제품이라 하더라도 일반 소비자들의 시선을 끌어당기기는 결코 쉽지 않는 법이다.

약제사인 존 펨버튼이 애틀란타의 사업가 에이서 캔들러를 동업자로 만나지 못했다면 코카콜라의 오늘의 찬란한 역사는 결코 이루어지지 않았을지도 모른다. 약제사가 처음 시럽 등을 섞어 코카콜라를 개발하여 가장 먼저 약국에 납품했다. 그러나 생각처럼 반응은 좋지 않았고, 팔리는 것도 신통치 않았던 것이다. 개발자인 약제사는 고민 끝에 자신의 지분을 여러 사람에게 나누어 팔기로 결정했고, 그 지분의 하나를 사준 사람이 동업자 에이서 캔들러였던 것이다.

에이서 캔들러는 아무리 마셔도 질리지 않고 톡 쏘는 맛에 빠져 무엇보다 제품을 알리는 게 중요하다고 생각했다. 무료로 쿠폰을 만들어 사람들에게 나누어주었다. 수천 장의 무료 시음 쿠폰이 순식간에 없어졌다. 무료로 콜라 맛을 본 사람들은 처음 맛보는 콜라 맛에 매료되었다. 캔들러는 본격적으로 제품을 알리기 위해 코카콜라 로고를 만들었다. 시계나 달력에 로고를 새겨 홍보에 열을 올렸다. 각종의 기념품에도 로고를 새겼고, 포스터를 붙이고 책갈피 같은 기념품도 제작해서 배포했다.

디자인이란 것을 생각하게 되었다. 코카콜라만의 독특한 디자인을 만들어 널리 배포한 결과 사람들의 기억에서 잊을 수 없는

\<코카콜라 초기의 중국 시장 광고 모습\>

상표가 되었다. 소비자들이 시계를 볼 때나 달력을 볼 때나 코카
콜라의 상표를 자연스럽게 보게 된 것이다. 그러자 코카콜라의 수
요는 엄청나게 늘어나기 시작했다.

초기에는 코카콜라의 병을 다른 회사가 모방하는 사태가 일어
났다. 그래서 더욱 독특한 디자인을 만들어야 한다고 생각했고,
아름다운 윤곽이 돋보이는 아주 특별한 디자인을 창안했다. 우리

가 오늘날 크리스마스 때 보게 되는 산타클로스는 코카콜라 회사가 어느 잡지 광고에 선보인 이미지다. 빨간 의상은 코카콜라 로고의 색이고 흰 수염은 콜라를 컵에 따를 때 생기는 거품을 형상화한 것이다.

제2차 세계대전이 일어났을 때 코카콜라는 다시 한 번 기회를 잡는다. 군복을 입은 사람에게는 단돈 5센트에 코카콜라를 사먹을 수 있도록 홍보한 것이다. 이로써 코카콜라는 세계적인 브랜드의 상품이 되었던 것이다. 이후 코카콜라는 대중문화의 아이콘으로 떠올랐다. 그리고 마침내 타임지의 표지를 장식하는 영예를 안게 되었던 것이다.

이후에도 코카콜라는 여기에 만족하지 않는다. 지속적으로 상품을 개발하였다. 즉 캔에 담긴 콜라를 출시한 것이다. 병을 통해 콜라를 접한 소비자들은 캔에 담긴 값싼 콜라를 선호했다. 휴대하기 편리했고, 값이 싼 대다가 맛은 그대로였기 때문이다. 그러나 콜라는 다시 위기를 맞게 되었다. 콜라가 사람의 치아를 상하게 하고 건강에 해롭다는 불명예의 이미지로 매도되는 것이었다.

코카콜라 회사는 다른 브랜드를 흡수하여 음료 상품을 다양화하고 특히 건강이란 소비 트랜드에 발맞춰 상품을 출시하기에 이르렀다. 그들은 또한 코카콜라를 아주 친근한 이미지로 홍보하고자 하였다. 북극곰의 이미지를 만들어서 광고에 실었는데 이는 캐릭터 광고의 아주 대표적인 샘플이 되었다. 코카콜라는 오직 음료 하나를 가지고 엄청난 브랜드의 역사를 썼다. 한때 미국에서는 금

주령이 나돌았는데 그 틈새시장을 공략했고, 전쟁을 치르면서 미국의 아픈 역사와도 함께 했던 것이다.

현재 코카콜라는 전 세계 200여 개국 이상의 나라에 진출했다는 기록이 있다. 그리고 130여 년이란 오랜 역사를 가지고 있다. 하루에 전 세계에서 19억 잔 이상 소비되고 있다고 한다. 개발자의 끈질긴 집념과 상품을 알아보는 투자자의 안목, 인류의 아픈 역사와 삶의 궤적 속에 순박하게 녹아들려고 했던 경영자의 마케팅 전략, 이런 다양한 노력들이 함께 하지 않았다면 코카콜라는 그저 전설속의 음료로 밖에 남지 않았을 것이다.

제4장

기업의 가치

우리의 기업은 지금까지 무엇이 문제였을까?

고속으로 진행되는 산업화 속에서 고속 성장을 통해 신속하게 기업 환경의

변화를 겪은 우리의 기업들은 근면과 성실의 기치로서 믿음을

아주 소중하게 생각했다.

1.기업의 가치

우리의 기업은 지금까지 무엇이 문제였을까? 고속으로 진행되는 산업화 속에서 고속 성장을 통해 신속하게 기업 환경의 변화를 겪은 우리의 기업들은 근면과 성실의 기치로서 믿음을 아주 소중하게 생각했다. 기업 간에 혹은 국가 간에 산업상의 거래는 이런 신뢰를 통해서 활발하게 이루어졌던 것이다. 국가에서 기업을 위해 막대한 지원을 아끼지 않은 것도 상호 신뢰가 바탕에 깔려 있었기 때문이다. 국민들 역시 이런 깊은 신뢰성을 믿고 지지한 상황이었다.

상호 신뢰를 토대로 우리 사회는 눈부신 성장을 해왔다. 한강의 기적이란 말이 세계 어디에서나 회자가 되었을 정도다. 국민소득 1만 달러를 돌파하고 정부와 기업들은 이제 3만 달러의 시대를 향해 꿈에 부풀어 있었다. 우리와 거래를 하며 경제적 유대관계를 단단히 하고 있던 해외 국가들도 우리의 이런 성장을 지켜보며 지속적인 성장 가능성을 예견했다. 그 결과 외국인 투자자들의 투자역시 꾸준히 이어졌다.

하지만 이런 깊은 신뢰가 삐걱거려 걷잡을 수 없는 추락으로 치달은 사건은 정말 짧은 순간에 일어났다. 가장 먼저 노사 간의 신뢰가 깨진 데서 비롯되었다. 기업과 종업원의 관계는 상호 이익을 추구하는 관계로 시작된 것이다. 하지만 일방의 이익을 추구하다 보니 의견이 맞지 않는 대목이 발생했다. 노동법의 처리에 있어서 정부는 노조보다 사측의 입장에 힘을 실어주었고, 이런 법이 통과되면서 국민의 신뢰가 깨어지기 시작했던 것이다.

이른바 정경유착이 있었다는 게 만천하에 드러났다. 엄청난 규모의 차입액으로 기업을 방만하게 운용하였어도 감독기관에서는 한 번도 조사하지 않았다. 대출을 발생한 금융권조차 부실한 자금의 운용에 대해서 손을 놓고 있었다. 그러다 보니 우리나라의 굵직한 기업들의 부도가 발생하기 시작했다. 이런 부도의 근원에는 감독기관과 은행권의 무책임한 행태도 한몫을 하고 있었다. 이런 상황에 이르자 이를 용납해준 경제 관료에 대해 국민들의 신랄한 질타가 시작 되었던 것이다.

<기업은 신뢰가 생명이다>

이때, 우리는 중요한 하나의 현상을 목도(目睹)하게 된다. 우리나라에 대하여 큰 신뢰를 가졌던 외국인 투자자들의 이탈이 일어나기 시작했던 것이다. 그들은 우리의 금융 체제가 관치금융에 빠져있다는 것을 알아차렸다. 이런 형태는 상호 연쇄적인 위기로 빠져들 수 있다는 것을 예감했던 것이다. 즉 이러다가 기업이 부도가 날 테고 기업의 부도는 금융권의 부실로 연결 되면서 끝내 국가적 부도 사태가 일어날 우려가 있다는 것을 직감했다. 외국인 투자자들의 이러한 직감은 곧장 자본이탈로 이어졌다.

외국인 투자자들의 이탈은 국내에서 외화 자본이 한순간에 빠져나가는 결과를 불러왔고, 이는 금융위기로 연결되었다. 이게 바로 IMF의 서막이 되었던 것이다. 기업의 가치인 신용이 타락하고 책임을 망각한 채로 도덕성의 치명적 타락으로 이어진 가혹한 결과라고 말 할 수 있을 것이다.

그러면 기업의 가치는 어떻게 올릴 수 있을 것인가. 앞에서 이미 해답을 얻은 바와 같이 결국은 신뢰를 회복하는 일이다. 고객에게 신뢰를 얻는 기업이 결국에는 성공할 수 있는 기업으로 성장한다는 것은 변함이 없는 사실이다. 기업인들은 어떻게 해야 신뢰를 회복해서 기업의 가치를 이끌어 올릴 것인가. 무엇보다 무리한 경영을 하지 않는 것이다. 무리한 경영은 생산성을 떨어뜨리게 된다는 점이다. 즉, 고비용 저생산성의 구조로 회사를 경영하면 결국 기업은 부도로 이어질 수밖에 없는 것이다.

기업의 부도나 국가의 부도는 하루아침에 일어나지는 않는다. 그리고 어느 하나의 잘못 때문에 일어나는 것은 더욱 아니다. 정부는 정부대로 기업에 대해 지나치게 규제를 하려고 든다. 기업을

도와주어야 하는 관련 부처들은 내 일처럼 돕지 않고 수많은 절차
와 단계를 내세워 오히려 기업의 발전을 가로막고 있는 실정이다.
또한 금융기관은 그들 나름대로 지나친 폭리를 취하면서 기업인
들의 숨통을 조이려고 덤빈다. 이러다 보니 민간시장에서는 자
본의 불균형의 현상이 나타나면서 외국과의 거래까지 위축되게
된다.

기업의 가치를 올리기 위해서는 이런 모순점들이 제대로 자리를
잡아야 한다. 그런 상태에서 기업은 시장의 원리에 따라 움직여야
바람직하다. 노동시장의 불균형도 경제의 원리인 수요 공급의 원
리를 가지고 해결할 수 있는 것이다. 수요와 공급의 원리가 기업
의 운영에도 적용되어야 한다는 것은 당연하다. 경제는 소비자의
입장이든 기업인의 입장이든 상대가 있게 마련인데 어느 한쪽으로
지나치게 기울어진 운동장에서는 그 어떤 움직임도 자연스럽지 못
할 것이며, 끝내 완전히 기울어져 추락할 것이다.

기업의 가치 상승 전략

기업의 가치상승은 기업 혼자만의 노력으로는 해결되지 않는
다. 경제의 주체들이 힘을 합쳐 공동의 목표를 향하여 나아가야
한다. 정부와 노조의 협조를 바탕으로 기업의 꾸준한 노력을 통해
기업의 가치를 높이는 것이다. 이렇듯 국민의 긍정적인 협력을 통
해서 정책을 일관되게 밀어붙일 때 앞에서 얘기했던 신뢰와 믿음

을 회복하는 것이다.

　나라의 살림을 늘리는 것은 국가만의 노력으로 이루어질 수 없다. 국가와 기업, 국민이 함께 노력해야 나라의 살림살이가 늘어나는 것이다. 아무리 우리의 경제가 높은 성장을 하고 있다고 하더라도 하나의 병폐라도 발생한다면 마치 둑이 무너진 저수지처럼 와르르 무너지게 된다. 국가는 재정지출을 함에 있어서 불침번을 서듯 항상 점검하는 태도를 가져야 한다. 단기외채 같은 빚의 증가는 나라를 위험에 빠뜨릴 수 있는 폭탄과도 같다. 자칫하여 외채상환을 하지 못할 때는 국가의 대외신뢰도의 추락과 함께 금융위기를 맞을 수가 있기 때문이다.

　기업의 행동전략은 국가의 주요 경제지표의 설정에 따라 변화를 주게 된다. 우리가 항상 기업의 중심에서 살아가야 하기에 주요 경제지표를 파악하는 안목을 지녀야 한다. 특히 코로나19로 경제침체에 빠져있는 요즘처럼 취업이 힘든 시기, 경제적 상황이 활발하지 못한 부정적인 여건에서는 이러한 지표를 아주 관심을 가지고 살펴보아야 한다. 물가상승률은 어떻게 변해 가는지, 정부에서 발표한 실업률은 어떤 상황인지, 지난해에 대비해서 실질 성장률은 어떻게 되어 가는지 꼼꼼하게 파악해야 하는 것이다.

　가장 먼저 기업인은 이런 중요한 지표를 파악할 수 있는 경제적 안목을 지녀야 한다. 자기의 기업이 비록 중소기업이지만 수출이나 수입의 수지에 따라서 영향을 받는 기업이라면 경제지표로서 수출이나 수입에 따른 무역수지를 살펴볼 필요가 있다. 무역수지가 해마다 어떻게 변화해 왔는지 세밀하게 살펴야 한다. 경제성장률이 대폭 하락한다는 것은 위험신호라는 말이다. 경제성장률이 마이너스를 기록하고 있다면 기업을 경영함에 있어 경계의 수준을 높여야 한다. 이는 우리 화폐의 평가절하로 나타날 것이며, 이는 결국 수입 가격의 폭등을 유발 시키므로써 물가를 엄청나게 밀어 올릴 것이 뻔하다.

정부로 하여금 규제를 풀도록 적극적으로 대응해야 한다. 경제가 어려울 때는 무엇보다 국가의 규제를 최소화하는 정책이 펼쳐져야 한다. 반면에 공사 현장이나 산업의 생산 현장이나 기업의 실물경제 현장에서의 관리감독을 철저히 하여야 한다. 자금을 균형적으로 배분하여 효율성을 높이고 높은 비용적 부담을 덜어야 한다.

수출산업이 활성화 되어야 기업이나 나라가 사는 길이다. 우리는 지금 세계적으로 뛰어난 반도체 생산국이다. 철강이나 조선 등도 유력한 상품이며 석유가공, 자동차, 가전제품 등은 세계를 압도하는 상황이다. 하지만 조선이나 반도체 분야에 있어서 우리는 다른 나라의 강력한 도전을 받는다. 원자력발전소 기술 역시 세계 최강이다. 지금도 우리는 프랑스. 미국, 러시아, 중국 등과 체코의 원전 수주 가능성을 두고 치열한 경쟁을 하고 있다.

우리의 원전기술은 러시아나 중국 보다는 체제적으로 안전하다는 장점을 지니고 있다. 또한 미국이나 프랑스에 비해 성실하고 약속한 공사 기간을 제대로 지킨다는 신용도 가지고 있다. 게다가 경쟁국가에 비해 건설비용은 훨씬 저렴하며, 우리는 이미 아랍에 미리트 원전을 성공적으로 건설해 현재 좋은 이미지를 쌓고 있다.

이런 것을 볼 때, 기업이 성장하려면 국가의 전략도 무시할 수가 없는 법이다. 원전 같은 산업은 국가적 차원에서 전략을 세워 기업과 협력해서 접근해야 한다. 원전의 수주전은 국력을 바탕으로 진행되는 것임은 상식적인 얘기다. 어떤 기업이 날개를 다는데는 국가에서 힘을 보태야 한다는 말이다. 전략산업을 도맡고 있는 기업을 위해 국가에서 장기적으로 지원정책을 세울 필요성이 있다.

바로 지식의 분야이다. 원전만 하더라도 우리의 관련 지식축적은 세계적인 수준이다. 이렇듯 국가에서는 기술적 지식은 물론 소프트웨어적 지식을 축적하기 위해 일종의 프로토콜 즉 샘플 전략을 세워야 한다는 말이다. 이런 시도를 통해 우리의 경제계에 새로운 경영 패러다임을 구축할 수 있어야 경쟁에서 이길 수가 있는 것이다. 또한 우리의 기업들은 부실한 구조에서 탈피해야 살아남을 수 있다.

내실이 튼튼해야 성공할 수 있다. 기업이 생존하려면 돈의 늪과도 같은 대출에 신중을 기해야 한다. 대출 심사를 하는 금융기관 측에서는 심사를 꼼꼼히 하되 금리의 적용은 친기업적이어야 한다. 외국 자본의 유입 상황에 맞춰 매출의 확대 등의 몸집만 키울 생각을 하지 말고 부가가치를 어떻게 창출할 수 있는지 고민해야 하는 것이다. 비록 규모가 작은 기업이라 하더라도 경영만큼은 대기업처럼 사명감을 갖고 임해야 한다. 어떻게 하면 경제적 부가가치를 높일 수 있을지 고민해야 전쟁 같은 경제 환경 속에서 살아남을 수가 있는 법이다.

기업에 대한 인식의 변화

오늘날에는 기업에 대한 사람들의 인식이 많이 달라졌다. 과거의 프레임에 갇혀서는 이제 기업을 성공시킬 수가 없는 시대인 것이다. 당장 이익이나 내려고 들어서는 안 된다. 오직 매출액이나 올리려고 들어서도 안 된다. 규모나 키우려고 덤비면 더욱 안 된다. 규모를 감당할만한 질적 성장이 일어나야 하는 것이다. 실질적으로 경영에 성공하려면 투자를 통해서 이익을 극대화시켜야 한다. 또한 그렇게 발생한 이익을 모두 저축하면 안 된다. 이익의 일정 부분을 재투자해야 하는 것이다.

그러나 아무리 매출액이 늘고 재투자를 통해 생산성이 늘어난다 해도 기업의 구조가 불건전하면 기업으로서 결코 성공할 수 없다. 이제는 기업의 구조가 무엇보다 중요한 시대이다. 그래야만 장기적으로 성장할 수 있는 기업이 되는 것이다. 또한 기업 오너의 입장에서 효율성이나 생산성을 관리하는 것도 중요하지만 투자자들이 요구하는 것을 잊어서도 안 되는 것이다.

투자자들은 대체로 최소한의 수익률을 요구한다. 자신이 투자한 지분에 대해, 자기가 공여한 부분에 대해 요구하는 최소한의 수익, 이게 바로 요구 수익률이다. 투자자들은 기업이 모든 경영 활동을 수익 극대화에 쏟고 있는지 꼼꼼히 파악한다. 투자는 어떻게 얼마나 이루어지고 있는지~ 생산은 제대로 되고 있는지 제품은 어떤 구조로 얼마나 판매되고 있는지 이렇게 해서 기업은 얼마나 이익을 내고 있는지 아주 세밀하게 파악하는 것이다. 이때, 투자자들은 수익액에서 자본비용을 제한 순수이익을 최종성적표로 인식하는 것이다.

기업의 가치는 전적으로 기업의 이익만을 위한 것이 아니다. 기업주의 이익은 물론 기업과 관련하고 있는 모든 이해관계자의 이익도 보장해주어야 한다. 고객은 기업의 제품으로부터 만족함을 느껴야 하고, 기업의 종사자들이 자긍심을 가질 수 있도록 안정적인 임금을 부여하고 노동의 제공에 대해 종사자들은 충족감을 느껴야 하는 것이다. 그리고 기업의 오너로서도 행복감을 느낄 수 있어야 한다.

기업의 가치는 도식적인 가치에서 벗어나야 한다. 말로만 가치 있는 기업이 아니라 실제로 가치를 느낄 수 있도록 해야 한다. 기업은 무엇보다 다른 기업과의 경쟁에서 이겨내야 한다. 기업이 생산하는 제품이 어떤 제품인가는 이런 점에서 매우 중요하다. 경쟁력이 없으면 기업을 가동하지 않아야 한다. 경쟁력을 확보하는 방법은 다른 기업과 비교해서 기술력이 뛰어나야 한다.

적자에 시달릴 때는 기술력을 한번 생각해볼 필요가 있다. 만약 기술력에 문제가 있다면 기술력을 높일 수 있는 방법을 강구

해야 하며, 그럴 자신이 없을 때는 과감히 사업을 정리할 수도 있어야 한다. 그리고 어떤 주력산업에 있어서도 협력을 통해 효과를 낼 수 있는 1+1 같은 시너지 상품을 개발하는 것을 게을리 해서는 안 된다. 두 개 이상의 기업이 하나로 힘을 합칠 수도 있고, 두 개 이상의 상품을 통합해서 각각의 효과보다 더 큰 효과를 낼 수 있도록 하는 방법적 노하우를 적용할 필요도 있는 것이다.

기업은 당연히 매출을 늘리려고 노력해야 한다. 기업의 제품이 시장에서 다른 기업의 제품보다 우위에 서려고 노력해야 한다. 제품을 하나 생산하는데 들어가는 단가를 어떻게 하면 더 낮출지 날마다 고민해야 한다. 남아있는 제품을 상세히 헤아려서 재고를 없도록 하고 재고가 얼마나 남아있는지 반드시 체크해야 한다. 이렇게 하여 최종적으로 손해와 이익의 대차대조표를 작성해서 기업의 건전성을 파악하는 것이다.

하지만 이런 방식도 이제는 한참 뒤떨어진 방식일 뿐이다. 틀린 방식은 아니지만 기업을 혁신하기 위해서는 이보다 훨씬 가치가 높은 방식을 활용할 필요성이 있다는 말이다. 기업의 요소별 손익을 계산하고 자산은 부문별로 정확히 구분할 필요가 있다. 기업이 지속적으로 성장하기 위해서는 성과에 대한 보상을 철저히 실천해야 한다. 기업의 경영에 있어서 가장 중요한 것은 무엇일까? 매출 규모? 성장률 혹은 시장점유율?

하지만 이런 것은 간접적인 기업의 평가 방식이다. 가장 중요한 것은 장기적인 경영전략이 있느냐에 관한 것이다. 이런 것들을 기업의 오너는 인식할 필요가 있다. 그랬을 때 기업은 가치 있는 기업으로 인정받을 것이며, 내실 있고 성실한 기업으로서 자리매김 되지 않을까 생각하는 것이다.

모범기업의 경영방식

필자는 기업회생 업무를 수행하면서 아주 많은 기업인을 만나 보았다. 필자가 이렇게 만나본 기업인 중에는 성공한 기업인도 있었고, 실패한 기업인도 있었다. 필자는 그들을 만나서 기업의 경영에 관한 다양한 얘기들을 들어 보았다. 그런데 이렇게 만나서 들었던 기업의 경영에 관한 얘기 속에서 필자는 하나의 공통점을 발견할 수가 있었다. 경영에 관한 이들의 공통점은 대략 두 가지로 정리해 볼 수가 있다.

첫째, 과거에 얽매인 기업경영 방식이었다. 그들의 방식이 틀렸다고 단정 지을 수는 없을 것이다. 그들은 성공한 기업들이 그랬던 것처럼 하나의 방식을 정해놓고 아주 성실하게 투철하게 실천한 사람들이었다. 그러니 그들의 성실한 방식을 틀렸다고 말하는 것은 주제넘은 건방진 생각이라 할 수 있다. 그들은 무엇보다 욕심이 많은 타입의 사람들이다. 외적인 규모를 확대하는 경영방식에 그들은 먼저 목표를 두고 있었다.

따라서 이들은 당연히 주위 사람들한테 가능성 있고 될성부른 기업인으로 받아들여졌다. 그들의 매출액은 몰라보게 증대했다.

사업의 규모가 커져서 공장을 확대하고 종업원들도 많이 늘려서 규모를 확대했다. 누가 봐도 이들의 미래 앞에는 크게 성공할 거라는 기대감이 따라붙어 일견 성공한 듯이 보였다는 점이다. 그런데 문제가 발생한 것이다. 기업의 환경이 급변하기 시작한 탓이었다. 경제 상황이 좋아서 고성장을 하던 시기에 기업을 경영해오던 이들에게 생전 경험하지 못한 위기의 순간이 닥친 것이다. 바로 기업의 생사존망이 걸려있는 저성장기가 도래한 것이었다.

그동안 습관처럼 착실하고 성실한 기업인들이라고 평가받던 경영인들이 저 성장기를 맞아 맥을 못 추고 넘어지기 시작했다. 그들이 실천해 왔던 몸집 불리기식의 경영방식은 저성장의 상황에서는 전혀 들어맞지를 않았던 것이다. 문어발처럼 벌여놓기만 했던 공장에서 부도가 나기 시작했다. 감당할 수 없을 정도로 치명타를 입고 기업의 존망마저 위태로울 지경이 되었던 것이다. 이러한 상황에서 살 수 있는 돌파구를 찾아 나서기 시작했다.

혹독한 시련을 경험한 착실한 기업인들이 생겨났고, 더 나아가 착실한 기업인들의 경영방식을 뒤로 하고 더 발전적인 모델을 적용하기 시작한 기업인들은 경쟁력을 갖추며 상승하고 있었다. 그들은 자신의 기업을 정확히 분석하여 어떤 분야에 경쟁력이 있는지 파악한 다음 핵심역량을 바로 거기에 집중했던 것이다. 일종의 전문적인 경영방식을 적용한 것이었다. 이렇게 되자 짧은 기간에도 수익을 내게 되었고, 사업의 부가가치가 높아지기 시작했다.

<투철한 기업가 정신으로 신화를 이룩한 정주영 회장>

　앞에서 언급했던 것처럼 외형 확대보다 투자 대비 얼마만한 수익을 발생시켰는지 섬세한 평가를 모델로 삼았던 기업들은 장기적으로 기업의 외형도 커지면서 성공하는 기업의 길로 들어선 것이다. 이를 어떤 경영학자들은 전문적인 표현으로 자산의 효율성이라고 한다. 이들 경영학자들에 따르면 이들은 경영지표로서 경제적 부가가치라고 하는데 이러한 경영방식의 장점으로 자본비용을 고려한 상황에서 투자 기간별 부가가치를 얼마나 창출하였는지 측정할 수 있다는 점을 들고 있다.

이들이 밝히는 단점으로는 단기적 성과에 치중한다는 점이다. 따라서 이를 통해서 얻어낼 수 있는 경영의 원칙은 바로 경영의 수지타산을 측정할 수 있는 분야별 정보의 파악과 반영을 지속적으로 활용한다는 점이다. 여기에서 말하는 분야별 정보라는 것은 바로 대차대조표에 들어가는 다양한 구성 요소들을 말하는 것이다. 기업인들이 여기에서 배워야 하는 실제적인 경영의 노하우는 양적 측면과 질적 측면을 동시에 평가할 수 있는 방식을 당장 회사의 경영에서 실천에 옮기는 것이다.

이런 방식을 기업의 경영에 반영해서 큰 성공을 거둔 기업이 있다. 경영학을 전공하는 자라면 누구나 알고 있는 코카콜라의 사례이다. 코카콜라사는 회사의 위기를 맞아 적극적인 경영방식으로 전환하여 회생의 길을 모색했다. 코카콜라사는 정확히 기업의 현황을 분석하여 하나의 유의미한 발견을 하게 된다. 코카콜라사는 본연의 콘텐츠인 청량음료 이외의 사업 즉 영화, 예술, 플라스틱 등 수익률이 부정적인 영역을 과감하게 정리했던 것이다.

이런 방식으로 저돌적인 경영을 해온 코카콜라사는 수익률이 회사 자체에서 정한 기준 다시 말해 자본비용을 상회하는 경우에만 자금을 투입했다. 자본비용이 회사에서 정한 자본비용의 수익률을 상회하지 못할 때에는 과감하게 정리했다. 비록 신규 사업이라도 자본비용을 상회 할 때는 투자를 아끼지 않았던 것이다. 이런 방식의 경영은 그대로 들어맞았다. 이런 경영방식은 불과 7~8

년 사이에 최소 5배의 실적향상을 보여주었다.

코카콜라사는 실제적인 경영에서 모범을 보여주었다. 사업의 덩어리 중에서 분리하여 독립할 수 있는 것은 과감하게 독립을 시켰다. 그리고 비난을 받을 정도로 대규모 인원 감축을 벌였다. 코카콜라사가 이렇듯 변화를 추구하여 성공 가도를 달리는 것을 보고 이런 경영방식을 표본으로 삼은 기업 역시 엄청난 성공을 거두었다. 코카콜라사와 항상 경쟁 관계에 있었던 P사 역시 같은 경영방식을 채택한 이후 추락한 회사의 기업수지는 아주 긍정적으로 변화하기 시작했던 것이다.

기업의 사회적 책임

기업은 사회와 국가에서 차지하는 역할이 크고 비중도 크다. 기업의 성공과 실패에 따라서 개인의 삶도 천양지차로 달라진다. 기업이 도처(到處)에서 무너지게 된다면 어떻게 되겠는가? 당연히 기업의 구성원들의 삶이 무너지고 기업에 취직할 수 있는 길이 닫힐 것이다. 기업의 사회적 책임이란 기업인의 철학을 말한다. 철학도 없이 기업을 경영하는 오너가 어디 있겠는가. 그냥 막연히 자신의 인생철학이 아니라 기업의 입장에서 임하는 철학이 필요하다는 말이다. 너무도 뻔한 얘기라고 생각할지 몰라도 우습게 여겼다가는 낭패를 당하기 십상인 것이다.

얼마 전에 발생한 광주 철거현장 붕괴사고를 우리는 모두 알고 있다. 철거공사 중에 발생한 인재(人災)로 인한 사건이었다. 열일곱 명이 죽거나 다친 엄청난 사건이었는데 그 이면에서 기업들이 불법을 저지르고 사회적 책임을 망각한 행동들이 고스란히 드러났다. 다수의 사상자가 발생하고 보니 여기에 참여한 기업들이 자신의 책임에 조금만 더 주의를 기울였다면 무고한 시민의 목숨을 빼앗는 불상사는 일어나지 않았을 것이다.

철거 건물의 붕괴사건 이면에는 '철거왕'이라 불리는 업자와 관련 업체와의 이면계약이 숨어 있었다. 이면계약을 통해서 원래 자신들에게 지워진 신뢰와 책임을 외면하고 하청이란 방식을 통해서 나누어먹기식의 공사를 진행한 것이었다. 경험이 부족한 기업에게 원래 계약한 공사대금에 턱없이 모자란 대금을 제시하여 하청 공사를 하다가 일어난 엄청난 사건이었던 것이다. 공사 현장을

성수대교 붕괴사건(1994년 10월)

실질적으로 감독해야 할 기업은 현장에서 떠나고 자격 미달의 기업들이 그것도 서둘러서 공기를 마쳐달라는 독촉에 시달리다 벌어진 재앙이었던 것이다.

　붕괴가 일어날 수 있다는 것은 상식적으로 알 수 있었던 문제다. 붕괴를 막으려면 지하층에 토사나 폐기물을 채우는 작업이 성실하게 이루어져야 하는데 부실하게 이루어졌다. 그러다 보니 수직 하중을 버티지 못해 붕괴된 것으로 조사 결과 드러났다. 또한 감리 책임자에게 적당히 봐달라는 부정 청탁이 이뤄진 정황도 포착했다. 불행하게도 여기에는 기업인뿐만 아니라 행정적인 업무를 담당하는 공무원도 관련이 있었다.

　비슷한 시기에 안타까운 사고는 계속 일어났다. 이천의 한 물류센터에서 화재가 발생한 것이다. 쿠팡이란 대기업에서 발생한 이번 화재 사건은 건물과 적재물을 완전히 태우고 엄청난 인명피해, 재산피해를 남겼다. 단일 화재 사고로는 전례가 없는 규모라 할 정도로 재산피해의 규모가 컸다는 보도가 잇달았다. 이번 사건으로 우리가 눈여겨봐야 할 대목은 피해액도 피해액이지만 근본 원인을 찾아야 한다는 점이다.

　기업의 측면에서 먼저 검토할 필요가 있다. 대규모 종사자가 근무하고 화재의 위험도 상존 하니 화재의 대비에 많은 신경을 써야 정상일 것이다. 하지만 보도되는 기사를 종합해 보면 한 번도 그런 점검이나 대비훈련조차 없었다는 것이다. 더욱 답답한 것은 당일 화재가 났다고 보고를 해도 이를 무시하고 무슨 화재는 화재냐고 쓸데없는 걱정 하지 말고 어서 일들이나 열심히 하라는 고질적인 안정불감증이 발현되었던 것이다.

다양한 원인이 복합되어 구조적인 문제가 있었지만 당장 스프링쿨러가 작동되지 않았다는 점이다. 설비의 기능이 제대로 작동하는지 쿠팡 측으로선 날마다 점검을 하고 점검을 해야 옳은 일이었다. 하지만 그런 점검도 없었던 것으로 드러났고, 화재경보와 관련해서 오작동의 문제가 있었음에도 이를 해결하려고 하지 않았다. 스프링쿨러가 정상적으로 작동만 되었어도 아까운 목숨과 엄청난 재산피해를 예방할 수 있었을 것이다.

안전불감증은 우리 사회에 매우 많이 만연해 있는 고질병이다. 기업 측이나 종사자들이나 해이(解弛)한 정신상태로는 앞으로 이런 사고가 발행하지 말라는 법은 없는 것이다. 이런 안전불감증은 오래전부터 사람들 사이에 회자 되어온 내용이다. 우리는 성수대교 붕괴라는 유례없는 다리 붕괴사고로 세계의 뉴스 중심에 섰던 뼈아픈 이력이 있다. 또한 세월호 사건이 있는데 이 역시 지구촌 뉴스의 중심이 되었다.

이 밖에도 우리의 아픈 사고의 역사를 보면 1971년 대연각 호텔 화재 사건부터 이리역 폭발사고, 삼풍백화점 붕괴사고, 대구 지하철 역사 화재 사고 등등 이루 헤아릴 수가 없는데 그 중심에는 부실 공사와 안전불감증이란 말이 불명예스럽게 따라다닌다는 것이

대연각 호텔 화재사고(1971년)

다. 미국의 플로리다 해변의 아파트 붕괴사고 역시 안전불감증이 불러온 최악의 참사였다. 설마 하는 마음에 게으름을 피우다가 미리 막을 수 있는 사고를 방지하지 못한 경우가 허다하다는 말이다.

사회적 책임감을 지녀야 한다. 책임이 있는 자는 철저히 자신의 책임을 다해 이러한 위험으로부터 아까운 인명과 재산상의 피해를 막아내야 한다. 이런 사건의 수습은 결국 기업이 주축이 된다는 것을 우리는 모두 알고 있다. 결국에는 기업의 대표자가 나와서 고개를 숙이며 용서를 구하는 모습을 우리는 수없이 보아왔다. 부실 공사에 의한 건물의 붕괴, 부주의에 의한 화재 사건의 끝에는 기업의 대표자가 나와서 해명하고 잘못을 시인하며 재발하지 않겠다고 수없이 약속한다. 그러나 이미 엎질러진 물이 아닌가. 재기할 수 없을 정도로 치명상을 당했는데 나중에 잘 할 수 있는 기회가 어디에 있다는 말인가. 게다가 희생된 인명은 아무리 부르짖어도 살아 돌아올 수 없는 것이다.

우리 사회에서 기업주의 책임이 본격적으로 제기된 것은 시민 사회 운동이 활발해지면서이다. 대기업은 물론 중소기업들에게도 비로소 심각한 책임을 물었다. 기업의 사회에 대한 봉사와 기부가 이때부터 차츰 활발해지기 시작했다. 이후 좋은 기업이라는 이미지를 내걸고 우리 사회를 향한 다양한 기업의 가치를 세우게 된다. 불의의 사고에 대한 기업의 책임을 강화하자는 논의가 끊임없이 제기되어 왔다.

최근에 특히 산재 사망사고가 빈번하게 발생하고 있다. 중대 재해기업의 처벌법 시행령을 위해 전국적인 규모의 시위가 일어나고 있는 실정이다. 아르바이트 청년의 지하철 스크린도어 사고로 인한 억울한 죽음, 평택항 컨테이너에 깔려 죽은 청년 노동자, 제철소 용광로 노동자 사망사건 등 산재 사망사고는 연속적으로 일어나고 있다. 그러나 산업재해에 의한 처벌의 수위가 형편없이 낮다보니 안전한 노동환경이 조성되지 못했다.

그러다가 2020년 4월 발생한 이천 물류센터 공사장 화재로 인해 38명의 사망자가 발생했다. 물류센터 사고를 계기로 중대 재해를 막기 위해서 경영자 및 기업을 처벌하려는 특례법의 제정을 촉구한 것이다. 그리고 지난해 국회에서 〈중대 재해기업 처벌법 등에 관한 법률〉이 통과되었으며 1년 후에 시행하되 조건을 달았다. 50인 미만의 사업장의 경우에는 이 법의 공포 3년 후에 시행하도록 미룬 것이었다. 그러나 기업의 규모가 작으면 예외로 면제를 인정하고 있다. 상시 근로자가 5명 미만의 경우에는 이 규정을 적용하지 않는 것이다.

여기에서 우리가 눈여겨보아야 하는 대목이 바로 중대 재해라는 것이다. 중대 재해의 범위를 규정하는 데 많은 어려움이 따랐을 것이다. 산업재해 중 사망자가 1명 이상 발생하거나 동일한 사고로 6개월 이상 치료가 필요한 부상자가 2명 이상 발생하거나 또는 동일한 유해 요인으로 급성중독 등 직업성 질환자가 1년에 3명 이상 발생한 경우를 중대 재해로 규정하고 있다.

이처럼 안전조치 의무를 위반하여 사망사고가 발생한 경우에는 1년 이상의 징역 또는 10억 원 이하의 벌금에 처해진다. 부상자나 질병자가 발생한 중대 재해의 경우에는 7년 이하의 징역 또는 1억 원 이하의 벌금에 처해진다. 이제는 경영자가 사고 발생 후에 아무리 시정하겠다는 둥 다시는 이런 일이 없도록 하겠다는 둥 변명을 늘어놔도 법적 처벌을 피할 수가 없게 되었다는 것이다.

이제는 시민이나 국민의 의식 수준이 매우 높아진 시대이다. 기업의 경영자 측에 더욱 많은 책임과 도덕적 요구를 하기에 이르렀다. 대기업일수록 국민이 요구하는 도덕적 윤리적 잣대는 크다고 할 수 있다. 소비자의 눈 밖에 나는 기업은 이제 대기업이라도 파산의 위기에서 자유로울 수가 없다. 대표적으로 우리는 최근에 남양유업이 도덕성의 시비에 휘말리면서 기업이 추락하는 냉혹한 현실도 목격했다.

기업의 대표가 자긍심을 갖게 되고 자랑스러운 기업인들이 우리 사회에 많이 늘어나게 될 때 기업의 사회적 책임이 제대로 실현되는 사회에 접어들었다고 할 수 있을 것이다. 기업의 사회적 책임이 기업인의 철학으로 자리 잡을 때 우리 사회에서 발생하는 안전불감증에 의한 산재사고를 비로소 줄일 수가 있을 것이다.

기업의 위기 탈출

기업은 혼자서 스스로 성장할 수 있는 게 아니다. 어떤 기업이 출발하면 기업은 나름대로 윤리와 책임을 다해서 경영에 매진하면 된다. 그런데 경영의 가장 중심에 없어서는 안 될 것이 바로 어떻게 자신의 기업을 소비자들을 향해 알리느냐의 문제이다. 기업은 자신의 이미지를 대외적으로 알리면서 다른 경쟁회사로부터 기업을 보호한다. 기업의 부정 이미지는 기업을 한순간에 위기로 빠뜨릴 수 있다.

어떤 사람의 이미지가 실추되었다면 그는 실추된 자신의 이미지를 회복하고 바로 세우려고 무척 애를 쓸 것이다. 기업 역시 마찬

가지이다. 어떤 점에서는 기업의 이미지 실추는 한 개인의 이미지 실추보다 훨씬 영향력이 크다. 기업에는 많은 종업원이 존재하고 다수의 소비자와 관련을 맺고 있기 때문이다. 기업의 위기는 어느 기업이나 한순간에 닥치는 경우가 많다. 대표의 한 마디 말실수로 기업의 이미지가 추락할 수 있다. 종업원 하나의 행동이 문제가 되면 기업의 이미지가 상처를 입는 경우도 있다.

소비자들에게 피해를 주었다면 기업의 대표는 분명히 사죄를 고하고 그에 대한 책임으로 사표를 내겠다고 발표할 수도 있다. 다시 이런 사태가 일어나지 않도록 재발 방지에 대한 약속을 철저히 하고 이에 대한 개선책 등을 대안으로 제시해야 한다. 잘 못 된 보도나 엉뚱한 소문이라면 이런 정황을 밝히고 단호히 반론도 해야하는 것이다. 위기에서 탈출하려면 기업의 정보와 기업의 계획에 대해 정확히 홍보해야 한다. 기업의 경영에는 이런 공보나 홍보의 역할이 아주 큰 비중을 차지한다는 점을 잊어서는 안 될 것이다.

호떡 장사를 하려는 사람은 가장 먼저 밀가루를 구매할 것이다. 그런 다음에 밀가루를 잘 반죽해서 팥고물과 고명이 되는 다른 원료와 섞는다. 이제 밀가루의 상품의 가치가 애초 밀가루 상태에서 상승한 셈이다. 즉 창업을 한 사람은 밀가루를 가지고 일종의 부가가치를 창출해낸 것이다. 이제 사람들에게 판매하여 호떡 값을 받으면 이익을 얻을 수 있다. 장사의 수익이 짭짤하다면 더 많은 양의 밀가루를 구매할 것이다. 즉 투자를 늘린다는 말이다.

그렇다면 하나의 기업의 입장에서 보았을 때, 밀가루 가지고 호떡을 만들어서 판매하는 구조는 경영자의 입장에서 보면 정말 맞는 방식일까? 단순하게 생각하면 이제 잘 구워진 호떡을 팔기만 하면 된다고 생각할지도 모른다. 하지만 전문적인 기업의 입장에서 보면 여기에 추가해야 하는 기업의 중요한 생리 구조가 아직 남아 있다. 바로 호떡을 사 먹을 만한 대상들에게 호떡이란 상품을 홍보해야 하는 과정이 필요한 것이다.

상품은 사람들에게 많이 알릴수록 판매량이 늘어난다고 한다. 비즈니스의 필수적인 요소가 바로 제품에 대한 정보를 소비자를 향해 제공하는 것이다. 홍보야말로 경영의 기본원리요 기본수칙이다. 아무리 훌륭한 상품이라도 많은 사람에게 알려지지 않은 채로 소수에게만 사용되고 있다면 상품의 가치에 대한 효율성은 떨어지게 된다. 홍보가 당장 만족스럽지 못하더라도 절망해서는 안 된다.

홍보의 경우 자발적인 홍보는 미디어에 노출되는 기사나 뉴스를 통해 일어나는 것이다. 미디어가 스스로 주체가 되어 스스로 판단에 따라 기사를 작성하고 뉴스에 게재하는 과정이다. 기사나 뉴스화 되기 위해서는 기업 측에서 생산한 상품이 획기적이거나 소비자들의 생활에 그만큼 이용가치가 높아야 한다. 이러한 요소를 갖추지 못했을 때 활용하는 방법으로 바로 광고라는 게 있다.

과거에는 광고비를 지불하고 텔레비전이나 신문, 잡지 등의 매체에 광고를 게재했다. 광고료는 텔레비전의 경우에 막대하다고 볼 수 있다. 하지만 최근에는 다양한 방식으로 인터넷상에서 기업의 제품을 광고한다. 일종의 홍보성 광고이기도 하며 기사성 광고이기도 하다. 광고는 기업체 입장에서 의도하는 강제성 홍보물이 되는데 기사와의 차이는 돈으로는 얼마든지 광고를 살 수 있다는 점이다.

기업의 위기는 언제라도 발생할 수 있다. 기업을 위기로 몰아붙이는 영역은 다양하다. 기업의 사주에게 회복할 수 없는 문제가 발생하여 기업의 위기로까지 이어질 수 있다. 또한 기업의 구성원인 종사자들의 문제를 통해서도 기업의 위기는 예외 없이 일어날 수가 있다. 무엇보다 기업의 제품이나 브랜드에 치명적인 문제가 발생하여 닥쳐오는 기업의 위기는 기업의 생사를 넘나드는 위태로운 순간이 아닐 수가 없다.

이렇듯 뜻밖의 위기가 발생할 시에는 가장 먼저 언론매체에 대응하는 전략을 세워야 한다. 이때의 대응 전략팀은 위기 극복에 능한 전문가여야 한다. 엉성한 방식으로 언론매체에 대응하다가는 더 큰 재앙이 닥칠 수 있는 것이다. 먼저 대응 전략팀은 위기를 불러온 경위를 상세하게 숙지하고 재난 발생 현장에서 불거질 수 있는 더 치명적인 실수에 대비할 수 있어야 하는 것이다. 추측성 기사나 유언비어, 오해의 소지가 있는 정보를 차단해야 하며, 취재자들과 만나 어떠한 뉴스거리를 제공할지 고민해야 한다. 기자들 앞에서 브리핑을 할 때에도 명확한 사실을 솔직하게 전달해야 한다.

위기관리 시에는 법률을 담당하는 변호인과 미리 충분한 의사소통을 한 다음 언론에 대처해야 한다. 자칫 법적인 분쟁에 휘말릴 수 있기 때문이다. 분쟁의 경우에는 기업의 존폐가 달려 있다는 점을 명심하고 임해야 한다. 적절한 대응을 하지 못할 경우 위기관리에 있어서 가장 치명적인 급소를 방치한 것과 같다. 적극적으로 대응하면서도 취재진을 향해 충분히 성실한 태도로 모든 사실을 공개함으로써 소비자들의 불신을 적극적으로 막을 수 있어야 하는 것이다.

시간적인 여유가 있다면 사전에 취재진이 앞에 있다는 가상 하에 예행연습을 하는 것도 좋은 방법이다. 기업이 클수록 이런 방식을 권하는 추세인데 한번 잘못 공개된 정보가 기업을 완전히 무너뜨릴 수도 있기 때문이다. 예행연습을 거치면 치명적인 실수를 줄일 수 있을 뿐만 아니라 어떤 준비작업이 더 필요한지 파악할 수가 있는 것이다. 이런 문제가 터질 것에 대비해서 전문적인 홍보 담당자를 키워두는 것도 경영의 좋은 방식이라 할 수 있다.

2. 기업과 채권

기업인들, 특히 중소기업인들은 경제, 경영, 금융 등에 대해 많은 지식을 쌓아야 한다. 기업인으로 성공하기 위해서는 끊임없이 노력해야 한다. 우리의 경제나 금융 등의 상황이 아무리 나쁘다

하더라도 많은 지식을 쌓게 되면 극복할 수 있는 방법이 생기게 마련이다. 즉 생존할 수 있는 지혜로운 눈이 열린다는 말이다. 사물의 본질을 꿰뚫을 수 있는 안목과 식견 다시 말해 혜안(慧眼)을 갖게 된다는 말이다.

우리는 2020년에 들어서 우리의 경제 환경이 급격히 변화하고 있음을 몸소 겪고 있다. 문재인 정부의 부동산 대책이 완전히 실패하면서 벼락거지가 되어버린 집 없는 사람들, 특히나 벼락거지가 된 2030세대들은 새로운 방향으로 경제의 눈을 돌리는 계기가 되었다. 암호화폐, 주식 등에 관심을 갖고 영혼까지 끌어 모아 투자한다는 '영끌'이란 말까지 생겨나게 되었던 것이다.

일반인들은 물론 중소기업인들이 반드시 알아야 할 대목이 바로 채권(債券)이란 것이다. 채권의 정확한 개념을 한번 정리해 보자. 채권이란 국가나 지방자치단체 혹은 은행, 회사 등이 필요한 자금을 차입하는 경우에 발행하는 국채, 공채, 사채 등의 유가증권을 의미한다. 이렇게 광범위하게 발행이 되니 우리의 생활전반에 영향을 미치게 되는 것이며, 생활 전역에 걸쳐서 채권과 관련되지 않는 것이 없다고 할 정도다. 이렇다 보니, 일찍이 채권에 눈을 뜬 사람들은 재테크 상품으로 채권에 눈을 돌려 재미를 톡톡히 보았던 경험이 있고, 앞으로도 채권 분야에 관심을 집중하려고 하는 것이다.

<재정경제부 장관 명의로 발행된 채권>

　우리는 살면서 은근히 보이지 않게 채권에 둘러싸여 있다. 은행에 들를 때, 회사에 들를 때, 농협 하나로 마트에 들를 때, 보험회사에 다니는 옆집 아주머니를 만날 때도 채권의 세계와 옷자락이 스치는 인연을 맺고 있다고 해도 틀린 말이 아니다. 왜냐하면, 우리가 드나드는 은행이나 기업, 놀이시설인 ○○월드에서도 채권이 만들어져 있기 때문이다. 은행이나 보험회사 등 거의 모든 금융상품에는 채권이란 것이 포함되어 있다. 채권이 차지하는 비중이 크기 때문에 금융상품을 공부하지 않을 수가 없고 재테크를 하려면 반드시 알아야 하는 채권이 된 것이다.

　채권이 관심을 끌게 되는 가장 중요한 이유는 무엇일까? 바로 이자 때문이다. 우리는 채권으로 이자를 비롯해 시세차익도 노려볼 수가 있다. 은행에 돈을 맡기는 것보다 어떤 채권을 보유하면 훨씬 경제성이 있다는 점 때문에 반드시 공부해야 하는 것이다.

세상의 경제나 경기가 돌아가는 상황을 빨리 인식한 빠른 눈의 소유자들은 이미 주식을 시작했다. 지금 우리 주위에 눈만 돌리면 주식 얘기를 하는 경우를 자주 볼 수 있다. 가족들도 모르게 주식을 은밀히 하고 있는 청년들도 많이 있다고 한다.

우리는 주위 사람들의 행동에 휩쓸릴 때가 많다. 특히 주식, 채권 등이 그렇다. 누구누구는 어떤 주식을 사서 돈을 많이 벌었다더라. 누구누구는 부실채권을 샀다가 아주 대박을 쳤다더라, 등등. 하지만 이런 분들에 대한 소문을 듣고 시작하면 이미 노른자는 모두 빼먹은 다음이라 결국 뒷북만 치고 마는 셈이 되는 것이다. 소문을 듣고 사람들이 몰려들 때는 이미 이익이 많이 나기는 그른 상황이 되었다는 말이다.

그래도 우리는 채권이나 주식 공부를 게을리 해서는 안 된다. 늦다고 생각하여 포기하지 말고 차곡차곡 지식을 쌓고 하나씩 준비해 나가는 자세부터 배워야 한다. 적어도 주식이 무엇인지, 회사는 무슨 이유로 주식을 발행하는지부터 알아두어야 한다. 주식을 얘기할 때 사촌처럼 사이좋게 따라다니는 채권이 무엇인지 이해할 필요 역시 있는 것이다.

주식, 채권이 무엇인지 이해하기 쉽도록 우선 이야기 하나를 만들어 보도록 하겠다. 갑(甲) 이란 사람이 산소제조기 회사 'O2 트리'를 하나 설립했다. 그런데 미세먼지의 위험 속에 항상 갇혀 사는 도시민들에게 알려지면서 한 순간 대박을 쳤다. 제품을 만들어 내는 쪽쪽 날개 달린 듯 팔려나간 것이다. 사방에서 주문이 밀려들어왔다. 밤새 날밤을 새워가며 제품을 생산했다. 그래도 밀려오는 주문을 감당하기 어려웠다. 직원들도 턱없이 부족해서 새로운 직원도 뽑고 제품을 만드는 공장 하나를 더 돌려야만 했다.

그런데 아무리 제품이 날게 돋친 듯 팔린다 해도 공장을 지을 정도의 수익은 아직 멀리에 있었다. 쉽게 말해 당장 자금이 필요하다는 얘기다. 10억이란 돈이 필요하다고 가정하자. 그런데 아무리 상품이 날개 돋친 듯 팔려나간다 해도 신생기업임에는 틀림없는 사실이다. 즉, 자금의 마련에 어려움이 따른다는 말이다. 여기에서 잠깐, 당신 같으면 어떻게 대처하겠는가? 물을 것도 없이 다음과 같은 세 가지 방식으로 우리는 자금을 마련할 돌파구를 열어나갈 수가 있다.

첫째, 은행에서 대출을 받는다.

대출은 중소기업인들이나 소상공인들에게 목마를 때 마시는 생명수와 같다. 즉 펌프에서 끊임없이 물을 퍼내기 위한 마중물이나 같다는 말이다.

둘째, 사업이 잘 되어가고 있으니 회사가 채권을 발행한다.

채권은 안전성이 높은 상품이니 가장 믿을 만 하다. 정해진 이율에 따른 이자소득을 얻을 수 있고, 시세차익에 따른 자본소득을 얻을 수 있다. 수익률이 어느 정도는 고정 되어 있는 대다가 회사가 망하지 않는 이상 원금이 보장된다는 장점이 있는 것이다.

셋째, 회사가 주식 투자를 받는다.

주식은 회사의 미래가치를 보고 투자하는 상품이다. 나는 회사에 돈을 일정액 투자하고 그 대가(對價)로 회사의 지분을 챙기는 것이다.

여기에서 말하고자 하는 것은 채권에 대한 것이다. 기업을 경영하는 자로서 채권을 모르면 제대로 된 경영인이라 할 수 없다. 주식은 투자자가 어떤 회사에 직접 투자하는 방식이라고 한다면 채권은 이와 개념이 다른 방식이다. 채권은 내가 돈을 빌려주고 차용증을 받는다는 개념이다. 채권 발행 시에 발행되는 액면에 표시되는 표면금리(발행금리)에 따라 수익을 챙길 수 있으며, 만약 수익 발생이 없더라도 원금이 거의 보장되는 안정적인 상품이다. 기업인들은 이러한 채권에 대해 더욱 자세히 이해해 둘 필요가 있다.

채권과 기업의 상호관계

채권은 누가 발행하나?

채권은 신뢰할만한 기관이나 단체가 발행한다. 중앙정부, 지방정부, 공기업, 금융기관, 회사도 물론 채권을 발행한다. 기타 법인들도 발행한다.

채권 발행의 목적은 무엇인가?

발행의 목적은 위 발행의 주체들이 정책이나 사업을 시행하기 위해 자산을 조성할 필요가 있을 때 발행하는 것이다.

채권발행의 방식은 어떤 것이냐?

누구나 돈을 빌리면 약속한 기일 이내에 갚아주는 것이 원칙이 듯 돈을 빌리고 정해진 기일 내에 돌려주겠다고 채무증서를 쓰는 방식이다. 내가 당신한테 얼마를 빌렸으니 언제까지 이자율을 어떻게 해서 돌려주겠다는 증서인 것이다.

채권의 최고의 장점은 무엇인가?

채권은 일반적인 대출과는 분명한 차이가 있다. 국가나 기업처럼 자금을 필요로 하는 기관들이 신뢰가 높다는 점이다. 일반인들 간의 거래와는 출발선부터 다른 것이다. 일종의 국가나 기업이 빚 보증을 해주는 셈인데 유가증권의 형태로 불특정 다수로부터 돈을 빌릴 수 있게 하는 제도인 점이 최고의 장점이라 할 수 있다.

채권에도 자본시장의 원리가 작용하는가?

물론 시장의 원리가 작용한다. 즉 수요와 공급의 원리가 작용하고 있다는 것이다. 이는 실물경제 가치의 원리와 똑같은 구조이다. 여기에서 말하는 실물경제의 가치란 채권의 신용도, 만기기한

등의 여러 조건에 따른 나름의 방식이다.

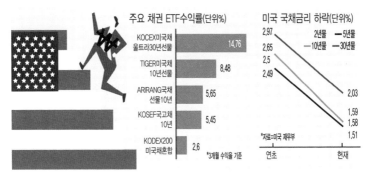

<미국 채권 수익률과 채권금리 하락의 모습>

　이렇듯 채권은 많은 장점을 지니고 있는 재화이다. 주식과 채권의 차이를 가장 쉽게 정리하면 어떻게 정리할 수 있을까? 그냥 단답형 식으로 풀이하자면 이렇다. 주식을 사서 보유한 사람은 이렇게 큰소리 칠 수 있다. 가령, 삼성 에버랜드 주식을 사서 보유하고 있다고 하자. 그러면 삼성 에버랜드 주식을 사서 보유하는 순간 보유자 A씨는 나도 이제 삼성 에버랜드의 주인이라고 소리칠 수 있다는 것이다.

　그런데 채권을 구매한 사람 같은 경우에도 이렇게 나도 삼성 에버랜드의 주인이라고 소리를 칠 수 있을까? 대답을 하자면 아니다가 옳다. 주인이라기보다는 삼성 에버랜드 측에 단호히 이렇게 주장할 수 있는 사람이다. 어이, 삼성 에버랜드 님! 내가 돈을 빌려주었으니까 약속한 다음 달 말까지 돈 내 놓으시오! 이렇게 주장할만한 사람인 것이다. 굳이 급으로 치자면 주식 주인보다 채권

주인이 힘이 세다고 볼 수 있다.

　채권이 좋은 점을 당장 얘기해 달라고 친구가 조른다면 얼른 두 가지로 말해주고 싶은 게 있다. 하나는 채권을 발행하는 기관의 입장에서 보면 불특정 다수에게 돈 즉 자금을 빌릴 수 있다는 것이고, 둘째는 자금을 빌려준 사람 입장에서 보면 빚 문서를 하나 장만하여 또한 이 빚 문서를 다른 사람에게 사고 팔 수도 있다는 것이다. 여기에는 두 종류의 시장이 숨어 있다고 할 수 있다. 하나, 채권을 우선 발행하는 1차 시장이며, 둘, 발행한 채권을 거래하며 유통하는 2차 시장이다. 오늘날에는 중소기업뿐만 아니라 가계에서도 경제의 주체가 되어 자산을 관리하면서 주식이나 채권, 심지어 암호화폐를 선택하는 상황이 되었다.

　주식과 채권은 모두 유가증권의 일종이다. 하지만 유가증권이란 점에서만 같지 전혀 다른 성격의 자산 가치를 의미한다. 우리가 자산을 자본과 부채의 합으로 산정할 때 주식은 자본에 대한 권리가 있다는 증서이고 채권은 부채에 대한 권리이며 권한이 있다는 증서인 것이다.

　따라서 회사에서 수익을 냈을 때 그 회사의 주식을 보유한 대가(代價)로 받게 되는 수익은 주식을 발행한 회사가 돈을 벌었고, 주식 소유자는 그 회사의 주인으로서 회사에서 번 돈을 내가 보유한 주식 지분만큼 돌려받는 것이다. 그리고 돈을 번 회사의 채권을 보유함으로써 생기는 이익은 회사의 주인 된 자격자로서가 아니라 채권을 발행한 회사 측에서 빌려준 돈의 이자로서 발생하는 이익이 되는 것이다.

그렇다면 기업인들은 주식만을 발행해야 하나? 아니면 채권만을 발행해야 하나? 정답은 주식과 채권을 적절히 균형 있게 발행해야 하는 것이다. 실제 거래 규모를 보면, 주식보다는 채권의 규모가 훨씬 크다고 할 수 있다. 기업의 자금 조달 방식에 있어서도 기업은 주식보다 채권을 활용하는 편이 낫다. 기업은 은행에서 돈을 빌릴 때도 차입(借入)의 방식을 가장 선호한다는 것을 알 수 있다. 그리고 부채시장에서 돈을 빌리는 채권이고 마지막이 주식을 발행하여 자본증식을 하는 방식이다. 이런 점에서 보면 기업인들은 주식보다 채권을 활용할 수 있는 환경을 조성하는 편이 사업상 이익이라고 볼 수 있을 것이다. 그러기 위해서는 물론 신용도를 높여야 하는 것이 필수적이라 할 수 있다. 신용이 낮은 기업이 아무리 채권을 발행하려 해도 채권을 구매해주는 고객이 없다면 말짱 헛일이기 때문이다.

우리가 접하고 있는 다양한 자금들 예를 들면, 국민연금공단 같은 기관도 운용자금의 상당한 액수를 채권 등에 투자하고 있다. 채권은 정해진 날짜에 채무자가 원리금을 상환하지 못할 정도의 지불 불능 상태만 아니라면 안정적인 자산이다. 주식과 채권의 가치는 대개 반대의 방향으로 움직인다고 보면 된다. 주식이 내리면 채권은 오르며, 주식이 오르면 채권은 내리는 것이다. 채권은 기업의 입장에서는 꽤 안정적인 자산이다.

국채(國債)

　국채란 중앙정부가 자금조달 혹은 정책집행을 원활하게 하기 위해서 발행하는 채권으로 만기가 이미 정해진 채무증서라고 할 수 있다. 통상적으로 채권은 정부 혹은 공공기관이나 일반 기업이 투자자들로부터 자금을 투자받기 위해 발행하는 차용증서다. 국가는 국가의 재원을 조세와 함께 채권을 발행하여 조달한다. 국채는 재정경제부 장관이 발행하며, 국회의 의결을 거치는 것이 원칙이다.

　국채의 장점이라고 하면 원리금을 보장해준다는 점이다. 따라서 기업이 발행하는 회사채에 비해 안전한 채권이라 할 수 있다. 국채는 상환시기에 따라 단기채권도 있고, 장기채권도 있다. 1년 이내는 단기, 1년 이상은 장기 국채다. 대표적인 국채를 살펴보면, 국고채와 외평채(외국환평형기금채권), 국민주택채권 등이 있다. 국고채와 외평채는 경쟁 입찰을 통해 발행되는데 실세금리로 발행된다. 그 밖의 채권은 주택, 차량 등을 구입할 때 의무적으로 매입하여야 하는 방식으로 발행되고 있다.

　우리나라의 시중자금 사정을 살펴보려면 기준금리를 보아야 하는데 3년 만기 국고채 유통수익률이 대표적인 시장금리의 척도라 할 수 있다. 중앙정부가 발행하는 채권 이외에 지방자치단체나 정부투자기관이 발행하는 채권은 각각 지방채, 특수채 등으로 분류한다. 지방채나 특수채는 국채가 아니라는 것이다.

이제부터 우리가 살아가는 현장에서 부딪치는 국채에 대해 알아보자. 국채는 쉬운 말로 현재 우리 정부가 지고 있는 빚의 총액을 말한다. 정부는 안정적인 경제정책을 펼쳐서 국가를 안정적으로 다스리려고 한다. 그러려면 재정지출이 많고 조세수입 또한 늘어나야 한다. 그런데 만약 조세수입은 부족한데 재정지출이 늘어난다면 난처한 일이 아닐 수가 없을 것이다. 이렇게 되면 당연히 나라의 빚이 늘어날 것이기 때문이다.

어떤 나라나 장기적으로는 국채를 늘린다. 국민을 위해 정책을 펼치다 보면 국채는 계속적으로 늘어날 수밖에 없을 것이다. 그런데 전문가들은 국채가 늘어난다고 하더라도 너무 염려할 일은 아니라고 말한다. 왜냐하면 국채가 늘어남에 따라서 경제의 규모 역시 그 만큼 커진다고 보기 때문이다. 경제의 규모가 커지면 소득이 증가하고 채무에 대한 부담 역시 늘어나지 않는다는 것이다.

그렇다고 무작정 국채를 발행할 수는 없는 일이다. 이러한 시점에 중요한 기준은 바로 국민소득의 변화에 따른 국채의 비율의 변화를 파악하는 일이다. 국채의 비율이 감소하는 것이 안전한 경제 상황이다. 그러므로 재정적자는 경계할 필요가 있다. 국공채에 지급해야 하는 이자가 늘어나는 것도 나라살림에는 부담이 따른다. 경제성장률이 낮다면 당연히 국민소득 대비 국채의 비율이 증가하므로 경제성장률의 감소 역시 경계할 필요가 있는 것이다.

국가가 재정의 흑자를 만드는 것은 매우 어려운 일이다. 조세수입이 늘어나는 것은 한계가 있는데 지출이 엄청나게 늘어난다면 수입과 지출이 균형을 잡지 못하는 것이다. 국가는 국민의 생명과 재산을 지키지 못할 때는 국가로서 의미가 없는 법이다. 국방이나 치안, 소방, 복지 등의 비중이 갈수록 커지는 것은 이를 반영하기 때문이다. 국가의 구실을 제대로 해야 안정적인 국민의 삶이 보장되는 것이다.

국민들의 소득수준은 천차만별이며 고르게 분포하지 않는다. 소득수준이 불평등하다는 말이다. 국가는 이럴 경우 정상적으로 개입을 하게 된다. 말하자면 소득을 재분배한다는 것이다. 소득의 재분배는 어떤 모습으로 국민을 향해 적용되고 있을까? 분배의 구조를 개선하는 방식으로 적용되고 있다. 큰 틀에서 보면, 가난한 사람들에게 지원을 더해주는 방식이다. 소득 하위계층에게 더 돌아갈 수 있도록 분배의 구조를 조절하는 과정이다. 이런 과정들이 전반적으로 균형 있게 잘 이루어질 때 국가는 경제성장을 안정적으로 도모할 수가 있는 법이다.

정부가 재정지출을 늘리면 늘린 만큼 생산량에 대한 수요가 증가한다. 정부가 세금을 줄이면 가계는 처분할 수 있는 소득이 증가하는 셈이다. 그러면 민간소비가 늘어나고 모든 수요도 늘어난다. 정부는 살림살이를 함에 있어서 많은 분야에 설비투자를 하게 된다. 또한 사회간접자본을 투자하고 인적자본까지 투자한다. 이렇게 함으로써 공적 투자효과를 이끌어내는 법이다. 사회간접자본에 대한 투자란 도로나 항만, 댐, 공항, 철도 등의 시설에 투자하는 것이다. 이러한 사회간접자본의 투자를 통해 기업의 생산성,

수익성을 높인다. 여기에 교육훈련이나 기술훈련처럼 인적자본에 투자하여 노동생산성을 향상시키기도 한다.

정부는 조세를 매기고 거두어들여서 다양한 경제효과를 도모한다. 실물시장이 정상적으로 돌아가지 않을 때는 정부는 조세를 조절한다. 시장상황에 따라서 조세 양을 늘릴 수도 있고 줄일 수도 있다. 이러한 조세의 부과를 통해서 정상적이지 못한 시장을 정상적인 상황으로 변하도록 하는 것이다.

국가마다 국채 즉 나라 빚의 비율이 높아지는 추세라고 한다. 우리는 다른 선진국들에 비교하면 국민소득에 비해 국채비율이 낮은 편이라고 한다. 즉 재정건전성이 양호하다는 말이다. 전문가들에 따라서 국채의 비율이 어느 정도여야 적정한 것인지에 대하여는 의견의 차이가 있다. 이를 결정하는 중요한 영역은 국채의 증가속도에 따른 경제 환경의 상황이다. 어떻든 일률적으로 국채 비율을 가지고 건전성의 유무를 모두 따질 수는 없는 법이다.

인구의 구성을 참조하는 방식은 매우 중요하다. 현재는 고령화의 정점에 도달했고, 저출산의 늪에서 헤어 나오지 못하고 있는 실정이다. 인구의 상황에 따라 세금을 얼마나 걷고 복지에 대한 지출은 얼마나 늘려야 하는지 달라진다. 국채의 비율이 커지는 상황은 국민을 향한 안녕과 복지가 향상되었다는 의미를 지니고 있다.

우리나라의 경우 경제의 대외의존도가 매우 높은 편이다. 세계를 향해 경제의 문을 활짝 열어놓은 우리로서는 재정의 건전성이 매우 중요하다고 할 것이다. 대외의존도가 높은 만큼 해외자본의 대량 유출이 발생할 수 있기 때문이다. 국가는 국민들이 믿음을 가지도록 체계적이고 계획적인 재정의 구조를 만들어나갈 필요가 있다.

국채의 이해

채권은 대개 국가 등이 발행한다. 그래서 안전성이 높다. 안전성이 높다는 것은 이자소득과 수익성이 높다는 것을 의미한다. 빨리 현금화 할 수 있으므로 유동성이 크다고 한다. 채권은 채무이행의 약속증서를 발행하는 증권이다. 상환기한이 정해져 있다. 이자가 일정하게 정해진 기한부 증권이다. 채권의 특징은 주식과 달리 자기자본이 아니며, 상환이 예정되어 있는 일시적 증권이다.

국채금리가 상승하면 채권의 가격이 내려간다. 채권은 고정금리이고 상환기한이 정해져 있기 때문에 금리가 높을 때에 매매하는 것이 이익이다. 1년 만기 연 10% 채권을 100만원에 샀다면 1년이 지난 후에는 110만 원의 수익을 올리는 셈이다. 만약 누가 다음 날 1년 만기 연20% 채권을 100만 원에 산다면 1년 뒤에 120만 원의 수익을 올리는 것이다. 만약 A란 사람과 B란 사람이 각각 채권을 샀다면 A는 수익을 적게 냈기 때문에 일찍 매매한 것을 후회할 것이다. 채권은 이미 금리가 정해져 있기 때문이다.

기존의 채권을 가지고 있는 사람은 10만 원을 할인해서 90만

원에 팔게 된다. 따라서 채권을 구입한 사람은 1년 만기 연20% 채권을 90만 원에 사면 1년 후 110만 원이 된다. 이처럼 기존 채권과 신규 채권 사이에 발생하는 금리의 차이는 채권의 가격의 하락으로 이어진다. 이런 원리에 입각한다면 채권의 금리가 상승할 경우에는 단기성 채권보다 장기성의 채권 소유자에게 영향이 크게 미친다는 것을 알 수 있다.

요즘에 미국에서는 바이든 정부 이후 국채금리가 오르고 있다. 미국의 국채 금리가 상승하면 당연히 달러의 가치가 올라간다. 왜냐하면 해외에 투자를 했던 자본들이 미국의 높은 금리를 찾아 미국 시장에 몰려들기 때문이다. 또한 미국의 국채금리가 오르다 보니까 주식투자를 하려는 사람들의 의욕이 꺾이게 된다. 주식시장의 배당보다 국채금리가 높기 때문이다. 당연히 주식시장의 가격은 하락한다. 따라서 자금은 주식시장에서 채권시장으로 급격히 흘러들기 시작하는 것이다.

미국의 바이든은 대통령이 되고나서 경기부양책을 약속했다. 부양책을 쓰려면 무엇보다 자금이 있어야 한다. 바이든 대통령은 국채를 발행하기로 했다. 국채를 발행해야 자연스럽게 자금을 조달할 수 있기 때문이다. 국채의 발행이 증가하면 결국 채권의 발행량이 늘어난다는 뜻이다. 채권의 양이 많아지면 당연히 채권의 가격은 하락하게 되는 것이다. 또한 채권과 금리는 반대로 움직이는 것을 알 수 있다.

채권이 하락하면 금리는 상승한다. 금리가 상승하면 자금이 필요한 사람들에게는 힘이 든다. 자금을 마련하기 위한 비용이 증가하기 때문이다. 이것은 결국 시중은행에서 돈을 빌리려는 사람들의 대출 금리마저 올라가게 되는 것이다. 이렇게 대출금리가 오르면 만약 대출을 받아 아파트를 사고 주식이나 암호화폐 등을 샀던 사람들은 갚아야 할 원금과 상승한 이자에 대한 부담으로 힘들어질 것이다. 경우에 따라서는 구입한 아파트와 매입한 주식, 암호화폐 등을 역으로 내다 팔지 않으면 안 된다.

현재 우리의 금융권은 금리를 올릴 준비를 하고 있다고 한다. 공공연히 암시를 하는 것은 엄청난 경제적 소용돌이에 대비하란 뜻일 것이다. 구입한 주식가치가 하락하고 부동산 가격 역시 하락할 것이다. 영혼까지 끌어 모아 투자에 목숨을 걸었던 사람들은 커다란 손실을 맞이할 것이다. 미국의 국채금리에 대한 상승은 우리뿐만 아니라 세계의 시장을 한바탕 소용돌이에 빠트릴 것이 분명한 것이다.

투자를 하려는 사람들은 기업인이나 일반인이나 미국의 경제상황을 항상 주시해야 한다. 영향력 있는 세계적 유명인사들의 말한 마디에도 출렁거리는 것이 요즘 흔히 뜨고 있다는 암호화폐시장이다. 국채 금리의 상승은 세계의 경제 분야에 엄청난 영향을 미칠 수가 있는 법이다. 국채 금리와 불가분의 관계에 있는 채권의 금리에 대한 동향도 면밀히 분석할 수 있어야 한다. 스스로 공부하지 않으면 자신의 소중한 재산을 지킬 수가 없는 법이다.

미국 10년 물 국채라는 말을 우리는 많이 들어 보았을 것이다.

먼저 미국의 국채이다. 경제적 대국의 국채이니 아주 안전한 국채이다. 설령 이자를 적게 주더라도 위험한 일은 거의 없을 것이다. 안전한 만큼 이자가 낮다는 것은 흠이라 할 수 있다. 10년 물은 10년 기간이 지나면 보장해준다는 말이다. 1년 물도 있고, 5년 물도 있고, 다양한 기한의 국채가 있을 것이다. 미국의 경우 1개월부터 30년까지 다양하게 있다. 그런데 어떤 나라의 경우에는 100년이 넘는 경우도 있다고 한다. 보통 10년 물은 다른 자산과 비교할 수 있는 기준 물이 된다고 볼 수 있다.

미국 10년 물 국채는 이미 자신의 몸속에 금리를 포함하고 있다. 주식처럼 이자가 오르락내리락 하는 것이 아니라 처음부터 고정으로 정해져 있다. 그래서 투자를 하는 사람들에게 훨씬 안정적인 투자방식이라 할 수 있다. 채권 중에서도 특히 국채는 가장 안전한 투자처가 될 것이다. 10년 물은 기간이 너무 길지도 않고 너무 짧지도 않아 적당하다는 평이 우세하다.

또한 10년의 주기는 미국의 경제성장률이나 물가상승률 등의 기대치를 가장 적절히 반영하고 있는 것으로 알려져 있기 때문이다. 글로벌 자산의 상당수는 이러한 10년 물의 금리에 톱니바퀴가 맞물리듯 연동되고 있다. 세계의 경제는 이러한 미국의 10년 물 국채금리에 아주 예민하게 반응을 보일 수밖에 없다는 것이다. 만약 현재 미국의 10년 물 국채 금리가 오르고 있다면 이를 통해 인플레이션이 도래하고 있다고 예측할 수 있다. 또한 금리가 곧 오를 것이라고 예측해 볼 수도 있는 것이다.

앞에서도 지적했듯이 채권금리는 최종 수익률을 의미한다. 채권의 표면에 적혀 있는 표면 이자율 개념이 아니라는 말이다. 표면이자율은 개괄적인 측면에서 일반적으로 확인하는 이자율이다. 처음 채권을 구입할 때 들었던 비용 대비 최종 수익률이 채권금리다.

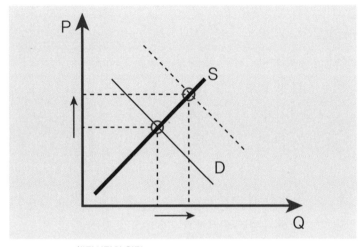

채권시장의 원리(P:가격 Q:공급량 D:수요곡선 S:공급곡선)

채권시장의 가격은 기본적으로 수요와 공급에 따라서 형성된다. 시장경제의 상품의 가격의 결정과정과도 동일하다. 즉 수요와 공급에 따라서 가격이 형성되는 원리다. 정부가 국채를 많이 발행하면 공급이 당연히 갑자기 증가하는 것이다. 공급이 증가하면 수요자가 상대적으로 감소하는 셈이다. 그러면 가격을 저렴하게 할인해서 팔아야 하는 상황이 발생하는 것이다.

당연한 말이지만 채권은 싸게 사서 팔수록 수익률이 높다. 채권도 역시 금융상품이기 때문에 거래가 가능하다. 개인의 사정 여하에 따라 채권을 사고 팔 수 있다. 채권을 구입하고 팔 때에는 액면가격과 채권가격을 살펴보고 행동하게 된다. 국채의 수익률은 기준금리와도 연관성이 크다. 기준금리가 오르면 당연히 예금의 금리도 오른다. 예금의 금리가 오르기 때문에 당연히 주식에 대한 사람들의 관심은 줄어든다. 자금이 주식보다는 국채 쪽으로 흘러 들어간다는 말이다.

　기업인들은 어떻게 행동해야 하는가? 기준금리가 오르면 대출을 내어 집을 사거나 경영자금을 마련했던 사람들은 투자를 하기 어려워진다. 은행들도 자금을 축적하기 위해서 기준금리의 영향을 많이 받는다. 자금을 조달하는 비용이 기준금리의 변동에 따라 달라지게 마련이다. 만약 한국은행이 정한 기준금리를 바탕으로 다른 은행들은 여러 곳에서 자금을 빌려온다. 이때 앞에서 말한 미국 10년 물 국채금리가 영향을 미치는 것이다. 10년 물 국채금리가 상승하면 대출 금리 역시 상승한다. 자금을 빌리거나 대출한 기업인, 소상공인들은 섣불리 투자할 수가 없는 것이다. 즉 기업과 가계의 투자가 모두 위축되게 된다. 이처럼 투자가 줄어들면 주가도 하락할 것이다.

　기업을 경영하는데 성공하려면 끊임없이 공부해야 한다. 세계경제의 흐름, 달러의 흐름, 채권의 흐름 등을 면밀히 파악하고 대응해야 한다. 맹목적으로 남을 따라가는 식의 경영은 이미 좋은 기회를 놓친 것이다. 발 빠르게 경제의 흐름을 읽고 국채든 주식이든 투자를 해야 적어도 위험에서 벗어나고 이익을 남길 수 있는 호재(好材)를 만날 수가 있는 법이다.

3. 조 세

조세제도의 기능

한 나라의 국민이라면 누구나 세금을 내야 한다. 국민이 되거나 어느 지역의 구성원이 된다는 것은 거기에 따르는 책임과 의무를 받아들이지 않으면 안 된다. 어느 국가의 국민으로서 '나'란 존재는 국가의 한 구성원이기 때문에 당연히 국가의 권력 행사 대상이 되는 것이다. 특히 국가를 유지하고 운영하기 위해서는 특별한 권력을 필요로 한다. 국가나 혹은 공공단체는 재정권이라는 것이 있는데 이러한 재정권에 입각해서 일반 국민에게 강제적으로 징수할 수 있는 수입이 바로 조세수입인 것이다.

조세는 국가 혹은 지자체가 공권력으로 거두어들이는 세금이다. 국가는 공공재의 공급과 소득의 재분배를 위해 재원 조달을 해야 한다. 이런 재원을 통해 국민경제의 안정을 도모하며 경제활동을 통제하는 것이다. 또한 부가 한쪽으로 치우치는 것을 경계하려는 목적으로도 세금을 거두어들인다. 만약 이런 목적을 추구하는 것이 아니라면 이러한 국가의 수입은 조세가 아닌 것이다. 따라서 벌금이나 괘태료처럼 거두어들이는 것은 처벌을 목적으로 하는 것이지 경제적 안정을 도모하거나 공공재의 공급과 소득을 재분배하기 위한 행위가 아니다.

<조세 세원(稅源)의 하나>

과세의 대상은 어디까지나 일반적인 국민이다. 국가는 재정권 즉 과세권을 가지고 있으므로 살림살이를 해나갈 수입을 얻는 것이다. 일반 국민은 특별한 사람이 아니므로 특정인으로부터 받는 특별 수입의 경우는 조세가 아닌 것이다. 조세야말로 전체 국민의 생명이나 재산을 보호하는 목적을 가지고 과세하는 것이며, 이는 개별적인 것이 아니라 일반적인 것이다. 따라서 개별적으로 생기는 공기업의 수익이나 재산상의 수익 등과 근본적으로 다른 것이다.

또한 조금 전에 언급한 공기업의 수익이나 재산상의 수익 등은 일종의 합의를 통한 수익이다. 그러나 조세는 합의가 아니라 강제성을 통해서 얻게 되는 수입이다. 조세가 강제성을 띤다는 것은 무엇을 의미하는가? 바로 조세의 세액이나 세율의 결정 시에 납세자의 의사 여부에 관계없이 강제적으로 결정된다는 점이다. 이는 엄연히 설립되어있는 국가의 세법에 따라 강제적으로 발생하는 것이다.

정부는 국가와 국민을 다스리고 운영하는데 공공재를 조달해야 한다. 이런 공공재를 공급하기 위해서 필요한 것이 재원 조달이며, 조세는 재원 조달의 일원인 것이다. 자본주의 사회에서 시장의 기능은 자원의 적정한 배분을 담당하는 역할을 하고 있다. 국민의 식생활에 꼭 필요한 과일이나 채소 등의 공급과 수요는 시장에서 자연스럽게 형성되어 균형을 이루는 것이 자본주의 시장경제의 원리지만 국가가 조세제도를 활용해서 균형 있는 배분의 기능을 담당하는 것이다.

조세는 또한 개인별 분배의 차이를 조절할 수 있다. 조세는 분명 기업 혹은 가계의 소득 변화에 따라서 적용된다. 즉, 공공재의 공급을 확대하거나 축소한다. 저소득층의 가처분소득을 증가시키는 정책을 시행함으로써 소득의 재분배를 이룬다. 소득의 재분배 차원에서 누진소득세를 적용하고 상속세나 증여세 등을 부과한다. 그러니 조세에 대해 막연한 거부감 같은 것을 개인이나 기업으로서 가지게 된다면 올바른 태도는 아닌 것이다.

경기는 과열과 후퇴를 반복한다. 따라서 조세를 통해 수요를 조절한다. 과열 시에는 세수를 증가시키는 정책을 펼칠 것이며, 후퇴 시에는 세수를 긴축하는 정책을 펼칠 것이다. 원래 조세의 목적이 공공재의 공급과 소득의 재분배를 위한 재원 조달임을 고려하면 이렇듯 경기의 흐름까지도 조절할 수 있다는 것은 조세의 대단한 기능이라 하지 않을 수가 없는 것이다.

어느 시대에나 정부의 이러한 역할은 조세를 통해 이루어지고 있었다. 고대국가서부터 현대까지 이렇게 거두어들인 공납을 통해 물질적 기초를 다지고 국가권력의 유지 수단으로 사용되었다. 시대마다 독특한 조세제도를 만들어놓고 국가를 다스리는 데 유용하게 활용했다. 고대로부터 현재까지 어떤 의미에서 가장 발달한 제도가 조세제도일지 모른다. 나라의 살림이란 세금을 거두어들이지 못하면 당장 거덜 날 것이기 때문이다.

세금을 거두어들이는 방법과 행태를 우리는 시대별 역사를 통해 이해하고 있다. 현물로 바치는 시대도 있었고, 부역을 부과하는 경우도 있었다. 조선시대 광해군 때에는 공물제도의 폐해가 심해서 대동법을 실시하기도 하였다. 대동법은 먼저 경기도에서 시범적으로 실시되었는데 1년 간의 공물의 대가를 통합해서 미곡(米穀)으로 환산하여 받아냈다. 이러한 대동법이 완전히 실시되기까지는 백 년이란 세월이 흘렀다. 조세라는 것은 이렇게 끊임없이 변화하면서 발전하는 경향이 있다. 우리의 조세제도가 근대화 되었던 시기는 갑오개혁에 이르러서다. 여러 명목으로 부과하던 각종 조세를 통합해서 일괄하고 공물이 아니라 금납화(金納化)하기 시작한 것이다.

일제 강점기와 6.25 전쟁의 시기를 거친 우리는 여러 차례 세제의 개혁을 경험하게 된다. 일제에 의한 치욕적인 역사 속에서 끊임없이 국민을 괴롭히는 조세제도의 횡포도 우리는 겪어보았다. 현행 국세 체계는 재산세, 소비세, 유통세, 소득세 등 네 범주로 분류된다. 이 네 가지 분류에는 수많은 크고 작은 항목들이 속해 있다. 선진국일수록 직접세의 비율이 크고 개발도상국들은 간접세의 비중이 크다고 한다. 우리의 경우, 점차 간접세의 비중이 낮아지고 선진국의 형태인 직접세의 비율이 높아지고 있다.

기업인에게 가장 취약한 부분이 조세라는 말이 있다. 조세에 대해 잠시 생각해 본 것은 바로 이런 때문이다. 과거에는 조세 포탈이 상상 이상으로 많이 일어났는데 요즘에는 전산화를 통해 철저히 관리되고 있는 추세이다. 정부는 국민의 실질소득의 증감을 검토하여 세금을 부과한다. 그러나 현재 기업들의 상황은 매우 좋지 않은 시점에 놓여 있다. 국가는 어떻게 하면 기업을 살릴 수 있는 조세정책을 펼칠 수 있는지 끊임없이 고민해야 한다. 나라의 살림살이의 근간인 기업의 세금이 기업인들에게 무서운 호랑이처럼 여겨지지 않아야 한다. 기업인이 살아야 나라도 사는 것이다.

소득세법의 형성과정

소득세는 〈소득세법〉에 입각해서 하나의 개인이 한 해 동안 벌어들인 소득에 대하여 부과하는 세금이다. 국가의 구성원인 국민은 누구나 소득이 있으면 소득세를 의무적으로 내야하는 것이다. 앞에서도 잠깐 언급했지만 인류가 근대적인 소득세 제도를 도입한 것은 1842년 영국에서 이루어졌다. 세계적으로도 누진세 제도가 확립된 것은 지금으로부터 겨우 100여 년 전의 일이다. 생각보다 소득세의 발달이 늦어진 것에 대해 사람들은 소득세의 궤적이 민주사회의 형성과 궤를 같이하기 때문이라고들 한다.

소득세는 오늘날 조세수입의 대부분을 차지한다. 앞에서 말했듯이 모든 소득자에게 납세의 의무를 부과하여 공평하게 과세를 실현하는 조세가 바로 소득세이다. 소득세가 민주주의의 형성과 궤를 같이 했다는 것은 주요 특징을 통해 확인해 볼 수 있다. 먼저 개인의 소득에 따라 부담 능력을 산정해서 공평한 원칙에 따른다는 점이다. 여기에서는 여러 소득을 합쳐서 일정한 소득 이상의 경우 누진세율을 적용한다는 과세의 약속 역시 합리적인 것이다.

소득세는 매우 탄력적인 조세이다. 세금의 탄력적 운용은 국가의 살림을 운용하는데 몹시 자유롭게 수입을 조달할 수가 있는 방식이다. 예산의 정도에 따라 탄력적으로 소득세를 조절함으로써 신축적으로 조달할 수가 있는 것이다. 소득세는 재산세보다 훨씬 민주적이다. 재산세는 개인의 고유한 재산에 대해 침해를 한다는 불만이 크지만 소득세는 발생한 능력의 결과물에 부과하기 때문에 이런 점에서 좀 더 자유로운 조세이다.

소득세야말로 소득의 재분배 기능을 톡톡히 하고 있다. 소득세의 정책을 통해 경기의 불황 및 호황의 상황을 조절할 수 있다. 고소득자와 저소득자 사이에 존재하는 위화의 문제를 중과세를 하거나 우대조처를 통해서 간접적으로 해결하는 측면도 있다. 이렇듯 소득세는 많은 부분에서 긍정적인 역할을 담당하고 있다고 생각한다.

그러나 소득세가 원칙적으로 소득에 대한 과세의 산정 방식을 개인의 신고에 의지하고 있다는 점은 많은 부정적인 여지를 가져올 수가 있다. 성실히 신고하는 납세자도 많겠지만 어떻든 세금을 적게 내려고 하는 경향이 많은 것이다. 아무리 꼼꼼히 들어다본다고 해도 결국 모든 키는 납세자가 쥐고 있게 되는 것이다. 이런 사정 탓에 그들의 협력이 없이는 모든 세원(稅源)을 빠짐없이 포착하기는 어렵다는 말이다. 따라서 탈세가 일어나고 부과한 조세에 대해 저항을 하며 마찰이 빚어질 수 있다는 점이다.

세금을 부정하는 사람들 입장에서는 소득세는 개인의 소득을 탈취하는 행위라고 한다. 그들의 입장에서는 자신이 땀을 흘려 돈을 벌었는데 세금을 거두어들이니 개인이 사용할 수 있는 소득이 당연히 줄어드는 셈이다. 이런 행위는 소비나 저축 그리고 새로운 투자에 대한 열정을 당연히 감소시킬 수 있다. 돈을 많이 벌수록 많은 탈취를 당하고 있다고 생각하는 이들은 누진세율에 대해서 가장 강력히 저항하며 노동의 가치에 대한 의욕을 감퇴시킨다는 우려를한다.

우리나라에 처음 도입된 소득세는 개인이 아니라 법인에 한해 서였다. 이는 일본의 소득세법을 따른 때문이다. 이후 20여 년 후에 개인소득세가 만들어졌고, 이게 소득세의 일반적인 경향이었다. 6.25이후 〈조세특례법〉을 만들어 세제개편을 하고 이후 경제개발계획에 따라서 몇 번 부분적인 개정을 거쳤다. 현행 소득세법은 1974년 전면 개정을 거쳐 지금까지 지속 되고 있다.

앞에서 근대적인 소득세는 영국에서 이루어졌다고 하였는데 원래 세금은 전쟁 때문에 매겨진 세금이었다. 전쟁이 끝나면 당연히 사라지는 줄로 알았던 세금이었던 것이다. 물론 정부는 국민을 향해 전쟁이 끝나면 함께 철폐한다는 약속을 달았었다. 그런데 15세기 이후 19세기 초반에 치른 전쟁 이후에도 여전히 소득세를 부과했다. 소득세가 계속 부과되자 소득세의 억압적인 문제, 개인의 안정을 위협하는 문제를 들어 일시적인 경우에만 부과해야 한다는 강력한 반대론에 부딪치게도 되었던 것이다.

영국에서 처음 근대적인 소득세를 도입하던 시기의 세율은 그리 높지 않았다. 임시적인 성격이 있었던 탓인지는 몰라도 폐지를 전제로 하고 있었다. 소득세를 영구화하는 문제는 이때까지도 중심적 화두가 되지는 못했다. 개인에게 요구하는 소득자료가 지나치게 많다는 원성이 팽배했던 탓에 영구화에 대해 정당성을 얻을 수가 없었던 것이다. 이후 삼십여 년의 세월이 흐르면서 소득에 대한 과세제도가 자리 잡게 되었다.

미국의 소득세는 영국에서 영구적 세금이 자리 잡은 지 이십여 년 이후에 자리 잡았는데 세율은 25%였다고 한다. 당시만 해도 모든 국민에게 세금을 물리는 방식이 아니었다. 당시 미국의 소득세 부과 대상은 전체 인구의 불과 2%에 지나지 않았다. 그런 탓에 소득세는 부자에게 내리는 벌칙이란 말과 함께 부과 대상자들의 저항이 심했다. 연방법원에서는 심지어 소득세 부과에 대하여 위헌결정(違憲決定)까지 내리는 상황이 되었다. 그리고 한동안 혼잡한 궤도를 거치다가 20여 년이 지난 이후 헌법 개정을 통해서야 비로소 정상적인 소득세 부과를 할 수 있었던 것이다.

프랑스 역시 영국이나 미국의 경우와 비슷한 과정을 거쳐서 소득세 제도를 도입하게 된다. 프랑스는 거의 삼십여 년 이상 소득세 제도를 도입해야 한다는 의견이 의회를 통해 제출되었다. 그러나 이러한 소득세법이 의회에서 최종적으로 통과하는 데는 30~40여 년이란 세월이 흘러야 하였다. 프랑스 사람들은 이러한 소득세법을 반대하면서 권력 남용이라고 국가를 자극했다. 종교 재판처럼 소득세를 인식했던 셈이다.

소득세법은 이처럼 어떤 나라에서나 많은 반대에 부딪치며 성장했다. 오늘날 세금 제도에 있어서 소득세만큼 정당하고 지혜로운 제도가 없다고 할 만치 사람들로부터 인정받고 있는 것이다. 이런 소득세는 다양한 분야와 갈래로 세분화하면서 국가와 사회를 위한 필수적인 세금의 명목으로 자리를 잡았다.

성서에도 기록되어 있는 세금, 현대 대중사회를 사는 우리는 세금을 피할 수는 없다. 성당에 들어가는 예수를 향해 세금을 요구하는 세리(稅吏)의 모습을 상상해 보라. 제자들의 반대에도 불구하고 예수는 세금을 바칠 수밖에 없었다. 예수의 당시 생각은 지상에 있는 한 지상의 법칙을 따라야 한다는 준법정신이었다.

개인 혹은 기업에게 소득세란 명목은 피할 수 없는 법칙이다. 국가의 구성원, 사회의 구성원으로 살아가는 한 세금을 피할 수 없으며, 피해서도 아니 된다. 세금은 호랑이보다 무서운 존재라는 말이 있다. 개인이나 기업에 있어서 소득이 발생하는 것은 우리가 삶을 활발하게 살아간다는 의미다. 따라서 국가로부터 부과 받은 세금을 피하지 말고 당당히 내야 한다. 국가는 다만 국민이 받아들일 만한 명분을 가지고 세금을 부과해야 한다. 지나친 과세는 국민의 삶을 빼앗는 흉기가 될 수도 있음을 국가는 잊어서는 아니 될 것이다.

대표 없이 과세 없다

조세정책은 매우 중요한 정부의 정책이다. 세금을 얼마만큼 어떻게 어느 대상에 부과할지 결정하는 몹시 어려운 일이다. 조세정책에 따라서 기업과 국민 개인의 투자와 소비의 성향에 막대한 영향을 주게 된다. 그래서 정책을 추진하는 사람들은 조세의 속성을 정확히 숙지한 다음 이런 것이 기업과 국민 개인에게 어떠한 영향을 미치게 될지 장고(長考)해야 한다. 국민의 합의를 받아들이지 못한 일방적 과세는 바람직하지 못한 것이다.

'대표 없이 과세 없다'라는 말이 있다. 이 말을 들어보지 못한 사람은 거의 없을 것이다. 그럴 정도로 유명한 말인데 직설적으로 풀어보면 대표가 없다면 세금도 없다는 말이 된다. 즉 여기에서의 대표란 국민의 대표기관을 말한다. 대표 없이 과세 없다는 말은 미국의 독립전쟁의 원인이 되었던 말로 영국의 일방적 과세에 대한 저항의 뜻이 담겨 있는 말이다.

영국은 큰 전쟁을 치른 후 막대한 빚을 충당하기 위해 세금을 거두어들이지 않으면 안 되었다. 그때 만들어진 법이 〈설탕법〉이라든가 〈인지세법〉 같은 것이었다. 그런데 당시 영국의 식민 지배를 받고 있던 미국인들은 자신들의 대표가 참석하지 않은 영국 의

<불 켜진 영국 의회의 모습>

회에서 결정한 세법을 따르지 않고 저항했다. 미국인이 선출한 의원을 런던의 영국 의회에 보내는 것이 허락되지 않았기 때문이다. 이것은 미국인들의 분노를 일으키는 일이었고, 급기야 독립전쟁이 발발하게 되었던 것이다.

조세법률주의가 무시된 일이었고, 막대한 전쟁까지 치른 불행한 결과를 초래했다. 대표 없이 과세 없다는 말은 원래 최초 근대 헌법이라 알려진 〈마그나 카르타〉 즉 대헌장에 이미 명기된 말이었고, 민주주의의 슬로건이 되었으며 이는 민주주의의 초석이 되었던 것이다. 이에 빗대어 오늘날의 우리 국회를 보면 한심하기 이를 데 없다. 의견이 다르다고 폭언과 폭행도 마다하지 않고, 충분한 논의 없이 오직 당리당략에 의해 좌지우지 되는 모습을 우리는 수없이 목도해 오지 않았는가.

최근에는 의회에서 결정해야 하는 국민의 민생과 관련한 법률을 통과하는데 국민이 충분히 이해할 수 있도록 공론화의 과정도 없이 통과되는 것을 볼 수 있다. 국민의 혈세로 형성된 예산이 절대적 필요성에 의해서가 아니라 지역 의원의 힘을 통해 배분되는 것을 우리는 수없이 보아왔다. 국민이 오직 앞만 바라보고 땀을 흘려 일을 하는데 의원들은 밥그릇 싸움에 당리당략만 따지고 집권을 위해 눈이 시뻘겋게 충혈된 모습도 보아왔다.

증세를 하든 감세를 하든 어떤 것이 국민에게 유리할지는 당장 결론지을 수 없을 것이다. 예산을 위해 옴부즈맨 같은 좋은 제도도 있는 것이다. 진정으로 미래지향적인 정책을 입안하고 정말 국민의 안락한 삶과 복지를 위해 다양한 논의를 하는 의회의 모습을 보는 것을 국민 대다수는 기대하고 있을 것이다.

국민은 조세에 대한 부담이 낮은 것을 선호할 것이다. 필자 역시 세금에 대한 부담이 없으면 좋겠다고 생각한다. 세금을 적게 내면 적게 낸 만큼 남은 돈을 저축하고 소비에도 사용할 수 있을 것이다. 그러나 국가의 조세정책이 저세율이든 고세율이든 장기적으로 국가 경쟁력을 높인다고 생각하지 않는다. 조세부담률이 낮은데도 낮은 성장률을 보이고 있는 나라 역시 많기 때문이다. 이와 반대로 조세부담률이 40% 이상 높은데도 높은 성장률을 보이고 있는 나라 역시 적지 않은 것이다.

의회는 우리 국민과 기업을 위해 어떠한 일을 해야 할지 고민해 주었으면 좋겠다는 생각이다. 국가와 국민을 위해 조세의 범위를 어떻게 설정할지 치열하게 논의하는 시간이 필요할 것이다.

조세와 국가채무

조세는 국가의 채무와 매우 관련이 깊다. 우리나라의 국가채무는 해가 갈수록 늘어나고 있는 실정이다. 국가채무는 GDP대비 이미 40%를 훌쩍 뛰어넘었다고 한다. 지난 2014년 GDP대비 36.4%에서 2021년 현재 40%를 넘어섰다는 것은 해마다 1% 이상의 채무가 늘어난 셈이다. 경제성장이 계획한 대로 되지 않는다면 국가채무의 증가는 이제 감당하지 못할 정도로 늘어날지도 모를 일이다.

더군다나 뜻하지 않은 코로나19가 더욱 큰 복병으로 자리하고 있다. 예상을 깬 코로나의 장기화는 국가적 위기 상황을 초래하고 있다. 국가의 재정이 국민의 힘든 생활을 구제할 최후의 보루가 되었다는 말이다. 코로나 이후 지금까지 여섯 차례의 추경을 집행한 것으로 알고 있는데 아마 분기별로 추경을 해야 하는 상황이 되다 보니 국가의 채무는 더욱 감당하기 어려울 정도로 불어나게 되었다. 어떤 연구에서는 장차 몇 년 내에 국가채무 비율이 60%에 육박하게 될 거라는 암울한 전망을 내놓았다.

그럼에도 우리의 국가채무는 아직 크게 염려할 단계는 아니라는 게 지배적인 의견이다. 다른 나라와의 비교를 통해 보면 우리는 미국이나 일본, 독일, 프랑스, 영국 등에 비해서 아주 양호하다는 것이다. 미국의 경우 진즉 100이 넘었고, 일본의 경우에는 200이 넘어섰고, 프랑스나 영국 또한 우리의 두 배의 수준이기 때문이란다. 문제가 있다면 지금의 국가채무 증가 속도가 위기를 겪었던 다른 나라들보다 훨씬 빠르다는 점이다. 재정 위기를 겪고 있는 다른 나라들보다 현재 우리의 채무 비중이 적어도 2배 이상 높다는 것이다.

위험한 신호는 이뿐만이 아니다. 재정적자를 메우기 위한 적자성 채무는 미래에는 우리 후손들이 안아야 할 부담으로 작용할 것이다. 국가의 채무 중에서 적자성 채무의 비율이 절반을 넘어섰다는 것은 이미 위험선에 가까이 왔다는 신호일 수 있는 것이다. 국가채무의 비율을 GDP 대비하여 30% 중반 수준에 머물도록 해야 안심할 수 있다. 하향 안정화 안에서 살림살이를 유지해야 미래를 도모할 수가 있는 것이다.

국가는 장기적으로 세출을 절감해야 한다. 총수입의 증가율보다 총지출의 증가율이 늘어나면 곤란하다. 재원확보에 대한 방안도 철저히 만들어야 한다. 국민으로부터 거두어들인 세금을 사용하면서 절약해야 한다는 마음이 들지 않는다면 이는 공직자로서 자격이 없다는 말이다. 해마다 노령인구가 계속 늘어나고 있는 추세인데 우리는 이미 65세 이상의 인구 비율이 14%를 넘어섰다. 이미 고령사회인 것이다. 불행한 얘기지만 앞으로 5년 이후에는 65세 이상 노인의 인구 비율이 20% 이상 되어 초고령 사회로 진입할 것이라는 암울한 예측을 하고 있는 실정이다.

고령화의 문제점은 노동력이 부족하고 수요인구가 감소한다. 노인의 부양비가 증가하고 의료비 역시 폭발적으로 증가하게 된다. 지금 우리 사회는 저출산 문제에다가 아이러니하게 고령화 문제가 똑같이 심각한 상태이다. 이런 문제는 마음을 먹는다고 단기간에 해결할 수 없다는 점을 또한 잊지 말아야 한다. 저출산과 고령화로 인한 미래세대와 사회복지의 문제는 아주 심각한 문제로 이미 닥쳐온 처지다.

복지지출의 증가는 국가 정책의 균형을 깨뜨릴 수 있는 복병(伏兵)이다. 세수는 한정적인데 써야할 데는 폭발적으로 늘어난다. 세계적으로 코로나 상황까지 겹쳐 장차 잠재성장률의 하락은 불을 보듯 뻔한 상태라고 해도 틀린 말이 아닐 것이다. 해마다 성장률이 낮아지는 것을 우리는 경험하고 있다. 작년에는 이미 3%대의 성장률마저 붕괴하는 상황을 경험했다.

국가의 재정상태의 악화는 교부금의 측면에서 더욱 열악해지는 것을 알 수 있다. 중앙정부는 지자체에 교부금이나 보조금 형식으로 재정을 지원하게 되는데 해마다 지자체에서 중앙정부로 올라오는 교부금에 대한 지원요청 액수가 전폭적으로 늘었다는 점이다. 지자체는 단체장이 소신을 가지고 재정확보를 위해 노력해야 하는데 중앙정부로부터 손쉽게 보조금, 교부금 등의 명목으로 지원을 받아 쓰는 데에 더 익숙해져 있기 때문이다.

저명한 경제학자들에 의하면, 국가의 채무 비율이 높을수록 경제성장에 해롭다고 한다. 학자들 사이에서는 대략 GDP 대비 비율이 90% 이상일 때 성장률이 최고 2%까지 낮아진다고 말을 하고 있다. 또한 채무 비율이 30% 미만으로 낮을 때에도 재정 위기에 대한 위험은 닥칠 수 있는 것으로 나타나고 있다. 폐쇄적인 경제정책을 쓰지 않는 글로벌 경제 시대에는 대외의 경제위기가 곧장 국내의 경제적 위기를 불러올 수가 있다는 것이다.

그리고 우리와 같이 분단된 국가에서는 안보적인 측면에서 위기를 불러올 수가 있다. 다양한 공격의 요소가 있는 것이다. 전쟁은 소위 경제력의 싸움이라 할 정도로 경제력의 저력이 안보의 저력으로 나타나게 된다. 어느 날 문득, 통일이 된다면 엄청난 경제적인 부담을 불러일으킬 수 있다. 특히 남북의 경제력의 격차가 엄청난 시점에서는 어느 한쪽에서 받아들여야 하는 통일에 의한 경제적인 부담 또한 무시할 수 없을 것이다.

빚이란 늘어날 때는 잘 느끼지 못하지만 줄이기란 아주 어려운 법이다. 살림살이가 팍팍해져 먹고 살기 힘든 처지에 빚을 갚아 나가기란 더욱 어려운 것과 같다. 개인의 경우에도 이러한데 국가의 부채는 그 정도가 훨씬 크다는 점을 잊어서는 안 될 것이다. 사람의 몸에 발생하는 질병처럼 불황 역시 닥치고 나면 쉽게 잡히지 않는 법이다. 우리는 지금 많은 국민이 누리고 있는 복지만큼 국가 재정의 측면에서는 위험을 내포하고 있다. 견딜 수 있을 때부터 이렇게 점검하고 경각심을 갖고 대비하는 태도가 무엇보다 필요할 때라고 본다.

경기가 부흥하고 활성화하면 사람들의 소득도 늘어나고 전반적으로 생활 형편이 나아질 것이다. 이런 때에는 스스로 목숨을 끊는 사람들도 줄어든다. 그러나 생계가 어려워지면 삶에 대한 의지가 꺾이고 자살률이 높아진다는 것이다. 국가는 세금을 거두어들여서 어떻게 우선적으로 배분할지 주의를 기울여야 한다. 우리 사회에 경종을 울렸던 세 모녀 사건 등은 복지의 촘촘한 정책에도 불구하고 구멍이 있었음을 확인하는 사건이었다.

현대는 분명 글로벌 시대이고 글로벌 시대에는 정보화의 정도역시 소득의 격차를 발생하는 요소라는 점이다. 정보를 공유하지 못한 사람은 삶의 질이 떨어진다는 점을 부정할 사람은 없을 것이다. 소득의 분배는 반드시 물질적인 부분을 의미하는 것이 아니다. 눈에 보이지 않는 정보나 지식의 차이도 엄연한 소득의 격차에 해당하는 것이다. 조세수입을 적시 적소에 사용할 수 있는 시스템 역시 무엇보다 요구되고 있는 시점이라 할 수 있다.

고전 속의 세리(稅吏)

맹자는 통치자로 하여금 2가지를 살피도록 하였다. 첫째, 백성의 생계를 보장하는 문제였다. 집안의 가장이나 국가의 통치자가 가장 먼저 생각해야 하는 것은 구성원을 먹여 살리는 일이었다. 즉 물질의 중요성, 지금으로 말하면 국가의 살림살이에 관한 것이다. 둘째, 도덕적, 교육적 지침의 마련이었다. 백성의 도덕을 바로 세우고 교육에 관한 계획을 세우는 일을 매우 중요한 덕목으로 생각하고 있었다.

맹자가 제자들에게 여러 차례 언급할 정도로 매우 중요한 덕목이었다. 맹자는 통치자가 백성을 다스릴 때 반드시 지켜야 할 덕목을 얘기하고 있는데 지금으로 보면 조세와 복지정책에 관한 것이었다. 백성에게는 조세를 경감해 주어야 한다. 자유롭게 상품을 교환할 수 있도록 시장을 열어주어야 한다. 물자의 보급원인 자원을 힘써 보존해야 한다. 그리고 노약자에 대한 복지를 마련해야 한다. 마지막으로 공평분배를 해야 두루 나누며 살아가는 시대가 된다.

맹자는 이처럼 통치자가 갖추어야 하는 덕목들을 지적하면서 국가로서 지녀야 하는 덕목도 놓치지 않고 있다. 첫째는 백성이다. 둘째는 토지와 곡식의 신이다. 셋째는 통치자이다. 백성을 대신하는 것이 통치자며 백성을 먹여 살릴 수 있는 토지와 곡식이 필요한데 이것을 관장하는 신이 있어야 한다고 하였다. 백성도 있고 먹고 살 수 있는 토지와 곡식도 있다면 반드시 통치자가 있어야 한다. 통치자가 없으면 국가가 방향을 잃고 갈 길을 잃는다. 그래서 지도자는 나라의 방향을 제대로 잡아서 백성과 더불어 나아갈 길을 가는 것이다.

맹자(BC371경~BC289경, 중국 추나라)

맹자는 국가에서 세금을 거두어들이는 방법을 제시하고 있다. 통치를 하는 데는 반드시 세금이 필요한 법이다. 맹자는 징수하는 문제에 대해 몹시 신중했고, 조심스러워 하였다. 맹자는 백성들로부터 세금을 징수하는 방법을 세 가지로 들고 있다. 첫째, 포백(布帛)에 대한 징수가 있다. 백성들로부터 옷을 지어 입을 베와 비단을 징수하는 것이다. 둘째, 곡식(穀食)에 대한 징수가 있다. 백성들로부터 먹을 양식을 징수하는 것이다. 셋째, 인력(人力)에 대한 징수가 있다. 백성들의 힘을 세금으로 징수하는 것이다.

맹자는 이러한 세금도 무작정 징수하는 게 아니라고 한다. 포백의 징수는 여름에 하고, 곡식의 징수는 가을에 하고, 인력의 징발은 겨울에 일이 없을 때 하라고 했다. 그런데 이러한 징수에 대해 맹자는 이렇게 말한다. 군자는 그 중의 하나만을 징수한다. 나머지 두 가지는 늦추어준다. 두 가지를 늦추어주는 까닭은 백성들을 굶어죽지 않도록 하기 위함이다. 만약 두 가지를 징수한다면 백성들은 굶어 죽는 것이다. 만약 세 가지를 징수한다면 부모와 자식이 헤어지고 가족들이 뿔뿔이 먹을 것을 찾아 흩어진다는 것이다.

맹자는 국가에서 세금을 징수하는 방법을 제시하면서 너무 과도한 징수가 백성들을 굶주리게 하거나 가족이 뿔뿔이 흩어지는 일이 생기게 한다고 경고하고 있다. 통치자의 과한 욕망을 질타하고 있는 맹자의 가르침이다. 맹자는 또한 제후(諸侯)에게 세 가지 보배가 있다고 말한다. 첫째는 토지, 둘째는 인민, 셋째는 정사(政

事)이다. 세 가지 중에 어느 하나만 없어도 제후는 존재하지 못하는 것이다. 맹자는 이렇게 경고하고 있다. 진주나 옥석을 보배로 여긴다면, 재앙이 반드시 자기 자신에게 미칠 것이라고 하였다.

국가를 다스리려고 하는 자나 국가를 경영하려는 통치자는 국토와 국민과 정치를 중시해야 한다는 말이다. 물질적인 재물을 탐낸다면 화를 면치 못할 것인데 개인의 욕심을 채우려는 마음 때문이라고 한다. 이런 맹자의 가르침은 비단 통치자가 아니라도 섬길 만한 대목이 있다. 기업의 오너도 마찬가지라고 생각한다.

맹자는 공자(孔子) 다음의 아성(亞聖)이며 공자의 정통 유학을 계승, 발전시킨 인물이다. 맹자 사상의 기본원칙은 백성에 대한 통치자의 의무를 강조하고 있다는 점이다. 맹자의 어머니는 아들을 교육하기 위해 묘지가 있는 마을에서 시장으로 이사했다. 시장에서 다시 학교 근처로 이사하여 면학의 분위기를 만들어주었다. 맹모삼천지교라는 교훈을 만들어내면서 중국에서 맹자의 어머니는 수천 년 동안 중국 어머니의 초상으로 숭배되고 있다.

맹자는 여러 나라를 방문하여 자신의 학문과 사상을 교육했다. 특히 여러 나라의 임금을 만나 자신의 통치철학을 피력했다. 그러나 고결한 맹자의 통치철학을 정치현장에서 실천하는 제후는 나타나지 않았다. 맹자는 이에 실망한 나머지 자신의 고국인 추(鄒)나라로 돌아와 후학을 양성하는데 마지막 열정을 쏟았다.

논어에는 가정맹어호(苛政猛於虎)란 말이 나온다. 공자가 그의 제자들과 나눈 문답의 형식을 통해 세금에 대해 입을 열었다. 정치는 세금으로 끌어나가는 것인데 세금이 백성들에게는 호랑이한 테 먹혀 죽는 것보다 무섭다는 의미로 받아들여진다. 공자가 살던 시절에는 세 개의 성바지 들이 세력을 이루어 백성들에게 온갖 횡포를 일삼고 있었다. 계손 씨, 숙손 씨, 맹손 씨 등이 그들이었다.

이들 가운데 가장 실세는 계손 씨였다. 계손 씨가 백성들에게 아주 가혹할 정도로 세금을 뜯어내어 온갖 부(富)를 누리며 살고 있었다. 백성들 중에 어떤 이는 혹독한 세금을 피해서 인적이 드물고 세상과 동떨어진 깊은 산속에 숨어서 살았을 정도이다.

하루는 공자가 여러 제자들과 함께 태산(泰山)이란 산의 기슭을 지나고 있었다. 그때에 어디선가 한 여인의 울음소리가 들리는 것이었다. 공자와 제자들은 그 울음소리를 찾아 발걸음을 옮겼다. 한 여인이 세 개의 무덤 앞에서 구슬프게 울고 있는 것이었다.

공자는 여인이 놀라지 않도록 제자들을 뒤로 물리고 제자 자로(子路)로 하여금 여인이 구슬피 우는 연유를 물어오도록 하였다. 우는 연유를 묻는 자로를 향해 여인이 대답했다. 시아버지가 몇 년 전에 호랑이한테 물려 죽었습니다. 뒤이어 제 남편도 그 호랑이한테 목숨을 잃었답니다. 그리고 이번에는 둘도 없이 귀한 내 아들이 호랑이한테 물려 죽고 말았지요. 이에 자로는 여인에게 묻지 않을 수가 없었다. 그렇다면 여인이시여, 어찌하여 그대는 이 깊은 산속을 떠나 세상으로 내려가지 않은 것이오?

자로(子路)(BC542~BC480)

자로(子路)의 물음에 돌아오는 여인의 대답은 몹시 뜻밖이었다. 태산에서 사는 것이 노나라의 관리들이 찾아와 세금을 내라고 백성들을 못살게 구는 태산 밖의 세상보다 심하지 않다는 대답이었다. 그래서 호랑이가 무서워도 세상으로 내려가지 않는다는 것이었다. 공자는 제자 자로로부터 태산의 산속에서 구슬피 우는 여인의 사연을 듣고 크게 놀랐다고 한다. 공자는 낙담을 하면서 제자들에게 이렇게 말씀하셨다. 가혹한 정치(=세금)는 호랑이보다도 더 무서운 것이니라. 가정맹어호(苛政猛於虎), 절대로 정치하는 사람들이 알아야 하는 말들이다.

논어에는 이상적인 세금에 대해 언급한 대목이 있다. 안연(顏淵) 편에서 세금에 대해 노나라의 임금과 공자의 제자가 대화하는 대목이 소개되고 있다. 몇 마디 안 되는 그들의 대화를 통해서 정치의 현장에서 서민의 삶을 어떻게 배려해야 하는지 어떤 태도로 국민을 대해야 하는지 고민하도록 가르침을 주고 있다. 노나라의 '애공(哀公)'이라는 임금이 공자의 제자인 유약(有若)*에게 물었다. 해마다 흉년이 들어 나라의 재정이 부족한데 그대라면 어찌하면 좋겠는가?

임금에게 이런 물음을 들은 유약은 한 치의 망설임도 없이 곧장 이렇게 대답했다고 한다. 임금이시여, 어찌하여 백성들의 세금을 10분의 1로 줄이지 않소? 이에 애공이란 임금이 아주 어이가 없다는 듯 반문했다. 지금도 재정이 부족한데 10분의 1로 줄이라면 어떻게 나라가 운영이 되겠는가? 임금의 반문에 유약이 다시 거침없이 대답했다. 백성들이 풍족하다 느낀다면 어떤 임금이 이를 두고 부족하다 하겠습니까? 또한 백성이 부족하다 느낀다면 어떤 임금이 이를 두고 풍족할 수 있겠습니까?

고전 속의 일화를 통해 세금이란 많은 것보다 적은 것이 낫다는 진리를 터득하게 된다. 부자의 나라라고 많이 거두어들이기만 한다면 국민의 지지는 결코 얻지 못할 것이다. 흉년이 들어 나라가 비록 힘들어져도 세금으로 이를 메우려 하는 정책은 바람직하지 않다는 말일 것이다. 성서에서도 마치 고대의 가장 바람직한 율법인 것처럼 십일조를 내라고 독려하고 있다. 세상이 오래일수록 많

---

*　공자의 제자 중의 한 사람으로 윤리와 질서를 중시한다. 정치가의 임무는 백성들에게 풍족한 생활을 하도록 해주는 것이라고 강조한 인물이다.

은 이치와 법도들이 변화하겠지만 이런 저의에는 지도자라면 백성의 고통을 덜어주어야 한다는 애민의 사상이 깊숙이 깔려 있다는 것을 느낄 수가 있을 것이다. 인간의 가장 근원적인 물음인 어떻게 살아야 하는가에 대한 해답이 담긴 말이다. 공자의 내면에는 오직 백성을 이롭게 하는 정치가 무엇인가에 대한 고민으로 가득한 느낌이다. 공자는 정치가로 성공은 하지 못했지만 그의 제자가 3천 명에 이른 것을 보면 분명 훌륭한 교육자요 사상가라 할 수 있을 것이다.

4. 세금보다 무서운 최저임금, 이자

현재 기업인들이 당면한 문제 중의 하나가 최저임금 문제라고한다. 내년(2022)의 최저시급은 9160원이다. 이런 시급을 두고 많다고 볼 수도 없고 적다고 볼 수도 없다. 누구의 입장에서 시급을바라보느냐에 따라 체감의 정도가 달라지기 때문이다. 필자는 기업의 회생, 파산 등에 관련한 일을 하는 사람으로서 기업의 편에서 이 문제를 한번 바라보려고 한다.

이 문제에 대한 직접적인 언급보다 우리 언론에서 보도 되었던내용을 되짚어 보고자 한다. 지난 6월 15일 연합뉴스의 내용에 의하면, 노동계와 경영계 및 소상공인 사이에 최저임금 인상을 놓고격렬하게 맞섰다. 근로자 위원으로 일하는 어떤 분은 최저임금 심의의 기초가 되는 비혼(非婚)이며 단신(單身) 노동자 1인 생계비를 약 209만 원으로 제시하고 있다. 그런데 올해 최저임금 월 환산 금액은 182만 원이라는 것이며 이의 차이를 볼 때 현재 노동자들의 최저임금은 턱없이 낮다는 입장을 취하고 있다. 이들은 우리의 최저임금 수준이 OECD 국가 중에서 가장 낮은 수준임을 강조하는 입장이다.

그러나 기업경영의 입장에서 보면 반대의 입장에 처해 있는 모습이다. 최저임금의 인상은 노동자들에게는 더없이 좋은 정책이지만 소상공인들에게는 부담이 가중되는 형상이고 이로 인하여 기업경영이 어려움에 처하는 지경까지 도래한 경우도 많다고 한다. 이런 상황은 소상공인이나 크고 작은 기업인들에게 종업원을 수용할 수 있는 능력에 손상을 가하고 말았다. 이런 식으로 종업원의 최저임금만을 인상한다면 기업의 절반가량이 폐업의 위기에 빠질지도 모를 것이다.

지금 우리는 금리 인상의 예고 속에서 살얼음판을 걷는 듯이 마음을 졸이며 살아가고 있다. 금리가 인상되면 자영업자들이나 중소기업들은 아마 파산의 위험에 빠질 것이다. 코로나의 상황에서 많은 자영업자와 중소기업인은 빚을 냈다. 2030세대들은 영혼까지 끌어 모아 빚을 내서 부동산이나 주식, 코인 등에 투자했다고 한다. 따라서 젊은 층을 중심으로 심각한 부채 문제가 현재 대두되고 있는 실정이다.

영세한 자영업자나 중소기업인 등은 금리 인상에 아주 취약하다. 금리인상이 가져올 위험한 상황에 대비하지 못하고 있다가 우려해온 일들이 닥친다면 손을 쓰기 어려울 수가 있다. 한국은행이 금리를 1% 포인트만 올려도 자영업자나 중소기업 등의 이자 부담은 엄청나게 늘어날 것으로 예상된다. 최저임금의 수준이 당분간 현재의 수준에서 동결되어야 자영업자나 중소기업인에게 희망이 있다.

무엇보다 노동계와 경영계의 균형이 중요하다. 한쪽의 목소리만 높이면 결국 순조롭게 흘러가야 하는 물길의 흐름이 기울어지게 되는 것이다. 기업인이 살아야 국민 개인 역시 살 수가 있다. 기업이 힘을 기르고 튼튼해질 때 기업의 구성원인 개인들의 가계 역시 튼튼해지고 안전해질 것이다. 정부와 정치권은 지금 노동계에 편향적인 태도를 보이는 느낌이 강하다. 하지만 아무리 보기 좋은 정책도 그 정책이 효율적으로 자리 잡을 수 있는 근본 환경이 무너진다면 아무런 의미가 없는 것이다.

노사관계의 원만한 합의가 전제되어야 한다. 노동시장이 유연하게 움직이면서 기업하기에 좋은 환경을 만들어가는 것이 매우 중요하다. 노동관계법이나 제도를 만드는 의회의 역할이 바로 이런 지점에서 필요한 법이다. 이제 주 52시간제를 적용하는 시기가 다가왔다. 주 52시간제 시행이 적용되는 50인 미만의 사업장들은 또 한 차례 태풍을 만나게 되었다. 인건비의 부담으로 만성적인 인력난에 다시 휘둘리게 되었다는 말이다. 기업은 훌륭한 인재를 뽑지 못하면 결국 도태될 수밖에 없는 것이 오늘의 현실이기 때문이다.

　기업이 살아야 나라가 산다. 또한 자영업자가 살아야 국민이 산다. 그러므로 국민이 살아야 국가가 존재하는 것이다. 국가의 힘은 거대하고 국민의 삶이 팍팍하다면 이런 불균형적인 상황이야말로 보이지 않는 기형의 모습일 뿐이다. 괴물은 끝내 자기 주위의 생명체에게 해를 입힌다는 교훈을 잊어서는 안 될 것이다.

부록

경제 경영 금융 상식

보증서

 민법상 채무자가 채무를 이행하지 않는 경우에 보증인이 대신 채무를 떠맡는다는 약정서가 바로 보증서이다. 즉 보증인이란 채권자가 채무자로부터의 빚을 돌려 받지 못 할 경우에 대신 갚아주겠다는 약정서를 써주는 사람이다. 따라서 보증서는 보증인이 작성하는 것이다. 채무자의 빚을 연대하여 책임지겠다는 약속을 담은 내용이 담긴다. 그러므로 보증서에는 보증인의 인적 사항이 상세히 기록 되어야 하는 것이다.

 지급보증은 은행 등의 금융기관이 채무자의 채무에 대해 채권자에게 보증을 서주는 것이다. 지급보증서, 지급보증 어음 등의 형태로 발행되는 것인데 이러한 보증서는 금융기관이 채권자에게 발행하는 것으로 만약에 보증서를 수령한 경우에는 반드시 발행한 금융기관에 문의하여 사실 여부를 확인해야 한다. 어음의 경우에도 그 어음을 받은 사람은 채권자로서 발행한 금융기관에 문의해 발행번호 등을 확인해야 한다.

 특히 보증서에서 중요한 점은 바로 보증서 이면에 기록된 내용을 꼼꼼히 살펴야 한다는 점이다. 즉 뒷면에 기록된 약관의 내용을 점검해야 한다는 말이다. 담보물의 정확성을 확인해야 낭패를 보지 않기 때문이다. 보증서는 자칫 잘못 거래했다가는 휴지조각이나 다를 바가 없게 될 수 있다. 채권의 확보에 문제가 없어야 한다. 만약 지급보증을 갱신할 경우에는 지급조건 등을 잘 살펴보라.

빚을 갚아야 하는 약정 기간 내에 채무가 이행되지 않는 경우인지 또는 보증기간 이내에 닥친 채무에 대해 지급보증이 되는 경우인지 눈을 크게 뜨고 검토하라. 만약 지급보증을 갱신 할 경우 이런 점들을 잘 살펴서 채권을 제대로 확보해야 하는 것이다. 지급보증 어음의 경우를 보면, 보증 어음의 만기가 되었는데도 그날까지 채무자로부터 어음대금을 지급 받지 못한 경우에 받을 수 있다.

이러한 지급보증서에 대해 몇 가지 더 간략히 살펴보도록 하겠다. 만약 자신이 거래하는 거래처가 부도가 났거나 파산을 했다면 이런 사유 발생일로부터 10일 이내에 지급 받을 수 있다. 부도나 파산 이외의 다른 이유로 지급 받을 수 없게 된 경우는 지급기일이 도래해야 지급 받을 수가 있으며, 특별히 다른 사유가 명기 된 경우에는 그 명기된 사유가 발생 된 시기에 지급 받을 수가 있는 것이다.

보증보험 증권을 받은 사람은 보증보험회사에 역시 발행 사실을 신속히 확인해야 한다. 보증보험은 보통 약관대로라면 보증기간 내에 발생하고 변제기일이 도래한 채권에 한해서만 보증보험의 효력이 있기 때문이다. 따라서 계속 거래를 하는 경우에는 보증보험 증권을 갱신하여 받을 때에는 꼭 위험 담보 특약 등을 명시해서 받아야 한다. 위험 담보 특약은 위험성의 확장을 위한 것으로서 이런 특약이 명시되어 있으면 갱신 전에 발생한 채무나 갱신 후에 갚을 날이 도래한 채무에 대해서도 보상받을 수가 있다는 것이다.

이왕 언급한 김에 보증보험에 대해서도 간략히 언급하도록 하겠다. 보증보험을 쉽게 이해하기 위해서는 보험계약자와 피보험자만 구별할 수 있으면 무리가 없을 것이다. 보험의 계약자는 여기에서 채무자가 되고, 피보험자는 채권자가 된다. 그러므로 보증보험은 일종의 손해보험이다. 무엇을 매매(買賣)하거나 고용(雇傭) 등의 계약에서 채무불이행에 대해서 채권자의 입장에서 손해를 입었을 때 보장받는 보험인 것이다.

만약 당신이 보증보험 계약의 보험자라면 보험계약자가 피보험자에게 계약을 진행한 채무불이행이나 법에서 정한 의무 불이행으로 입힌 손해를 보상할 책임이 따른다는 것이다. 이러한 보증보험은 일반적으로 보험계약의 성질에 위반하지 않는 범위에서 〈민법〉의 규정에 따라 보상을 받도록 한 것이다. 이는 상법 제726조에서 몇몇 항목으로 규정하고 있는 내용이다.

이런 보증보험은 오늘날 특히 분쟁이 많이 일어나고 있는 주택시장, 임대시장에서도 아주 유용하게 작용하고 있는 상품이다. 전세계약이 끝났는데 집주인으로부터 전세보증금을 돌려받지 못할 때는 전세금 보증기관이 대신 보증금을 돌려주고 나중에 집주인에게 구상권을 행사 할 수 있는 일종의 보험 상품인 것이다. 이러한 보증보험을 취급하는 기관으로 한국주택금융공사, 주택도시보증공사, SGI서울보증 등이 있다.

감자(減資)

우리는 감자(減資)라는 낱말을 많이 들어왔다. 감자란 자본의 감소를 말한다. 감자의 종류에는 크게 두 가지가 있다. 실질적인 감자와 형식적인 감자가 바로 이것이다. 실질적인 감자를 우리는 유상감자라고 한다. 자본금의 감소로 회사의 자산이 실제로 감소한다. 자본금이 감소하면 이로 인한 환급이나 소멸한 주식의 대가를 주주에게 지급하여야 한다. 이것은 기업의 규모를 축소하는 경우 혹은 회사를 합병하여 회사의 재산 상태를 조정하는 경우에 일어나는 방식이라 할 수 있다. 이처럼 실질적으로 자본을 감소하는 방법으로는 주식 액의 일부를 주주에게 반환하는 방식이다. 또한 회사가 주식의 일부를 소각하여 자본금을 줄이는 방식이기도 하다.

이에 반해 형식적 감자는 명목적 자본감소라는 점에서 긍정적인 감자라고 할 수 있다. 형식적 감자를 무상감자라고도 한다. 무상감자는 자본금이 분명 감소 하였지만 회사자산은 신기하게도 감소하지 않았다는 것이다. 이는 오직 명목적, 다시 말해 실제의 내용은 없고 형식상으로 내세우기 위한 이름만 있는 자본감소의 형태를 말한다.

형식적 감자는 거액의 결손금이 생길 때 발생한다. 결손금이 커서 오랫동안 이익배당을 할 수 없을 경우에 이루어진다. 또한 주가가 하락할 우려가 있어서 신주를 발행할 수 없을 경우에 한해서 이루어지는 방식이다. 형식적 감자의 경우를 우리는 대기업이나 중소기업들의 합종연횡을 통하여 살펴볼 수 있다. 주주는 이미 납입한 주식 액의 일부를 주주의 손실로 처리하여 제거해버린다. 그리고 나머지 금액을 주식 액으로 처리하는 것이다. 여러 개의 주식을 합쳐서 이보다 적은 수의 주식으로 바꾸는 방법 등이 바로 형식적 감자에 해당하는 것이다. 실질적으로 자본금과 자산이 감소하는 경우는 유상감자이다.

기업을 하는 사람이나 소상공인 혹은 경영, 경제에 관심이 있는 사람은 회사자산의 변화에 대해 예민한 관심을 갖게 된다. 특히 주식이 대세인 오늘의 젊은 층에서도 이는 매우 중요한 부분이라 할 수 있다. 사람들이 잘못 이해하는 경우를 보면, 유상감자나 무상감자 모두 회사의 자본금과 자산이 감소하는 것으로 알고 있다는 것이다. 또한 유상감자와 무상감자 모두 회사의 자본금은 감소하지만 자산은 감소하지 않는 것으로 잘못 이해하고 있다.

그리고 절대적으로 잘못 이해하고 있는 대목이 있는데 무상감자의 경우 회사의 자본금과 자산이 모두 감소하는 것으로 알고 있는 것이다. 이번 기회에 확실히 기억해둔다면 장차 경영을 하고 경제활동을 하는데 많은 도움이 되리라고 생각한다.

역모기지론

요즘 우리 주위에서 모기지론이나 역모기지론에 대한 얘기를 많이 든다. 모기지론은 금융기관이 주택 등 부동산을 담보로 하여 대출해주는 주택담보대출 방식을 의미한다. 이런 모기지론 제도는 주택을 구입하려는 수요자들을 대상으로 한다. 금융기관은 주택을 구입하고자 하는 사람에게 자금을 대출해주고 이에 대한 보상으로 해당 주택을 담보로 삼아 주택저당증권을 발행한다. 그리고 이것을 유동화 중개기관에 팔아서 대출자금을 회수하는 제도를 의미한다. 이렇게 되면 중개기관은 주택저당증권을 다시 투자자에게 판매한다. 그리고 그 대금을 금융기관에 지급하는 것이다.

반면에 역모기지론은 주택을 소유하고 있는 사람이 자체의 수입이 부족한 경우에 발생하게 된다. 나이가 일정한 고령층이 되어야 이용이 가능하며, 대개 일정 연령 이상의 고령자가 보유주택을 담보로 소유자나 배우자의 사망 시까지 노후생활을 안정적으로 하기 위해 신청하는 제도이다. 필요한 자금을 일종의 연금 형태로 받는다는 것이 모기지론과 커다란 차이점이다. 은퇴의 연령 시기가 앞당겨짐에 따라서 불안해진 주택 소유자들이 역모기지론을 선택한다.

역모기지론은 고령자가 사망한 이후에 종료된다. 이때, 대출금융기관은 담보주택을 처분하여 대출 원리금을 회수하는 것이다. 이러한 역모기지론은 나이가 들어 즉 은퇴할 나이가 되어 자식의 도움 없이 스스로 경제적 문제를 해결할 수 있게 하는 아주 현명한 제도이다. 이런 제도는 사회적인 측면에서도 매우 긍정적인 평가를 받고 있다. 자칫 사회문제로 불거질 수 있는 은퇴 이후의 경제적 문제를 일종의 장기대출의 특성을 살려서 적은 비용으로 아주 효율성이 높은 예산 운용을 기대할 수 있다는 점에서 적극적으로 권장하는 제도이다.

모기지론과 역모기지론은 목적 자체가 완전히 다르다. 모기지론은 주택의 구입이 목적이다. 그러나 역모기지론은 고령자들의 생계비 마련이 목적인 것이다. 또한 모기지론은 주택을 구입하려는 사람이 대출금의 일부를 매달 일정한 액수만큼 상환하기 때문에 시간이 경과함에 따라 부채가 감소하는 반면, 역모기지론은 매달 약정금액을 금융기관으로부터 지급 받기 때문에 시간이 경과함에 따라서 부채는 증가하게 된다. 부채의 증가는 그만큼 주택의 자산가치가 감소하게 된다는 것에서 모기지론과 차이가 있다.

역모기지론의 경우 부부 중 주택의 소유자나 배우자 가운데 한 명이 만 60세 이상이어야 신청 자격이 주어졌는데 최근에는 50대 중반 정도로 연령이 낮아졌다. 그만큼 퇴직 연령이 낮아졌다는 말이다. 부부 중에 어느 한 분이 돌아가신 경우에도 연금의 감액 없이 100퍼센트 처음 약정한 동일 금액의 지급을 보장받게 된다. 다주택자라 하더라도 합산가격이 9억원 이하이면 신청이 가능하다. 9억원 초과 2주택자는 3년 이내에 1주택을 팔면 가능하다.

이런 제도를 도입한 계기는 2004년 3월 1일 공기업으로 설립된 한국주택금융공사에서 주택금융과 관련한 다양한 업무를 추진하면서 가능하게 되었다. 주택금융의 장기적 안정적 공급을 촉진하고 퇴직 이후의 편안하고 안락한 생활을 누릴 수 있도록 형편과 사정에 따른 다양한 정책을 만들어내고 있는 점은 서민이나 소상 공인들에게는 아주 든든한 금융상품이라 할 수 있을 것이다.

래퍼곡선

래퍼곡선이란 미국의 경제학자 래퍼(A.Laffer)가 제시한 경제이론 으로 조세수입에 따라서 세율의 변화 관계를 알아보는 척도이다. 아더 B 래퍼 교수는 세율과 세수의 관계를 곡선으로 나타내면서 설명하고 있다.

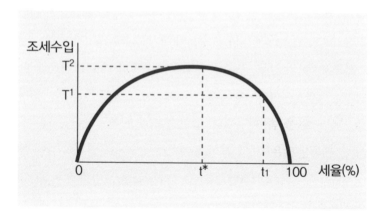

위의 그래프에서 보듯 조세수입이란 것은 세율이 높아진다고 계속 증가하지는 않는다는 것이다. 어느 지점 즉 일정 세율인 최 적의 세 부담률을 초과하면 오히려 세금으로 인한 수입은 줄어드 는 모습을 보여주고 있다. 이런 도표가 의미하는 것을 추정해 보

면 세율이 지나치게 올라가면 대부분의 사람들은 일하고자 하는 의욕이 떨어진다는 것이다. 정부 당국이나 세금부과의 주체자는 세율의 증가를 통해 세수의 감소라는 문제가 벌어질 때는 당연히 세율을 낮추는 정책을 사용해야 한다. 세율을 낮추면 오히려 세수를 증가시킬 수가 있다는 점을 숙지해야 하는 것이다.

래퍼는 이런 문제를 위의 그래프를 통해서 일목요연하게 보여주고 있다. 세율이 0%에서 100%로 증가할 때 조세수입의 변화를 살펴보자. 바로 반원의 그래프가 이를 잘 설명해주고 있다. 조세수입은 처음 얼마동안 상승하다가 정점에 이른다. 그러다가 하락하기 시작하여 100퍼센트 증가 시 조세수입은 급격히 추락하는 것을 볼 수 있다. 래퍼는 이런 논리를 역 U자 모양의 곡선으로 잘 보여주고 있다.

이 그래프에서 정부 당국이나 세금부과자들은 현재의 세율이 세수가 가장 많은 꼭지점을 추월하지 않았다면 세금의 수익증대를 위해 세율을 좀 더 올려야 하는 것이며, 반대로 현재의 세율이 세수가 가장 많은 수준의 꼭지점을 추월했다면 세금을 줄이는 것이 현명한 세금정책이라는 것이다.

이러한 래퍼곡선은 세금의 증세와 감세의 시점을 대략적으로 가늠해보는 좋은 도구일지 몰라도 조세수입을 극대화하는 최적의 세율이 어느 정도 수준에 머물러야 하는지는 정확히 제시하지 못하는 한계점도 지니고 있다. 이는 소비중심의 경제학이 아니라 공급 중심의 경제학의 근간이 되었다고 한다.

그리고 중요한 것은 이런 논리가 비단 세율과 근로소득의 관계에만 해당하는 것이 아니라는 점이다. 사람들이 저축을 하고 기업 등에 투자를 하는 경우에도 적용된다는 점이다. 만약 기업이 과세가 부담이 된다면 기업의 이윤을 감소시키는 경향이 있다. 이런 경향으로 인해 기업의 투자활동 또한 부담스럽게 한다. 이는 지난 1980년대 미국 레이건 정부의 조세 인하 정책의 이론적 근간이 되었다고 한다.

금융(金融)

금융이란 용어에 대해 우리는 흔히 자금의 핵심이 되는 화폐나 통화를 가리키는 경제용어로 인식하고 있다. 현대의 경제생활은 화폐의 유통과 순환의 과정에 의해 운영되고 있기 때문에 현대는 분명 금융의 시대라 할 수 있을 것이다. 1930년대 이후 세계는 관리통화제도를 선택하게 된다. 이후에는 화폐나 통화가 거의 같은 의미로 사용되는 경향을 보이고 있다.

자금은 수요자가 있고 공급자가 있게 마련이다. 자금의 수요자는 당연히 공급자로부터 직접적으로 자금을 조달하게 되는데 이런 방식이 바로 직접 금융의 방식이다. 직접 금융의 방식은 어떤 기업이 주식이나 사채를 신규 발행해서 자금을 조달하는 방식을 말한다. 주식발행, 채권발행, 자산유동화증권 발행 등은 모두 직접 금융에 해당한다. 반면에 간접 금융은 자금의 공급자와 수요자 사이에 금융기관이 개입하는 절차가 존재한다. 이렇게 금융기관이 개입하여 자금의 흐름을 원활하게 하는 방식이며 대표적으로 금융기관으로부터 자금을 대출받는 것이 대표적인 간접 금융의 방식인 것이다.

간접 금융은 대개 금융기관의 판단을 통해서 회사 혹은 가계에 자금을 대출해주기 때문에 상대적으로 리스크는 적다고 볼 수 있다. 그러나 직접 금융은 투자자가 직접 투자를 결정하는 구조이므로 상대적으로 리스크가 크다는 점이다. 간접 금융시장과 직접 금융시장의 중요한 차이점은 신용의 위험을 부담하는 주체가 다르다는 것이다.

이를 쉽게 설명하자면, 만약 기업이 간접금융시장에서 돈을 빌렸는데 갚을 수가 없게 되었다고 하자. 그런데 중개 은행이 중간에 끼어있기 때문에 기업이 비록 돈을 갚지 못해도 가계에는 아무런 영향을 미치지 않는다는 점이다. 그런데 직접 금융시장의 경우 중개 기관이 없어서 기업의 신용위험을 가계가 그대로 바로 부담하게 되는 것이다. 두 금융 즉 두 시장의 큰 차이는 매개하는 기관이 중간에 있느냐 없느냐의 차이다.

간접 금융은 은행이 중요 매개 역할을 한다. 그러나 직접 금융은 주식과 채권이 주로 거래되고 있는 자본시장이 중심 역할을 수행하는 것이다. 흔히 금융시장이 활발하고 발달하는 상황이라고 하면 대개 직접 금융의 비중이 높은 구조를 말한다. 직접 금융과 간접 금융의 관계는 어느 하나가 우세하고 어느 하나가 열세하다는 이런 관계가 아니다. 상호 간 경쟁을 하면서도 둘의 관계는 상호 보완의 관계를 형성하고 있다고 본다.

하나의 국가에 있어서 어떤 금융 체계가 더 우세하느냐의 문제도 의미가 없는 것이다. 다만 경제발전의 정도, 단계, 구조에 따라서 달라질 수 있다. 만약 어떤 나라가 중소기업 등의 비중이 높다면 정보 등의 평등한 이용을 위해서 간접 금융이 더 중요하고, 혁신산업 분야에 치중하는 국가일수록 산업에 필요한 자금의 마련에 유익한 직접 금융의 형태가 중요한 측면이 있다는 것이다.

갭 투자

우리 사회의 암울한 단면을 보여주는 말이 있다. 이른바 '갭 투자'란 말이 그것이다. 대체 갭 투자란 무슨 말일까. 대충 알고는 있지만 정확히 이해해서 실제 유익하게 활용하는 사람은 흔하지 않은 듯하다. 더군다나 갭 투자에 대한 인식이 좋지 않기 때문에 더욱 그렇다. 갭 투자는 시세차익을 목적으로 하는 불건전한 용어다. 주택을 매매하는 데 있어서 전세를 끼고 매입하는 투자방식을 갭 투자라고 말한다. 매매가격이 5억 원인데 전세금이 4억 원이라면 1억 원만 준비하면 집을 살 수 있다는 말이다. 이런 경우는 적은 돈으로 주택을 매매할 수 있다는 장점도 있지만 한쪽의 이익은 다른 대상에게 피해를 유발할 수 있다는 점에서 권장할 방식은 아닌 것이다.

기준금리

　우리는 '기준금리'라는 말을 뉴스 등을 통해 많이 들었다. 하지만 정확히 어떤 의미인지는 잘 모르고 있다. 먼저 금리란 이자가 원금에서 차지하는 비율을 말한다. 기준금리는 한 나라의 금리를 대표하는 정책금리로서 각종 금리의 기준이 된다. 금리를 통해 경제의 순환을 자연스럽게 조절하는 것이다.

　한국은행은 기준금리를 정하여 여러 가지 금리의 기준이 되도록 하고 있다. 금리의 수준은 국내외 경제 상황의 변화에 맞도록 적절히 조절을 하는 것이다. 이런 업무를 전문적으로 하는 부서는 한국은행의 금융통화위원회이다. 물가의 동향, 국내외 경제 상황, 금융시장의 여건 등을 종합적으로 참고하여 대략 연 8회 정도 기준금리를 결정하고 있다. 이제 이렇게 정한 기준금리는 콜금리에 곧바로 영향을 미친다고 한다. 콜금리란 초단기 금리로서 은행끼리 자금을 융통할 때 적용되는 금리를 말한다. 자금이 많이 들어와 여유가 있는 은행은 이 자금을 다른 은행에 빌려준다. 금융기관 서로 부족한 자금을 거래하는 시장이 곧 콜 시장인 것이다. 기준금리는 장기적으로 장단기 시장 금리, 예금이나 대출 금리 등에 영향을 미쳐 금융 소비자 즉 국민의 실물경제 활동에 직접적인 영향을 미치는 것이다.

더블딥

우리 속담에 넘어져도 재수 없는 사람은 코가 깨진다는 말이 있다. 엎친 데 덮친다는 속담도 있다. 설상가상이란 말로 빗대어 말할 수 있는 경제 상황이 있다. 바로 '더블딥'(double dip)이란 것이다. 불황에서 벗어난 경제가 다시 침체기에 들어가는 '이중 하강' 현상을 말한다. 이는 두 번의 침체 하락의 골짜기를 거쳐서 회복기에 접어들기 때문에 W형 경기변동이라고도 말한다.

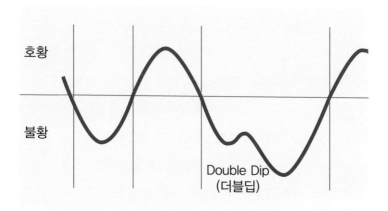

이런 경기침체의 현상은 미국에서 지난 1980년대에 실제로 일어났던 경기침체의 늪과 같은 시기를 대변하는 경제용어다. 석유파동으로 침체에 빠졌으나 곧장 성장하는 모습을 보여주었는데 이를 보고 연준(연방준비은행)이 인플레이션을 잡으려고 금리를 빠르게 올리자 다시 불황에 빠진 경기침체의 모습을 보여주었다. 쉽게

말하면 한 번 떨어진 경기가 다시 떨어진다는 뜻이다.

보호무역

보호무역의 진정한 의미는 무엇인가? 자국의 산업을 보호한다는 말임을 대략 이해할 수 있다. 그런데 구체적으로 어떻게 해야 자국의 산업을 보호할 수 있는지를 이해하기란 쉽지 않은 영역이다.

우리의 주머니에서 돈이 많이 빠져나간다면 당연히 위험할 것이다. 자신의 경제 상황을 안전하게 지키기 위해 당연히 돈이 빠져나가는 것을 경계해야 한다. 국가의 입장에서 해외로 돈이 빠져나가는 보편적인 상황은 바로 수입이다. 수입을 하면 우리의 주머니에 있는 달러를 주고 결제를 해야만 하는 것이다. 그래서 수입을 제한하는 무역정책을 써야 한다는 결론이 나온다.

이는 국가의 눈치를 보지 않고 자유롭게 외국과 무역을 하는 자유무역과 대조적인 입장이다. 보호무역 입장에서는 국내 산업을 보호하기 위해 관세율을 인상하는 구체적인 행동을 취하게 된다. 수입량을 일정하게 제한하는 수입 할당제를 적용하고 특정 품목의 수입제한, 수입과징금 정책 등을 펼치며 외국을 상대로 하는 무역에 국가가 적극적으로 간섭하는 제도를 말하는 것이다.

순환출자

기업인들이 관심을 가지고 지켜보아야 하는 것이 바로 순환출자라는 말이다. '순환출자'는 기업의 덩치를 불리는 모습으로 우리에게는 비추어지고 있다. 어떤 하나의 그룹회사 내에서 A라는 기업이 B라는 기업에 출자한다. 또한 B라는 기업은 C라는 기업에 출자한다. 그리고 다시 C라는 기업은 A라는 기업에 출자하는 방식이다. 이러한 투자방식은 결국 하나의 자본금을 가지고 돌려가며 투자하는 순환투자의 방식인 셈이다.

순환출자는 특징은 무한대의 가공자본을 만들어낸다는 것이다. 이러한 가공자본을 통한 순환출자는 실제적으로는 부실기업이지만 장부상에는 건전한 기업으로 보이는 일종의 착시현상을 불러일으키는 것이다. 이렇게 왜곡하고 과장을 하여 투자와 대출을 유발하는 수단으로 악용될 수 있다. 자본조달이 어려운 상황에서 이런 순환출자는 투자자본의 조달을 수월하게 할 수 있다는 이점도 있다.

자본금 100억의 A 기업은 B 기업에 50억을 출자하고, B는 이 50억 중에 30억을 C 기업에 출자하고, C는 이 자본금 30억 중에 다시 A 기업에 10억 원을 출자한다. 따라서 순환출자를 통해 자본금과 계열사의 수를 늘리는 데 이용해 왔다. A의 기업에서 살펴보면, A는 순환출자를 통해서 자본금 100억 원을 가지고 계열사를 2개나 만들었고, 이들을 지배하는 지위를 지니게 되었다. 그리고 궁극적으로 자본금 100억이 110억으로 늘어나는 증자 효과를 만들어낼 수 있었다.

오쿤의 법칙

코로나로 인한 청년 실업률이 최고조에 달했다는 말이 있다. 그런 가운데서도 경제는 어느 정도 회복되었다고 하나 안정적인 상태가 되려면 얼마나 걸릴지 가늠하기 어려울 것이다. 새로운 정부가 들어설 때마다 일자리를 늘리겠다고 국민 앞에서 수없이 약속하는 것을 우리는 보아왔다. 코로나 같은 전염병을 극복하는 것이 무엇보다 중요하다. 그러나 코로나19 같은 상황은 인류의 힘으로 막아내는 것에 한계가 드러났음을 우리는 지난 2년의 경험을 통해서 알고 있다.

질병의 위험에 노출되어 있다고 하여 일을 멈출 수는 없다. 생산활동을 계속해야 한다. 생산을 해야 먹고 살 수 있는 것이다. 생산을 위한 체제를 구축하여야 청년 등의 일자리를 늘릴 수가 있다. 그래야만 실업률을 줄일 수가 있는 것이다. 국민총생산과 실업률의 관계는 미국의 경제학자 '오쿤'(Okun)이 발견했다. 그래서 국민총생산과 실업률 관계의 법칙을 '오쿤의 법칙'이라고 부른다.

경기 회복기에는 고용의 증가 속도보다 국민총생산의 증가 속도가 더 빠르다는 것이다. 반대로 불황기에는 고용의 감소 속도보다 국민총생산의 감소 속도가 더 빠르다. 이러한 현상은 실제 우리의 경제활동 속에서는 실업률을 반영하는 기재로 작용하고 있다. 실업률이 1% 늘어날 때마다 국민총생산이 2.5% 비율로 줄어드는 것을 발견했다. 이러한 실업률과 국민총생산의 긴밀한 관계를 오쿤의 법칙이라고 부른다.

국가마다 일자리를 늘려 실업률을 줄이려는 정책을 쓰는 까닭이 여기에 있다. 당연히 국민총생산이 늘어나면 실업률은 줄어들고 고용의 비율은 늘어나게 되어 있다. GDP가 1% 감소하면 실업률은 0.28% 정도 늘어나는 것을 보여주었다. 이러한 오쿤의 법칙은 미국의 경제시장에서 발견한 법칙이었다. 하지만 우리의 경우에도 대체로 비슷한 경향으로 나타났다. 지난 1970년대부터 약 30년 사이에 우리의 실업률이 1% 늘어났는데 경제성장률은 3.6% 감소한 것으로 드러났던 것이다. 최근에도 정부의 경제 정책을 결정할 때 이런 오쿤의 법칙을 참고하는 것으로 알고 있다.

유동성 비율

유동성 비율이란 기업의 단기 지급 능력에 해당하는 현금 동원력을 짐작하게 하는 지표라 할 수 있다. 기업의 입장에서는 재무구조 안정성을 측정하는 수치이다. 유동성 비율은 유동비율과 당좌비율로 나눈다. 여기에서 유동비율은 1년 이내에 현금화 할 수 있는 유동자산을 1년 이내에 갚아야 하는 유동부채로 나눈 값이다. 유동비율을 통해 단기채무 지급 능력을 알아볼 수 있는 것이다. 보통 유동비율은 200% 정도를 적정한 것으로 파악한다.

당좌비율은 유동자산 대신에 당좌자산을 이용한다. 여기에서 당좌자산이란 즉시 현금화 할 수 있는 자산으로 현금, 예금, 매출채권 등을 말한다. 당좌비율은 필요시에 즉시 현금화할 수 있는 능력을 평가할 수 있는 지표이다. 일반적으로 100%를 이상형으로 판단하고 있다. 유동성 비율을 쉽게 정의한다면, 유동성 비율은 기업이 단기에 상환해야 하는 부채에 대한 변제능력을 평가하는 재무비율을 말하는 것이다.

유동성과 관련하여 우리는 유동성 함정이란 말을 많이 들어 보았다. 유동성이 함정에 빠졌다는 게 직접적인 이해의 방식이다. 이를 구체적으로 파악해 보면, 경제의 주체들이 돈을 손에 움켜쥐고 시장에 내놓지 않는 상황을 말한다. 이런 상황은 시장에 돈이 없어서가 아니라 그 반대로 시장에 현금이 흘러넘쳐 돈을 구하기 쉬운 상태인데 다른 쪽에 문제가 발생한 상황이다. 즉 기업의 생산, 투자와 가계의 소비가 늘지 않은 탓에 경기가 나아지지 않은 것이다. 그래서 마치 경제가 일종의 함정에 빠진 것처럼 보이는 상태를 의미하는 경제적 현상을 일컫는 말이다.

재정정책

정부가 재정정책을 펼친다는 의미는 무엇일까. 정부는 끊임없이 국가의 경기를 관리해야 한다. 세입과 세출을 조절하는 정책을 수없이 반복하는 것이다. 경기가 과열될 때나 경기가 침체할 때에 따라 각기 필요한 정책을 써줘야 한다. 경기가 과열하면 가장 염려된 것이 인플레이션이다. 따라서 조세 증가, 정부지출 감소를 통해 인플레이션을 억제하는 정책을 써야 한다. 이와 대조적으로 경기 침체 시에는 조세를 감소하고 정부지출을 확대하여 실업률을 감소시킴으로써 경기를 회복시키는 정책을 펼치게 되는 것이다. 전자의 경우를 긴축재정정책 다시 말해 흑자 재정정책이라 하고, 후자를 확장재정정책 다시 말해 적자 재정정책이라고 하는 것이다.

정부는 경기 침체의 경우 침체된 경기를 부양하기 위해서 당연히 경기부양책을 쓴다. 경기 부양을 위한 최고의 정책은 뭐니 뭐니 하여도 시중에 돈이 돌게 하는 작업이다. 돈이 손에 잡혀야 사람들이 물건도 사고 투자도 하고 먹는 문제도 해결할 것이다. 그런데 문제는 이렇게 돈을 풀다 보니 서서히 경제지표가 되살아나는 조짐이 보인다는 점이다. 경기회복의 기미가 보이기 시작하면 이제 역으로 경기를 조절하기 위해 정부는 그간에 풀었던 돈을 회수해야 하는 것이다.

이처럼 경기회복 시에 침체된 기간 중에 취한 정부의 팽창정책즉 재정, 금융정책의 부작용을 줄이기 위해 시중에 넘쳐나는 유동성을 회수하는 전략이 바로 출구전략이란 것이다. 어떤 위험한 상황을 벗어나기 위해 취하는 전략을 말한다. 이 말은 원래 군사전

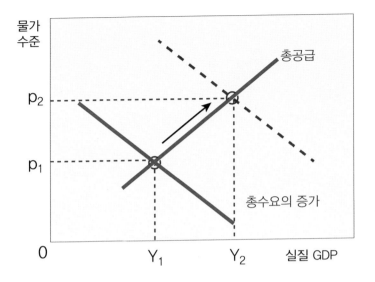

략에서 비롯된 말인데 미국이 승산을 장담할 수 없는 베트남 전쟁에서 피해를 최소화하고자 군대를 철수하는 방안을 모색하면서 쓰였던 용어이다. 정부가 풀었던 유동성을 회수하는 이유는 시중에 유동성이 과도하게 떠돌아다니면 물가가 상승하고 물가의 상승은 다시 인플레이션을 초래할 수 있기 때문이다.

스와프

우리 사회에 최근 들어 스와프(swap)라는 말을 많이 쓰고 있다. 스와프의 언어적 의미는 교환, 교체라는 뜻이다. 대체로 물건을 서로 교환하거나 맞바꾸는 뜻으로 많이 사용되고 있는 말이다. 여기에서 유래된 것이 경제 금융 용어로서 널리 쓰이고 있는 '통화스와프'라는 용어이다.

예전에 어떤 유명인사가 아파트 아래층에 있는 여자와 스와프를 했다는 우스개 소문이 나돈 적도 있었다. 최근에는 한국과 이탈리아가 코로나 백신 화이자를 스와프한다는 보도가 있었고, 실제 국내에 이탈리아가 제공한 화이자 백신이 지난 7월 초순에 대량으로 들어왔다. 여기에서 필자가 말하고자 하는 것은 통화스와프라는 것이다. 통화스와프는 서로 다른 통화를 미리 약속한 환율에 따라서 일정한 시점에 서로 교환하는 것으로, 말하자면 외환 거래의 한 형식이라 할 수 있다.

국가는 금리변동이나 환율의 변화에 민감하게 대처하지 않을 수 없다. 환율과 금리의 급격한 변화는 국가의 경제적 상황에 위기를 불러올 수 있는 것이다. 외화의 유동성을 확충하기 위해서 국가는 스와프 정책을 사용한다. 우리는 이미 미국과의 사이에 통화스와프를 약정한 바가 있다. 가령, 우리가 일본과 통화 스와프를 약정하였다면 한일 두 나라는 필요할 때 자국의 화폐를 상대방 중앙은행에 맡긴다. 그리고 그에 합당한 외화를 빌려와서 적절할 때 사용할 수가 있는 것이다.

중앙은행은 돈의 양을 늘리거나 줄여 경제의 돌아가는 수준을 조절한다. 중앙은행은 기준금리를 어떻게 할지 먼저 정한 다음 여기에 맞춰서 전체 통화량을 조절하게 된다. 이른바 중앙은행은 통화정책을 함으로써 금융시장의 변화를 꾀한다. 금융시장의 콜금리나 채권금리, 은행예금, 대출금리 등이 변화하게 되면 경제에 영향을 미쳐서 중앙은행은 이에 통화량을 조절하는 정책을 펼치는 것이다.

자기자본 비율

BIS 자기자본 비율은 신용의 문제로서 매우 중요한 경제적 지표라 할 수 있다. 1988년 7월에 국제결제은행이 제정한 은행의 자기자본비율 규제에 관한 국제적인 통일기준이다. 이러한 협약에 따른 위험가중자산 대비 자기자본비율이다. 최저 자기자본비율은 8% 이상이다. 우리나라에 도입된 지는 25년 정도 되었는데 BIS 자기자본 비율은 은행의 자본 적정성을 평가, 관리하는 지표로 활용되고 있다. 당국의 감독 및 외부 신용평가기관에 의한 평가 시 기준이 되는 중요한 지표라 할 수 있다.

BIS 자기자본 비율은 총자산 가운데 자기자본이 차지하는 비중을 나타내는 지표다. 이는 한 기업에 있어서 재무구조의 건전성 여부를 가늠하는 지표로 활용되고 있다. 자기자본은 금융기관의 도움을 받지 않고 스스로 장기적으로 운용할 수 있는 안정된 자본이다. 따라서 이 자기자본의 비율이 높을수록 기업의 재무구조가 건전한 것이다.

이러한 BIS 자기자본 비율은 제정 당시에는 은행의 다양한 경영 리스크 가운데 신용 리스크만을 중심에 두고 제정된 제도이다. 은행의 경영 환경에는 금리, 환율, 주가 등 다양한 변동 영역이 있는데 이를 간과한 제도로서 이후 다양한 시장리스크를 반영한 새로운 자기자본 비율의 기준을 정하여 자기자본 비율을 추가로 적립하도록 강화하고 있다.

그리고 오늘날에 가장 뜨거운 뉴스라면 역시 부동산 관련 뉴스를 들 수 있다. 이번 정부 들어서 집값이 천정부지로 오르면서 은행 대출에 관한 관심이 아주 뜨겁게 달아오르고 있다. 특히 젊은 청년들은 자금 마련이 여의치 않기 때문에 은행의 대출이 절실한 것이다. 주택 대출에서 가장 중요한 부분이 자신의 소득이다. 은행에서는 개인의 연소득을 근거로 하여 대출을 발생시키기 때문이다.

DSR과 DTI

우리가 가장 빈번하게 들은 용어가 DSR(Debt Service Ratio)이다. 약자를 펼쳐보면 이 용어의 의미를 대략 가늠할 수가 있을 것이다. 총 부채 원리금 상환비율이란 뜻이다. 지난 2016년 금융위원회가 대출 심사의 지표로 마련한 것이다. 이는 대출 상환 능력을 살펴본다는 의미로서 주택대출 원리금 외에 모든 신용대출의 원리금을 포함한다. 즉 총대출 상환액이 연간 소득액에서 차지하는 비중을 의미한다. 주택담보 대출 이외에 금융권에서의 모든 대출 정보를 합산하여 계산한다는 점을 유의해야 한다. 따라서 마이

너스 통장, 신용대출, 전세자금 대출, 자동차 할부금융 등이 모두 포함된다. 아래에서 설명하고 있는 DTI와 달리 주택담보 대출을 포함한 모든 대출의 원금상환액을 포함한다는 점을 잊어서는 안 될 것이다. 자신이 대출을 발생하기 위해 금융권을 방문하기 전에 반드시 이런 사항들을 점검해야 한다. 금융기관의 여신심사는 갈수록 강화되고 있다. 즉 부채상환 능력을 아주 포괄적으로 들여다보겠다는 취지로 이해할 수 있을 것이다.

DTI*는 주택을 담보로 대출을 받는 사람의 소득을 확인하는 것이 주된 임무이다. 즉 채무자의 소득을 살펴보겠다는 취지이다. 따라서 채무자의 소득을 근거로 대출 상환 능력을 점검하는 것이다. 주택을 구입하려는 사람은 주택 담보 대출과 관련된 여러 조건들을 신중히 살펴볼 필요가 있다. DTI는 돈을 빌린 은행에 채무자로서 대출금의 원금과 이자가 자신의 연간소득에서 어느 정도를 차지하는지 평가하는 작업이다.

기존에는 부동산 담보물의 규모를 가지고 대출 액수를 결정하는 방식이었다. 그러나 DTI는 기존의 주택담보 대출과는 다른 방식이다. 주택담보의 규모가 중요한 면도 있지만 어떤 의미에서 이 방식은 소득의 한도를 중요하게 들여다봄으로써 상환 능력을 검증하겠다는 취지이다. 담보가치가 아무리 높더라도 소득이 일정하지 않고 소득액이 미달이면 대출을 받을 수가 없는 구조인 셈이

---

*   Debt To Income : 총부채상환비율

다. 이런 정책을 추진하는 정부 차원의 목적은 두 가지로 정리할 수가 있을 것이다. 첫째, 무분별한 대출을 제한하겠다는 것이다. 둘째, 채무자의 부실한 부채상환을 방지하겠다는 것이다.

LTV

LTV(Leon To Value ratio)는 주택담보대출비율을 말하는 것으로 대출자의 소득에 관여하는 것이 아니라는 것이 특징이다. 순순히 담보 주택을 가지고 판단을 한다는 점이다. 은행은 주택을 평가하여 대출 시에 담보가치를 적용한다. 내가 작은 빌라에 살고 있다면 은행은 나의 집인 빌라의 자산가치가 얼마인지 판단할 것이다. 대개 기준시가에 근거하여 대출을 발생시키지 않고 시가를 기준으로 일정한 비율을 적용해 결정한다.

가령 주택담보대출비율이 50%라고 하면, 시가 5억 대 아파트에 살고 있다고 치면 2억 5천만 원의 대출이 나갈 수 있는 것이다. 이를 알기 쉽게 등식으로 나타내 본다면 5억*0.5=2억5천으로 표시할 수 있다. 우리의 경우 LTV 정책은 20여 년 전에 도입이 되어 금융시장의 안정과 부동산 시장의 안정화를 위해 활용하고 있다. 이런 정책은 또한 금융권의 건전성 유무를 판별하는 기준으로 작용하고 있다.

P2P대출

P2P대출은 Peer to Peer Lending의 약자이다. 금융기관을 거치지 않는 대출 즉 온라인 플랫폼에서 개인 상호 간에 일어나는 대출 서비스를 말한다. 최근에 유행하기 시작한 방식으로 일종의 크라우드 펀딩 개념이라 이해하면 쉬울 것이다. 불특정 다수로부터 투자금을 모아서 투자받기를 원하는 사람에게 투자를 해준다. 투자를 해 줄 때는 약속한 기간만큼 이자를 받는 방식이다.

일의 순서는 다음과 같다. 먼저 이런 방식의 대출을 주도하는 업체가 대출 신청을 받는데 적정한 금리를 정해 인터넷에 게재하면 이를 보고 개인 투자자들이 투자하는 방식인 것이다. 이 업체는 이렇게 발생한 대출을 통해 매달 원금과 이자를 받아 개인 투자자들에게 나누어준다. 선진국에서 시작된 방식으로 금융서비스의 기술적 발전으로 지금도 급속 성장하고 있는 영역이다.

오늘날 자영업자나 소상공인 혹은 자금을 마련하기 힘든 개인이라도 생산하려고 하는 콘텐츠만 우수하다면 얼마든지 자금을 마련할 수 있다는 장점이 있다. 투자자들은 금융권의 저금리 시대를 맞아 이런 방식으로 수익을 구할 수가 있는 것이다. 작은 자금을 투자하여 쉽게 이익을 낼 수 있다는 장점도 있다. 그러나 투자자를 보호하기 위한 장치가 구비되어 있지 않다는 문제가 있다. 성급한 투자심리에 자극받기보다는 위험에 따른 대비를 충분히 한 다음에 투자하는 자세가 필요하다.

SWOT 분석

SWOT 분석이란 Strenth(강점) Weakness (약점) Opportunity(기회) Threat(위협)의 첫 글자를 조합한 약어이다. 마케팅 전략을 분석하는 4가지 방식으로 요약할 수 있다. 강점과 약점은 기업의 내부환경을 분석해서 찾아낸다. 그리고 기회와 위협 요인은 외부환경을 통해서 찾아낼 수 있다. 어떤 한 기업을 분석하려면 가장 먼저 이런 4가지 요소를 토대로 분석하여 경영전략을 수립하는 것이다.

인물을 대상으로 SWOT 분석을 응용해 볼 수도 있다. 필자의 지인인 A씨를 객관적으로 판단하여 분석해보도록 하겠다.

S(강점)	성실함. 인내력이 강함
W(약점)	우유부단한 성격
O(기회)	성공한 기업인으로 성장 가능
T(위협)	남의 말에 잘 넘어감

SWOT 분석에서는 4가지 전략을 가지고 마케팅을 한다. 이는 결국 위의 네 가지 요소를 결합하여 시너지 효과를 내려는 방식이다. SO 전략, ST 전략, WO 전략, WT 전략이 바로 그것이다. SO 전략은 시장의 기회를 만들기 위해 강점을 사용하는 전략이다. ST 전략은 시장의 위협적인 것을 회피하기 위해 강점을 활용하는 전략이다. WO 전략은 약점을 이겨내어 경영 시장에서 기회를 추구한다. WT 전략은 경영 시장에서 발생할 수 있는 위협적인 상황

을 피하고 약점을 줄이는 전략이다.

SWOT 전략의 네 요소 가운데 어떤 요소가 가장 중요하고 어떤 요소의 조합을 앞에 둘 것인지 그 절대적인 우열은 없다고 본다. 다만 강점과 기회 전략을 통해 최대의 효과를 산출해내는 데 최선을 다해야 한다. 결론적으로 시장의 위협을 회피하고 약점을 최소화하는데 모든 에너지를 쏟아 부어야 한다는 말이다.

잠재성장률

잠재성장률이란 물가상승 등 부작용을 야기하지 않으면서 성장할 수 있는 최대치를 말한다. 이 수치가 낮아졌다는 것은 우리 경제가 그만큼 취약해졌다는 사실을 의미한다.

GNP(Gross National Product:국민총생산)

GNP는 일정기간 동안에 한 나라의 '국민'들이 생산한 모든 최종생산물(상품+서비스)의 시장가치를 화폐로 환산한 것이다.

GDP(Gross Domestic Product:국내총생산)

GDP는 일정기간 동안에 한 나라의 '국경' 안에서 생산된 모든 최종생산물(상품+서비스)의 시장가치를 화폐로 환산한 것으로 국내총생산이라 한다. GNP와 GDP의 차이는 GNP는 '국적'을 중심으로 흐름을 파악하나 GDP는 '생산지'를 기준으로 하는 것이다.

GNI(Gross National Income:국민총소득)

GNI는 역시 '국적'을 기준으로 해서 내국인에 의해 국내와 외국을 막론하고 취득한 소득의 합계이다. 따라서 외국인이 국내에서 소득을 얻어도 포함되지 않는다. 영어로는 Gross National Income이라고 하며 국민총소득이라고 한다. 예를 들어 동남아시아 노동자가 한국에서 일을 하면 이것은 GDP에는 포함이 된다. 그러나 우리 '국적'을 가지지 않았으므로 GNI에는 합계되지 않는다. 따라서 GNI는 한 나라 국민의 소득을 잘 나타내 주는 지표라고 할 수 있다.

인플레이션

계속된 물가상승을 말한다. 예를들면 물건의 물가는 계속 오르게 되고 사고 싶어도 돈은 있는데 못 사게 되니까 화폐의 가치가 떨어지게 된다. 한마디로 돈의 가치가 하락하고 물가만 올라가는 현상이다. 독일이 인플레이션으로 고생한 이유가 세계대전 전쟁배상금을 갚기위해 돈을 마구 찍어냈기 때문에 화폐의 가치가 더욱 하락하게 된 것이다. 즉 초과수요로 인하여 발생하는 것이다.

디플레이션

디플레이션은 지속적인 물가하락을 말한다. 인플레이션이 주로 초과 수요에 의해 발생한다면 디플레이션은 주로 초과 공급에 의해서 발생하게 된다. 가장 대표적인 예는 경기가 좋아지다가 나빠지는 시점이라고 할 수 있다. 경기가 좋을 때 한참 물건을 생산해 놓았는데 경기가 점점 가라앉으면서 수요가 줄어들어 상당기간 물가가 하락하는 디플레이션이 발생하게 된다. 하지만 이 정도의 디플레이션은 문제가 되지 않고 정말 문제가 되는 것은 물가가 장기간에 걸쳐 하락하는 경우나 자산디플레이션이 일어나는 경우라고 할 수 있다.

스태그플레이션

경기 침체하의 인플레이션을 말하는 것으로서, 침체를 의미하는 스태그네이션과 인플레이션의 합성어다. 경제활동이 침체되고 있음에도 불구하고 인플레이션이 계속되는 상태를 가리킨다.

물가지수

우리나라 물가지수는 생산자물가지수, 소비자물가지수, 수출입물가지수 등이 있으며 생산자물가지수는 우리나라에서 생산되는 모든 재화를 대상으로 하여 생산자가 출고하는 가격을 조사한다. 소비자물가지수는 가계에서 소비하는 재화를 대상으로 소비자가 구입하는 가격의 변동을 조사하는 것이고, 수출입물가지수는 각각 우리 상품의 수출가격변동과 우리나라로 수입되는 상품의 가격변동을 조사한다. 이들은 모두 라스파이레스 산식으로 산출되는데, 라스파이레스 산식(Laspeyres' Formula)이란 기준시점의 가중치를 고정하여 가중산술평균하는 방법으로 기준시의 가중치구조, 다시 말해서 소비구조나 생산구조가 변하지 않는 것을 가정한다. 이 경우 기준년에서 멀어질수록 구조변화에 따른 오차가 커지는 문제가 발생한다. 그래서 매 5년마다 기준년을 바꾸어 주는 기준년개편작업을 하게 된다. 이러한 라스파이레스 산식은 물가지수가 실제보다 높게 계산되는 상향편의의 원인이 된다.

통화량

통화량이란 나라 안에서 실제로 유통되고 있는 통화(현금)의 양을 말하고 통화지표란 시중에 통화(돈)가 얼마나 돌아 다니는지 파악하기 위해 작성한 통계 숫자를 말하는데, M1(통화), M2(총통화), M3(총유동성) 등 크게 3종류로 나누어 사용한다.

M1=현금통화+은행의 요구불예금(보통통장)

M2=M1+은행의 저축성예금 및 거주자 외화예금

M3=M2+CD(양도성예금증서)

자산담보부증권화

자산유동화증권은 자산에서 생기는 수익 또는 현금흐름(Cash-flow)을 바탕으로 발행한 파생증권이다. 예를 들면 카드사는 신용카드 매출채권을 가지고 있는데 이 채권에서 발생하게 될 현금을 담보로 증권을 발행해 주고 그 채권을 바로 현금화하는 것이다. 또 다른 예로 자동차 할부채권을 대상으로 하는 자산유동화도 가능한 것이다.

ROE(Return On Equity:자기자본이익률)

경영자가 기업에 투자된 자본을 사용하여 이익을 어느 정도 올리고 있는가를 나타내는 기업의 이익창출능력으로 자기자본수익률이라고도 한다. 산출방식은 기업의 당기순이익을 자기자본으로 나눈 뒤 100을 곱한 수치이다. 예를 들어 자기자본이익률이 10%라면 주주가 연초에 1,000원을 투자했더니 연말에 100원의 이익을 냈다는 뜻이다.

모럴해저드(Moral hazard)

'도덕적 해이'라는 말이다. 예를 들어 화재예방을 위하여 건물주가 관리를 철저히 하였다. 그러다 불이 나면 불난 만큼 손실을 보전해주겠다고 해서 화재보험에 가입을 했다. 이에 건물주는 보험을 믿고 화재예방을 게을리 하게 된다. 이게 도덕적 해이의 전형적인 예이다. 주로 보험쪽에서 많이 발생한다. 유사한 예로 손해보험을 든 운전자가 교통안전을 무시하는 경우가 있다.

유동성함정(Liquidity trap)

리퀴드하면 액체, 리퀴더티하면 유동성, 마우스트랩하면 쥐덫으로 유추해보아 유동성을 증진하기 위해 돈을 풀었는데 오히려 함정에 빠져 자금이 고갈되는 상태 즉, 경기부양을 위해 돈을 아무리 풀어도 인플레가 발생하지 않고 오히려 시중에 자금이 고갈되는 상태를 말한다.

공정공시제도

공정공시란 회계개념 체계, 그 중에서도 재무제표 구성요소의 인식 및 측정에 나오는 말이다. 공시란 기업의 투자에 관계되는 사건을 투자자들에게 알리는 것이다. 그 공시의 개념에는 세가지가 있는데, 적정공시, 공정공시, 완전공시가 그것이다. 그 중에서도 공정공시는 모든 투자자들에게 똑같은 정보를 제공해야 한다는 공시개념이다. 가령 기관 투자자들에게만 주가에 반영될 수 있는 정보를 주고 일반 투자자들에게 정보를 주지 않는다면 이건 공정공시에 어긋나는 것이다. 어떤 특정 정보에 접근할 수 있는 사람이 그 정보의 이용으로 초과수익을 얻는 것은 투자자들을 차별하는 것이며 기회의 불균형을 의미하므로 공정공시의 시행 목적은 그것을 배제하는 것에 있다.

참고문헌

강만수(2005), 〈〈한국경제30년〉〉, 삼성경제연구소.

최혁(2009), 〈〈2008 글로벌 금융위기: 현대인을 위한 금융특강, 케이 북스.

홍순영, 장재철 외(2006), 〈〈한국경제 20년의 재조명〉〉, 삼성경제연구소.

한국아이알컨설팅기획부(1998), 〈〈IMF체제하의 한국기업의 생존전략〉〉, 대
　　왕사.

김호연 역(2007), 리처드P. 채이트 외, 〈〈거버넌스 리더십〉〉, 삼우반.

심영철(2006), 〈〈부자가 되려면 채권에 미쳐라〉〉, 한국경제신문.

김상훈(2021), 〈〈코로나 시대: 자영업의 미래〉〉, 아이콤마.

이준영(2020), 〈〈코로나가 시장을 바꾼다〉〉, 21세기북스.

이서연 역(2014), 안자이 히로유키, 〈〈세계시장을 지배하는 작은 기업들은
　　어떤 생각을 할까〉〉, 비즈니스 북스.

장세현 역(2010), 래리 슈웨이카트, 린 피어슨 도티, 〈〈세계 명문기업들의 흥
　　망성쇠〉〉, 타임비즈.

이연(2010), 〈〈정부와 기업의 위기관리 커뮤니케이션〉〉, 박영사.

허용석(2014), 〈〈조세정책론〉〉, 삼일인포마인.

강석욱 역(2016), 김현철, 서방계, 노나카 이쿠지로(공저)〈〈세계 최고기업은
　　어떤 전략으로 움직이는가〉〉, 머니플러스.

이종태, 황해선 역(2006), 장하준, 〈〈국가의 역할〉〉, 부.키.

석혜원(2014), 〈〈대한민국 경제의 역사〉〉, 아이앤북.

신방수(2017), 〈〈NEW 세금 생활백서〉〉, 위너스 북.

정인국(2018), 〈〈조세법 변호사시험 기출문제집〉〉, 세경북스.

JH적성검사연구소 편저(2020), 《《기업은행 기출+예상문제》》, 미디어 정훈.

김완중(2018), 〈국채시장 유동성 프리미엄에 대한 연구〉논문, 아카데미 저널 (pp301-319).

이경희, 김경수(2012), 〈국내와 국제 금융시장간 변동성의 상호관련성에 대한 연구, 무역연구 저널(pp151-172).

문 박사의
발랄한 지성으로
세상을 향해
던지는 물음!
변화와 개혁

제1판 제1쇄 / 2021년 9월 15일

발행 / 2021년 9월 23일

지은이 / 문호준

발행인 / 김용성

발행처 / 지우출판

출판등록 / 2003년 8월 19일

서울시 동대문구 휘경로2길 3, 4층

TEL : 02-962-9154 / FAX : 02-962-9156

ISBN 978-89-91622-83-8 03300

lawnbook@naver.com

값 16,000원